国家社科基金重点项目"大数据时代青少年网络意识形态引导研究"(20AXW010) 结项"优秀"成果
教育部高校辅导员"致远"名师工作室项目(2024) 资助
湖南省社科基金重大项目"青少年网络文明建设体系研究"(22ZDAJ006) 资助

大数据时代
青少年网络意识形态引导研究

燕道成 ◎ 著

知识产权出版社
全国百佳图书出版单位
—北京—

图书在版编目（CIP）数据

大数据时代青少年网络意识形态引导研究/燕道成著.—北京：知识产权出版社，2025.1.—ISBN 978-7-5130-9682-9

Ⅰ.B022

中国国家版本馆 CIP 数据核字第 2024JZ9132 号

责任编辑：栾晓航　罗斯琦　　　　　责任校对：谷　洋
封面设计：杨杨工作室·张　冀　　　　责任印制：孙婷婷

大数据时代青少年网络意识形态引导研究

燕道成　著

出版发行：知识产权出版社有限责任公司	网　　址：http://www.ipph.cn
社　　址：北京市海淀区气象路 50 号院	邮　　编：100081
责编电话：010-82000860 转 8382	责编邮箱：4876067@qq.com
发行电话：010-82000860 转 8101/8102	发行传真：010-82000893/82005070/82000270
印　　刷：北京建宏印刷有限公司	经　　销：新华书店、各大网上书店及相关专业书店
开　　本：720mm×1000mm　1/16	印　　张：17.5
版　　次：2025 年 1 月第 1 版	印　　次：2025 年 1 月第 1 次印刷
字　　数：300 千字	定　　价：86.00 元
ISBN 978-7-5130-9682-9	

出版权专有　侵权必究

如有印装质量问题，本社负责调换。

前言
PREFACE

随着现代信息技术的进一步发展，大数据正在对人们的思维、生产和生活方式产生着深刻的影响，意识形态在网络社会中呈现出崭新样貌，形成了网络意识形态。网络意识形态是网络领域中的意识形态，是意识形态的网络化表征。同时，青少年是祖国的未来和希望，是中国互联网空间的"原住民"，因此，网络意识形态成为培育、引导青少年思想观念的"重中之重"。青少年网络意识形态是借助数字、符号、图像、语言等中介系统，在线上与线下交流互动中形成的思想认识，是青少年群体看待网络社会的价值观念，是青少年世界观、人生观和价值观的思想体系，其本质是思想性与技术性有机统一的观念系统。

意识形态工作是为国家立心、为民族立魂的工作。青少年对网络主流意识形态的认同与国家政治安全和社会稳定密切相关。在大数据时代，我国青少年对网络主流意识形态的认同存在着一些偏差和误区，其中包括形式化认同、教条化认同和边缘化认同等。这些现象反映出在网络环境下，青少年对意识形态的理解和接受可能受到了一定的限制和影响。鉴于此，本研究从理论与实践两个维度出发，探讨大数据时代青少年网络意识形态的结构、风险及其引导机制。一方面，根据大数据时代背景，对网络意识形态理论资源，对青少年网络意识形态传播现状及其风险等问题进行理论探析；另一方面，对大数据时代青少年网络意识形态偏差、青少年网络意识形态安全风险的大数据预警体系、青少年网络意识形态的引导体系等问题进行实证探究，进而剖析青少年网络意识形态引导的作用机制与核心价值排序。根据青少年网络意识形态新特征，全面把握青少年网络意识形态治理现状，重点探究在社会科学背景之下，如何运用大数据思维及大数据技术对青少年网络意识形态安全风险进行正确有效的防范,如何建构全面有效的大数据意识形态引导机制。

研究表明,影响青少年网络意识形态引导的关键因素:网络舆论、惩处机制、意见领袖。同时,青少年网络意识形态价值排序与社会主义核心价值观的排序存在不完全对等的情况。基于此,各责任主体应正确认识大数据技术的核心优势,借助云计算、人工智能、区块链等大数据技术对青少年网络意识形态进行智能识别与追踪,提高大数据智能获取信息内容的准确度,提高人工智能情感分析的判断能力与预测能力,构建多元预测系统,建立大数据智慧预警平台。在遵循"循数而导""循数而为""循数而治"的大数据思维基础上,建立"合纵联合"的大数据多元矩阵应对机制,达成大数据引导青少年网络意识形态的理念创新、机制创新、路径创新、载体创新、内容创新,寻求以人为本、圈层为面、区域成块联合治理的"点、面、块"引导结构模式。

目录
Contents

绪 论 ……………………………………………………………………… 001
 一、选题依据与意义 / 001
 二、国内外研究现状综述 / 007
 三、研究思路与研究方法 / 028

第一章 网络意识形态研究的理论基础和思想资源 ……………… 031
 第一节 网络意识形态研究的西方理论资源 / 031
  一、意识形态总体概念的西方理论资源 / 031
  二、意识形态政治及革命的西方理论资源 / 033
  三、意识形态科学技术方面的西方理论资源 / 037
  四、意识形态思想文化的西方理论资源 / 039
 第二节 我国意识形态研究的理论基础和思想资源 / 043
  一、马克思主义意识形态理论内涵 / 043
  二、马克思主义理论中的技术权力与话语权 / 049

第二章 大数据时代的崛起与青少年网络意识形态的耦合关联 …… 053
 第一节 大数据时代浪潮：新技术、新社会、新平台 / 053
  一、新技术：社会的数据计算科学 / 053
  二、新社会：互联互通的网络社会 / 059
  三、新平台：网络社会的枢纽 / 063

第二节　从新空间、新关系到网络意识形态的新价值选择 / 068
　　一、新时代语境下的主流意识形态 / 068
　　二、多元化意识形态下的价值选择 / 069
第三节　从个体权利的持续觉醒到网络社会权力的新分化 / 070
　　一、网络社会下个体权利的觉醒：话语权与行动权 / 070
　　二、网络社会的去中心化：权力的分化与关系赋权 / 072
第四节　网络社会"派系"下不同价值观驱动的社会意识形态思潮 / 074
　　一、新消费主义思潮 / 074
　　二、泛娱乐主义思潮 / 076
　　三、新自由主义思潮 / 077
　　四、利己主义思潮 / 079
　　五、共享经济思潮 / 081

第三章　大数据时代青少年网络意识形态传播现状 …………… 083

第一节　媒介分析：青少年网络意识形态的跨媒介符号互动 / 083
　　一、青少年群体接入互联网设备的现状 / 084
　　二、青少年群体网络新媒介符号的表达特征 / 085
第二节　内容分析：青少年主体的虚拟在场与社会在场 / 092
　　一、研究设计 / 092
　　二、具体分析 / 095
第三节　安全分析：青少年网络主流意识形态的危机 / 098
　　一、青少年网络主流意识形态形式化危机 / 098
　　二、青少年网络主流意识形态教条化危机 / 099
　　三、青少年网络主流意识形态边缘化危机 / 101

第四章　大数据时代青少年网络意识形态的跨媒体传播及其风险 ……… 104

第一节　青少年网络意识形态的跨媒体传播机制 / 104
　　一、青少年群体的网络使用动机 / 105
　　二、青少年网络活动的传播方式 / 106
　　三、青少年网络意识形态跨媒体传播的语言 / 109

四、青少年网络意识形态跨媒体传播特征 / 111

　第二节　青少年网络意识形态跨媒体传播的风险 / 114

　　一、青少年网络意识形态跨媒体传播的信息安全风险 / 114

　　二、青少年网络意识形态跨媒体传播的情感风险 / 118

　　三、青少年网络意识形态跨媒体传播的行为失范风险 / 119

第五章　大数据时代青少年网络意识形态偏差及其矫治 …………………… 122

　第一节　青少年网络意识形态偏差的表征与类型 / 122

　　一、青少年网络意识形态偏差的表征 / 122

　　二、青少年网络意识形态偏差的类型 / 125

　第二节　青少年网络意识形态偏差的生成机制及影响因素 / 126

　　一、青少年网络意识形态偏差的形成机理 / 126

　　二、网络意识形态偏差行为的影响因素 / 130

　第三节　青少年网络意识形态偏差矫治的理论体系 / 143

　　一、社会契约理论 / 144

　　二、自我控制理论 / 144

　　三、控制平衡理论 / 145

　　四、明耻整合理论 / 146

　　五、威慑理论 / 146

　第四节　青少年网络意识形态偏差的矫治方略 / 147

　　一、青少年网络意识形态偏差矫治的行为主体 / 147

　　二、青少年网络意识形态偏差矫治的重要因素 / 149

第六章　大数据时代青少年网络意识形态引导的作用机制与价值排序 … 154

　第一节　青少年网络意识形态引导的影响因子 / 154

　　一、因子分析法 / 154

　　二、设计依据与因子设定 / 155

　第二节　青少年网络意识形态引导的关键要素 / 157

　　一、青少年网络意识形态中的舆论引导 / 157

　　二、青少年网络意识形态引导中的惩处机制 / 158

三、青少年网络意识形态引导中的意见领袖 / 159

第三节　青少年网络意识形态的价值排序与核心价值观序位 / 160
　　一、"最高价值准则"与"基本价值"的排序对位 / 160
　　二、青少年价值排序不对等的现实影响 / 161
　　三、青少年价值排序不对等的成因 / 163
　　四、青少年网络意识形态价值排序的建设需求 / 164

第七章　大数据时代网络社会的本土化语境与主流意识形态认同的实现策略 …… 167

第一节　网络社会的本土语境 / 168
　　一、互联网思维的本土语境 / 168
　　二、网络社会价值观的本土语境 / 171
　　三、网络社会文化的本土语境 / 172

第二节　大数据时代青少年网络主流意识形态的转化与引导 / 174
　　一、青少年网络主流意识形态认同的时代价值 / 174
　　二、青少年话语表达与网络主流意识形态的联结 / 175
　　三、大数据时代信息传播逻辑与青少年网络主流意识形态认同的契合性 / 176
　　四、大数据时代青少年网络主流意识形态认同的建构层次 / 177

第三节　中国特色社会主义主流意识形态的引导策略 / 179
　　一、领会新时代马克思主义意识形态精神内涵 / 179
　　二、维护网络意识形态安全 / 180
　　三、实现社会联动一体化教育 / 182

第八章　青少年网络意识形态安全风险的大数据预警体系 …… 184

第一节　青少年网络意识形态的智能识别与追踪 / 184
　　一、基于深度学习的热点话题智能识别 / 184
　　二、基于深度学习的青少年话题智能追踪 / 186

第二节　青少年网络意识形态的大数据智能获取 / 187
　　一、基于深度学习的异构媒体特征智能提取 / 188

二、异构媒体大数据的智能搜索与获取 / 189

三、异构媒体数据关联关系和语义分析 / 191

第三节 青少年网络意识形态的大数据情感智能分析 / 193

一、基于深度学习的舆情大数据情感智能计算 / 193

二、基于深度学习的舆情大数据复杂情感分析 / 199

第四节 青少年网络意识形态的大数据热度智能分析 / 201

一、网络意识形态大数据热度智能分析 / 201

二、网络意识形态的数据分析与场景理解 / 202

第五节 青少年网络意识形态的大数据多元预警机制构建 / 204

一、网络意识形态事件分级分类机制构建 / 204

二、网络意识形态预警国际联动机制构建 / 208

三、网络意识形态预警保障制度构建 / 211

第六节 青少年网络意识形态的大数据智慧预警平台设计 / 214

一、网络意识形态大数据智慧预警平台技术集成 / 214

二、青少年网络意识形态大数据智慧预警程序模型 / 216

第九章 大数据时代我国青少年网络意识形态的引导机制 …………… 219

第一节 "循数而导"的大数据思维引导机制 / 219

一、循数而思 / 219

二、循数而为 / 223

三、循数而治 / 224

第二节 以合纵联动为主的多元矩阵应对机制 / 226

一、基于大数据的青少年网络意识形态纵向引导结构模式 / 227

二、基于大数据的青少年网络意识形态横向联合引导结构模式 / 229

三、基于大数据的青少年网络意识形态的"点、面、块"融合引导结构模式 / 232

第三节 以数据驱动为主的多平台联动决策机制 / 234

一、青少年网络意识形态引导的数据安全 / 234

二、青少年网络意识形态引导的决策主体 / 236

三、青少年网络意识形态引导的决策流程 / 238

第四节　以精准定位为主的智能引领机制 / 240

一、利用大数据及时把握青少年新闻舆论意识形态 / 240

二、利用大数据实现网络意识形态引导工作的精准化 / 241

三、利用大数据达成青少年网络意识形态议题价值增值 / 241

结　语 ·· 243

参考文献 ·· 247

附　录　青少年网络意识形态引导调查问卷（全国） ·········· 264

绪　论

意识形态决定文化前进方向和发展道路，是关系到国家总体安全的重大战略问题。习近平总书记强调，意识形态工作是党的一项极其重要的任务，对于党的前途和命运、国家的长治久安以及民族的凝聚力和向心力具有重大意义。在大数据时代，网络已经成为表达意识形态和进行意识形态斗争的主要场所。网络意识形态在话语权、领导权和管理权等方面面临严峻的挑战。同时，我国是世界上网民最多的网络大国，而青少年是互联网的"原住民"和最大用户群体。虽然青少年还没有形成社会学意义上的"社会阶层"，但他们出现的网络意识形态偏差行为已经引起了社会的广泛关注，这种行为所带来的破坏性影响也不容忽视。

一、选题依据与意义

人类社会的历史和现实都表明，意识形态安全对于保障国家安全和社会稳定至关重要。青少年是我国社会主义事业的建设者与接班人，其对主流意识形态的认可程度关乎社会的和谐、稳定与发展。当下，以互联网为代表的信息技术日新月异，引领着社会生产变革，革新着知识体系和价值观念。[①] 随着大数据时代的到来，我国的青少年网络意识形态呈现与以往不同的新特征、新形式和新变化规律。青少年正处于人生发展的关键阶段，其心智尚未成熟，容易在互联网这个复杂多变的环境中迷失方向，意识形态也容易偏离主流轨道。因此，如何科学、有效地引导青少年的网络意识形态成为大数据时代意识形态工作中的重要议题。

---

① 黄少华. 网络社会学的基本议题 [M]. 杭州：浙江大学出版社，2013：9.

（一）选题背景

在我国，意识形态工作是党在新时代极其重要的工作。党的十九大报告指出，"意识形态决定文化前进方向和发展道路"①。在马克思主义哲学意义上，意识形态是指"适合一定的经济基础及建立在这一基础之上的法律的和政治的上层建筑而形成的代表统治阶级根本利益的情感、表象和观念的总和"②。网络意识形态是当代意识形态的重要组成部分，互联网独特的演变规律对社会生产方式、生活方式及思维观念产生了深刻影响，成为意识形态传播的新型载体工具，它改变了传统意识形态的构成方式，形成了互联网本体的网络意识形态，给我国意识形态工作带来新的挑战。

青少年作为国家未来的根基，加强对青少年的意识形态引导是党的意识形态工作的重点。当下，随着互联网技术的不断普及和应用，青少年群体的成长与互联网发展形成了紧密的联系。这导致他们的意识形态呈现出复杂化和多样化的特征。同时，随着大数据时代的到来，如何利用大数据技术和人工智能技术提高我国对青少年网络意识形态的引导能力，已成为时代赋予我们的重大使命。因此，立足于互联网信息环境，本研究利用新技术、新材料探讨青少年群体网络意识形态引导的相关议题。具体而言，本研究背景分为以下三个方面。

1. 青少年网络意识形态引导工作是党和国家的重大战略部署

党和国家把意识形态领域视为前沿斗争阵地，在这一领域中所面临的风险已经成为当下不可忽视的关键议题。近年来，党和国家高度重视意识形态方面的建设工作，提出了一系列指导内容与决策部署。党的十八届五中全会通过的"十三五"规划，指出意识形态安全包含国家政治安全与文化安全两个方面，要高度重视意识形态工作，维护意识形态安全。

学校在我国青少年网络意识形态形成中处于关键的地位，是我国青少年主流意识形态建设的主要战场。因此，党和国家高度重视学校意识形态的建设工作。2015年，中央印发的《关于进一步加强和改进新形势下高校宣传思想工作的意见》指出，"加强高校意识形态阵地建设是一项战略工程、固本工

---

① 习近平. 决胜全面建成小康社会夺取新时代中国特色社会主义伟大胜利：在中国共产党第十九次全国代表大会上的报告 [M]. 北京：人民出版社，2017：41.
② 俞吾金. 意识形态论 [M]. 北京：人民出版社，2009：131.

程、铸魂工程"①。2016年12月，习近平总书记在全国高校思想政治工作会上再次提出，做好高校思想政治工作，要因事而化、因时而进、因势而新，在思想政治工作方面要用好新媒体技术使工作活起来，推动思想政治工作传统优势同信息技术的高度融合，增强意识形态工作的时代感和吸引力。我国在青少年意识形态工作方面的部署，为我们展开大数据时代的青少年网络意识形态引导研究工作提供了政策指引。

2. 全球化时代境外势力对我国青少年网络意识形态进行全面渗透

我国正处于社会转型期，面对势不可当的全球化趋势以及网络媒介传播特性，网络时代意识形态领域的情况变得越发复杂。"对一个传统社会的稳定来说，构成主要威胁的，并非来自外国军队的侵略，而是来自外国观念的侵入，印刷品比军队和坦克推进得更快、更深入。②"西方敌对势力一直通过渗透我国青少年的意识形态来对我国造成影响，这种渗透现象在网络空间愈演愈烈。在当今互联网时代，个人主义、功利主义、享乐主义思想盛行，导致青少年群体普遍缺失对主流意识形态的认同，这种趋势使得马克思主义意识形态的地位面临前所未有的挑战。

根据CNNIC第51次《中国互联网络发展状况统计报告》，截至2022年12月，我国网民规模为10.67亿人，互联网普及率达75.6%。其中10~29岁的青少年网民规模占网民整体规模的28.5%，成为大数据时代互联网使用的中坚力量（见图0-1）。③换言之，包括学生群体在内的青少年群体是网络时代真正的"原住民"，而这部分"原住民"作为共产主义的接班人，其意识形态认知正面临着前所未有的风险。正因如此，探究青少年网络意识形态现状，了解当下青少年网络意识形态的内在含义，加强对青少年网络意识形态的引导，已经成为当下不容忽视的任务。这不仅仅是为了加强青少年思想政治教育，更是为了维护国家安全和社会稳定，它关乎中国特色社会主义事业的未来。当下青少年网络意识形态引导工作刻不容缓，返"本"归"正"是我们需要通过多种方式及时让青少年网络意识形态重回正轨的重要任务。

---

① 加强和改进新形势下高校宣传思想工作 [N]. 人民日报, 2015-01-20.
② 塞缪尔·P. 亨廷顿. 变化社会中的政治秩序 [M]. 王冠华, 刘为, 等译. 北京: 生活·读书·新知三联书店, 1989: 14.
③ 中国互联网络信息中心. 第51次中国互联网络发展状况统计报告 [R]. 2022: 23-31.

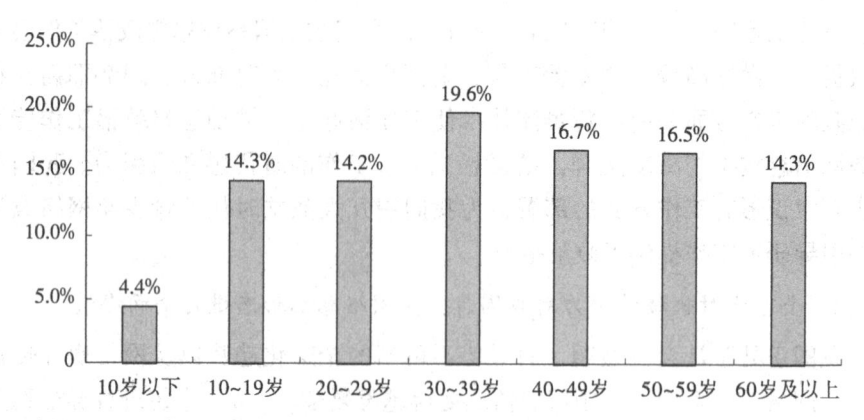

年龄段	占比
10岁以下	4.4%
10~19岁	14.3%
20~29岁	14.2%
30~39岁	19.6%
40~49岁	16.7%
50~59岁	16.5%
60岁及以上	14.3%

来源：CNNIC 中国互联网络发展状况统计调查，2022 年 12 月。

图 0-1　网民年龄结构

3. 大数据时代青少年网络意识形态引导工作面临技术挑战

伴随网络技术的不断革新，作为网络"原住民"的青少年群体对新媒体技术往往更为熟悉，而意识形态领域的工作者受限于传统工作思维，在网络意识形态引导工作方面缺乏一定的经验，同时具有滞后性。2017 年，我国工信部印发的《大数据产业发展规划（2016—2020 年）》指出，要加快建设数据强国，为实现制造强国和网络强国提供强大的技术支撑。[①] 如今，各地政府积极开展大数据研究以及智慧城市规划指导工作，并已取得初步成效。事实上，大数据技术的应用不应局限于现代城市建设、商业营销等领域，还可以深入思想政治意识形态引导工作之中。尤其是在碎片化的"微传播时代"，在互联网海量信息洪流中，大数据信息技术为我国意识形态的引导工作提供了新路径。因此，需及时转变传统的意识形态宣传教育模式，合理运用大数据智能管理系统，掌握青少年群体行为动向及思想态势。网络意识形态工作的本质在于对个人的思想进行引导教育，而青少年网络意识形态工作同样应具体落实到青少年认知心理建设方面，因此可以通过深度学习等计算量化手段，感知青少年群体的网络思想及情感态势，从而预防青少年的越轨思想及行为。

---

① 中华人民共和国工业和信息化部. 大数据产业发展规划（2016—2020 年）. 工信部规 [2016] 412 号，2016-12-18.

综上所述，本研究开展的"大数据时代青少年网络意识形态引导研究"，是对国家政策部署的响应，是对当下复杂传播情境和技术变迁的回应，是大数据时代必经的研究路径。

（二）研究意义

本研究将大数据技术与青少年网络意识形态引导工作紧密连接，探讨意识形态工作者在大数据时代如何利用相关技术与经验掌握青少年网络意识形态的新变化、新规律，实现因势而谋、应势而动和顺势而为。本研究的意义主要体现在以下两个层面：

1. 理论意义

本研究在青少年网络意识形态研究领域进行了理论视域的拓展，明确了青少年网络意识形态的概念，并全面深入地探索了青少年网络意识形态的表现特征和内在结构等。这些发现不仅拓展了青少年网络意识形态理论的范畴，还具有创新性的意义，其主要理论意义在于：（1）揭示大数据时代青少年网络思想引导与大数据之间的逻辑关系，探究青少年网络思想引导在本质属性和客观规律上的变化。（2）构建大数据时代青少年网络思想引导的系统框架，完善青少年网络思想引导研究的理论体系，丰富青少年网络思想引导理论的研究途径。（3）破解在大数据背景下如何树立全域育人理念和弘扬社会主义主流意识形态这一亟待解决的理论难题。（4）在大数据视野下利用先进的科技手段，将积极的文化思想融入青少年网络思想引导中，促进网络思想认同理论的进步。这种研究有助于突破囿于技术领域讨论数据价值问题的局限性，推动数据价值观从技术取向的研究走向文化取向的研究，实现广义计算传播学的转向。

本研究以跨学科视角推动了大数据时代青少年网络意识形态研究的发展，将马克思主义意识形态理论与新时代中国特色社会主义意识形态理论结合起来。从维护青少年网络意识形态安全的角度出发，依据当前我国青少年网络意识形态治理的现状，提出理论指导措施。为了更好地研究青少年网络意识形态偏差行为，需要综合运用社会契约理论、自我控制理论、控制平衡理论、威慑理论等，以构建适用于我国青少年网络意识形态引导路径的新理论体系。

2. 实践意义

近年来，"网络意识形态"相关议题作为学界热门研究方向虽然发展势头迅猛，但是有关青少年群体的网络意识形态方面的研究尚处于起步阶段。相关研究主要从思政教育、价值观等角度对意识形态进行探究。受限于学科思维，研究大多停留在宏观理论层面，具有局限性，缺乏实际应用价值。在现代信息技术不断变革的背景下，青少年获取、处理和交流信息的方式呈现出与其他群体明显不同的特征，这使得互联网与青少年意识形态之间的关联越来越紧密。因此，对青少年网络意识形态相关问题的关注和研究符合现实需要，具有重要的实践意义。

本研究既重视高效引导机制的研究，也重视长效引导机制的研究。前者主要针对实际问题，后者重在创建适宜的数据生态和引导文化。前者具有鲜明的应用价值，后者具有深远的社会意义。（1）在青少年网络意识形态引导中，应当增强"大数据"意识，将青少年网络意识形态引导和"大数据"技术交叉融合，在实践层面对青少年网络意识形态引导进行创新。（2）研究提出了青少年网络意识形态引导的大数据体系，该体系能够迅速检测网络意识形态中的潜在危机，加快建立网络意识形态危机反应机制，有效地消除对社会安全稳定造成影响的青少年网络意识形态安全隐患。（3）借助大数据技术，我们可以创新青少年网络意识形态引导的方式，从而提升网络意识形态引导的针对性和时效性，同时为增强青少年对主流意识形态的认同提供一定的理论指导和应对策略建议。（4）本研究构建了青少年网络意识形态引领制度体系，这些制度的实施有助于解决网络意识形态领域的重要问题和深层次难题，同时也能够提高青少年的政治素养和媒介素养，培养适应数据文明的信息公民，为青少年网络意识形态引导工作提供个性化和定制化的活动支持，提升研究的实践效果和实际价值。

从时代背景来看，智能化的大数据时代已然到来，大数据为我们带来了巨大的现实机遇。在意识形态工作方面，我们应借助大数据技术精准把握青少年网络意识形态，进行实时分析与预测，以差异化的引导方式有的放矢，将意识形态引导工作深入网络社会中。本研究以大数据网络生态系统为基础技术支撑，结合跨学科理论对青少年网络意识形态中的关键节点及要素进行深度探究，推动实践引导机制的完善；研究借鉴了国内外在青少年网络意识形态引导和治理方面的经验和教训，为我国的网络意识形态安全和网络社会环境治理工作提供了有益的参考。通过学习其他国家和地区在网络意识形态引导和治理方面的做法，我们可以了解其成功的经验和存在的问题，从而借鉴经验，避免不足。在早期发现风险和问题时，可以及时采取措施，为我国在网络意识形态引导和治理方面打下坚实的基础；本研究借助大数据、人工智能等技术针对青少年群体网络认知、情感、行动表征进行深入研究，突破传统定量研究的局限，有针对性地指出我国青少年网络意识形态引导的发展方向，为网络空间治理的现代化提出可行建议。

综上所述，鉴于大数据背景下青少年网络意识形态发展的特点，构建青少年网络意识形态引导系统，释放其"最大正能量"，已成为一项无法回避的时代课题。这项工作具有极大的紧迫性和重要性，应立即付诸实施。

二、国内外研究现状综述

（一）国内相关研究

目前国内学者在青少年网络意识形态引导研究方面，主要集中在网络主流意识形态建设和学校主流意识形态建设的研究领域。针对这些领域的研究，学者们提出了多种具体的思想和观点，以期能够更好地引导和培养青少年的正确网络意识形态。这些研究成果对于我们更好地了解青少年网络意识形态发展的特点和问题，及时采取相应的引导措施具有重要的意义。学界对于网络意识形态的研究目前主要分为三类：一是通过案例探究网络舆论中意识形态的影响与形成因素；二是学校思想政治教育现状和对策；三是围绕概念特征、类型功能、治理途径、领导权、话语权等，从网络意识形态安全角度分析意识形态领域的社会文化效应。研究方法以案例分析、文本分析为主。综合来看，目前与网络意识形态相关的研究多处于中观、微观层面，缺乏宏观层面的前瞻性研究，尤其是关于新兴技术应用方面的网络意识形态研究成果较少。

1. 青少年网络意识形态研究

对于青少年网络意识形态这一新兴议题，目前学界正在逐渐增加相关研究，但是相关学术文献却不是很多。以"青少年网络意识形态"为主题词在中国知网（CNKI）进行搜索（检索时间截至2021年12月30日），共有54篇学术论文，其中仅有12篇论文明确以"青少年网络意识形态"作为研究关键词，学者更多站在"思想道德教育""网络环境""网络文化""网络传播"的角度研究互联网对青少年群体的影响（见图0-2）。

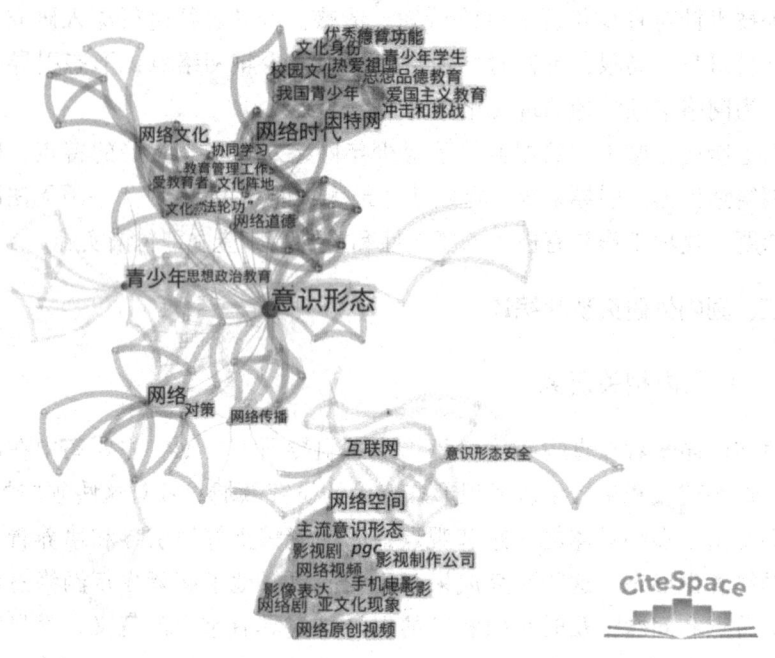

图 0-2 "青少年网络意识形态"研究文献关键词聚类

关于青少年网络意识形态的概念,学界没有明确的统一定义。根据对现有文献的梳理,结合意识形态的概念,可以总结出青少年网络意识形态的定义:在网络社会与现实社会高度融合的背景下,青少年群体在当下网络交往实践中形成的具有指向功能的价值判断,这些价值判断能够反作用于现实社会,构成了青少年网络意识形态的总体特征。青少年网络意识形态作为总体性概念,是青少年网络政治思想、经济思想、伦理道德、文化意识、思维方式等意识形式构成的总体思想体系。而青少年网络意识形态态度的实质,就在于青少年是否信仰和捍卫网络主流意识形态。①

2. 青少年网络意识形态认同研究

夏自军在《青少年网络意识形态态度转变及认同教育》中,明确了青少年网络意识形态态度的含义、现状及原因,并对其转变进行了现实分析与理论探究。其通过实证研究发现:青少年对网络主流意识形态的感知程度与其年龄呈反相关关系、认知程度与其年龄呈正相关关系,意识形态工作的成效

---

① 夏自军. 青少年网络意识形态态度转变及认同教育 [J]. 当代青年研究, 2015 (5): 58-63.

与现代网络技术的应用呈正相关规律。① 这些论断为本研究提供了一定的理论基础与现实研究依据,从中可以推论出大数据技术的应用对意识形态工作具有正向推动作用。夏自军的研究不仅着重分析了网络媒介传播的特性,还探究了西方国家网络意识形态的话语霸权对青少年意识形态所产生的重要影响。关于西方国家网络意识形态的话语霸权,夏自军在《我国青少年网络主流意识形态认知认同探究——基于美国"网络自由"渗透战略的研究视角》进一步具体阐述了美国颜色革命对中国青少年网络意识形态的渗透路径,② 揭露了美国"网络自由"的极大的欺骗性和危害性,为青少年网络意识形态引导工作提供了更为清晰具体的思路。

3. 青少年网络意识形态安全教育研究

耿浩、樊荣在《青少年网络意识形态安全教育的现实挑战和路径探索》中认为,青少年网络意识形态的安全教育要从校内校外两个方面着手。具体而言,一要搭建好学校内部教育的网络,要健全"一体两翼"的教育内容体系,加强学校内部教育阵地的建设和联系,构建学校内部各方面的教育工作模式,使学校内部的教育资源得到充分利用;二要建设校外支援体系,主要包括:加强党和政府的教育指导,健全网络法律体系,提高网络媒体的政治地位,传播主流价值观念,家庭的思想引领,注重家校合作。③ 从各个角度为我们提供了较为全面的青少年网络意识形态引导思路。

彭涛在《新时代青少年网络意识形态面临的挑战与应对策略》中着重指出,我国网络舆论意识形态管理权正在面临前所未有的挑战:敌对势力的隐形诱导正在从多个维度冲击着主流意识形态的主导地位,"资本主义价值观伪装普通的文化产品,介入电脑游戏、动漫产品、影视作品等文化形态中,潜移默化影响主流意识形态安全"④。从传播学的角度看,这一论点蕴含着丰富的研究议题,启发我们着重探究意识形态工作中所遇到的"舆论意识形态"及"意识形态隐形诱导"问题。燕道成、张佳明在融媒体时代的大视角下对青少年网络意识形态的引导进行了前沿的学科探究,强调社会主义意识形态

---

① 夏自军. 青少年网络意识形态态度转变及认同教育 [J]. 当代青年研究, 2015 (5): 58-63.
② 夏自军. 我国青少年网络主流意识形态认知认同探究:基于美国"网络自由"渗透战略的研究视角 [J]. 当代青年研究, 2016 (2): 18-23.
③ 耿浩, 樊荣. 青少年网络意识形态安全教育的现实挑战和路径探索 [J]. 中学政治教学参考, 2021 (11): 82-84.
④ 彭涛. 新时代青少年网络意识形态面临的挑战与应对策略 [J]. 学苑教育, 2020 (22): 73-74.

领域的引领作用，指出"舆论生态的变化要求重视对青少年网络意识形态引导，坚持社会主义意识形态领域的引领作用，并不断优化引导观念，创新引导方法，提升引导水平和质量，这样才能更好地引导青少年网络思想政治工作，确保网络意识形态的长期稳定与安全"[1]。上述理论，为本研究提供了研究视野和理论基础。

姚翼源在其博士学位论文《新时代青少年道德价值观培育研究》中从马克思主义哲学、教育学、社会学、传播学等复合学科的理论脉络出发，对新时代青少年的道德价值观培育进行了深入的探讨。该论文的问卷在内容解释、分析角度和数据处理上都有很强的科学性，特别是对数据进行了深入的挖掘，其研究方法和框架对本研究有很大的借鉴意义。

4. 网络传播对青少年主流意识形态的影响研究

此类研究多集中于网络文化对青少年群体的影响，李金秋在《"饭圈"文化对青少年网络主流意识形态认同的影响及启示》中针对"饭圈"文化对青少年网络主流意识形态产生的影响进行了详细阐释。[2] 文中在对"饭圈"文化的论述中还强调了"网络流行语"对青少年的影响。郭亮、王永贵站从网络流行语传播学、符号学的角度，认为网络流行语对青少年主流意识形态既有促成作用，又有消解作用，要及时甄别并规范传播网络流行语，及时进行科学研判、疏导网络舆情，做到健康合理地使用网络流行语，加强网络流行语对青少年主流意识形态所形成的正面影响，并将其负面影响消除，[3] 这一论点为我们提供了新的研究视角。李涓总结出网络意识形态的基本特征："虚拟"和"真实"的结合；"主流"和"多元"的共存；以虚幻和开放性为基础。网络意识形态的传播具有不对称性[4]——站在辩证的角度阐述了网络媒体对青少年意识形态的积极与消极影响，总结出产生消极影响的原因，并就如何发挥网络新媒体的作用进行了探讨。

对于青少年网络意识形态，笔者与梁修德分别在《网络暴力游戏涵化青

---

[1] 燕道成，张佳明. 论融媒体时代青少年网络意识形态的引导 [J]. 中国新闻传播研究，2019 (6)：80-91.

[2] 李金秋. "饭圈"文化对青少年网络主流意识形态认同的影响及启示 [J]. 汉字文化，2020 (19)：163-164.

[3] 郭亮，王永贵. 网络流行语对主流意识形态话语的四维消解论析 [J]. 南京社会科学，2019 (12)：117-122.

[4] 李涓. 网络新媒体对青少年意识形态领域的影响 [J]. 电子商务，2017 (1)：13-14.

少年的传播心理动因》[①]与《网络暴力游戏对青少年意识形态的负化》[②]中论述了网络暴力游戏对青少年产生的具体影响，其中有关网络游戏影响方面的探讨，为本研究提供了可借鉴的研究视角与意识形态引导思路，尤其是将中国传统文化纳入研究中，有助于提升本研究的层次与内涵。此外，陈亮、郭彧、卫甜甜等在《当代宗教的网络传播与青少年的数字化生存》中从哲学与宗教的角度分析了网络宗教的传播对青少年网络意识形态的影响，视角独特，将当代的网络宗教传播环境称为"宗教2.0世代"[③]，以马克思主义宗教观反思了当代青少年与宗教的关系，对青少年宗教数字化的传播行为进行了全面深入的解读，为研究青少年网络意识形态的宗教信仰尤其是新型信仰提供了思路。

上述研究从多个方面探索了网络传播对青少年意识形态的影响，对青少年网络意识形态的研究并非局限于"意识形态"，而是从青少年亚文化、媒体文化、受众研究等多个角度展开深入细致的研究，这为本研究提供了不同的理论视角。

5. 青少年网络意识形态思想政治教育研究

上述研究均表明，对青少年进行思想政治教育具有十分重要的意义，所以，对青少年网络意识形态进行思想政治教育的研究也应给予足够的重视，这也是对其进行正确引导的行之有效的途径。

一些教育学者结合教学实践提出，"德育工作是一个系统工程，它是全方位、多渠道、多侧面的，加强和改进学校德育工作，主动探索和优化育人环境，除构建国家、学校、社会、家庭一体化的德育新网络外，作为教育工作者，应利用网络的各种特点，努力开创德育工作新天地"[④]。李天丽、陈志勇在《网络新媒体对青少年思想政治教育话语权的解构与重塑》中，提出中小学思想政治教育话语体系要"有魅力"：应该要平等对话，要使话语要素源于青少年，话语表达贴近青少年，话语传播吸引青少年……有针对性、分层次

[①] 燕道成，黄果. 网络暴力游戏涵化青少年的传播心理动因 [J]. 中国青年研究，2013（1）：100-104.

[②] 梁修德. 网络暴力游戏对青少年意识形态的负化 [J]. 安徽理工大学学报（社会科学版），2016，18（4）：20-24.

[③] 陈亮，郭彧，卫甜甜，等. 当代宗教的网络传播与青少年的数字化生存 [J]. 青年学报，2017（4）：94-100.

[④] 孙建波. 网络时代对青少年德育工作的影响及思考 [J]. 新课程学习（中），2012（11）：181-182.

地进行思想政治教育话语传播。① 文章中对青年思想政治教育话语力量的分析，为本文在话语的导向上提供了一个参考体系。李莉、张孝军在《互联网话语体系特征与意识形态掌控能力研究》中对互联网话语体系进行了总结，认为互联网话语体系具有多样性、简明性、随意性、诙谐性，关于意识形态掌控的具体论述较少，但其中提到了"大数据平台"，② 这是意识形态研究中较早提出运用大数据平台和云技术手段进行意识形态引导的学术文献，因此对本研究具有一定的借鉴意义。

6. 网络意识形态研究

以 CiteSpace 5.5. R2 软件作为文献研究工具，选取 CNKI 文献数据库进行检索，同时选择 CNKI 中期刊、硕博士数据库，再使用高级检索定位"意识形态"与"思想政治""价值观"等主题词进行精确检索，最终检索文献共 1043 条。为保证文献质量，选取 SCI 来源期刊（限中文）、EI 来源期刊、核心期刊、CSSCI、CSCD 五个核心数据库，剔除新闻、会议报告、网页等文献，最终整理出有效文献 939 条，文献时间跨度为 2008—2021 年，检索截止日为 2021 年 11 月 30 日。为了更全面、深入、准确了解网络意识形态研究的广度与深度，在使用 CiteSpace 软件的同时对现有文献进行阅读总结以实现双重交叉验证。

根据"网络意识形态"文献高频词网络出现时间线（见图 0-3），以 2012 年为界，此前研究多集中于互联网治理，2013 年后网络意识形态的研究进入迅速发展阶段，具体表现为以网络舆情研究为核心向外扩散。从学科的角度来看，最近几年人们对网络意识形态进行了广泛的研究，它涉及了多个学科，展现出了百家争鸣的图景。而且，整个研究的主题论域相对集中，其中最重要的就是互联网治理。同时，网络意识形态研究呈现出较强的时代性，网络意识形态的研究趋势与我国社会发展进程及国家领导人先进的治国理念相吻合，体现了中国特色社会主义在理论研究方面的先进性。

---

① 李天丽，陈志勇. 网络新媒体对青少年思想政治教育话语权的解构与重塑 [J]. 新教师，2018（12）：3.

② 李莉，张孝军. 互联网话语体系特征与意识形态掌控能力研究 [J]. 信息化建设，2015（11）：100.

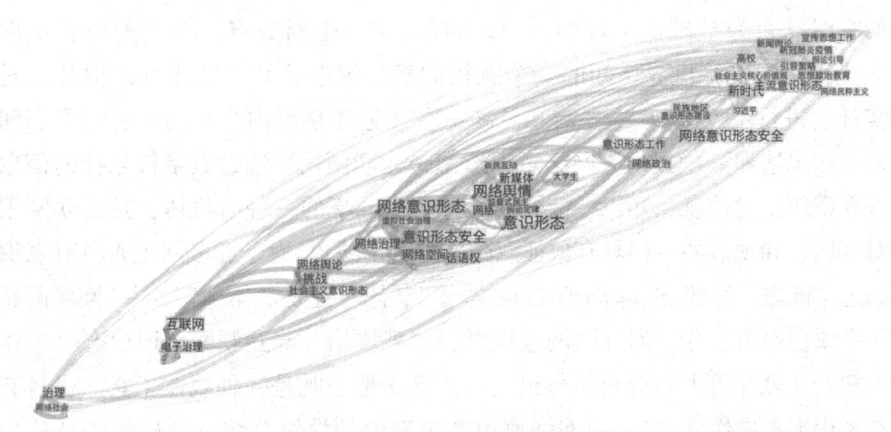

图 0-3 "网络意识形态"文献高频词网络出现时间线

（1）网络意识形态基本内涵研究

从"网络意识形态"文献共被引聚类时间线图（见图 0-4）中可以看出，2008—2012 年是初始研究阶段，主要关注网络治理议题；2013—2021 年是迅速发展期，尤其是关于网络意识形态的基本理论在 2016 年正式提出后，相关研究已日趋成熟，学界开始更有针对性地关注网络意识形态传播现状。

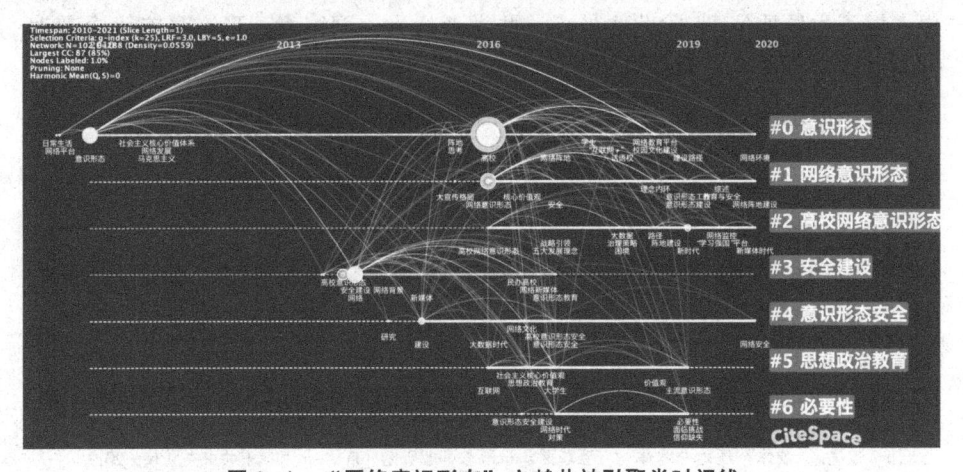

图 0-4 "网络意识形态"文献共被引聚类时间线

在对网络意识形态进行定义的过程中，产生了从在线社会的意识形态到互联网是一种新的意识形态的转变，学者们普遍认为，网络意识形态是以虚拟的在线社会为基础而出现的。①郑洁提出了一个新观点,即"网络意识形态"是网民对网络世界认知的一个有机的意识形态系统,它通过虚拟社会对真实社会进行了反馈。②黄冬霞和吴满意在《近年来国内学界网络意识形态问题研究状况述评》中提出,网络意识形态是互联网用户通过数字符号化的信息化媒介系统,对信息、知识、精神等进行共生分享的一种有机体,是互联网用户对其信念和观点的一种具有象征意味的综合反映。③对于互联网是否具有意识形态这个问题,张锐在其博士学位论文《"载体"还是"本体"?——互联网意识形态属性研究》中,对互联网意识形态"载体论"与互联网意识形态"本体论"进行了双角度并行分析,得出互联网意识形态既是一种载体工具,也具有内在意识形态属性。④其中对网络意识形态理论的学派总结及分析的路径较为清晰,从不同角度总结了互联网意识形态的不同类型,具有理论借鉴意义。

对网络意识形态特征方面的论述主要集中在全球性、多元复杂性、文化渗透性、数字传播性、虚拟隐蔽性、对抗斗争性和绝对自由化七个方面。⑤王爱玲认为,网络思想具有虚幻隐蔽性、复合性和多元性、多渠道渗透性、交互性反应性和对抗性五个特点。⑥张宽裕、丁振国认为,网络思想的基本特点是:虚实一体、数字化传播、文化渗透、舆论导向、信息疆域化、全球化、多元化。⑦袁其波认为,网络上的思想是多元化、激烈的斗争和强大的西方思想占据了主导地位。⑧除此之外,一些学者认为,网络意识形态具有大众普遍性与群体聚合性、反权威性和关联性的特征。⑨总的来说,目前学术界认为,网络意识形态拥有传统意识形态的阶级性、群体性、合法性、历史性、实践

---

① 张宽裕,丁振国. 论网络意识形态及其特征 [J]. 学校党建与思想教育(上半月),2008(2):37-38.
② 郑洁. 试论"90后"大学生价值观中知行矛盾问题 [J]. 太原城市职业技术学院学报,2010(12):107-109.
③ 黄冬霞,吴满意. 近年来国内学界网络意识形态问题研究状况述评 [J]. 天府新论,2015(5):7.
④ 张锐. "载体"还是"本体"?:互联网意识形态属性研究 [D]. 北京:中共中央党校,2019.
⑤ 苗国厚. 中国网络意识形态治理研究 [D]. 成都:电子科技大学,2017.
⑥ 王爱玲. 中国网络媒介的主流意识形态建设研究 [D]. 大连:大连理工大学,2012:19-23.
⑦ 张宽裕,丁振国. 论网络意识形态及其特征 [J]. 学校党建与思想教育(上半月),2008(2):37-38.
⑧ 袁其波. 互联网时代我国意识形态面临的挑战与对策 [J]. 社会科学论坛(学术研究卷),2008(10):56-61.
⑨ 罗程浩. 网络时代的意识形态研究 [D]. 北京:北京邮电大学,2012:17-20.

性和工具性，[①] 并以此为基础，赋予了网络时代新的思想色彩。在网络意识形态的结构与功能方面，叶政认为，互联网意识形态对社会主义意识形态的传播途径、表现形式进行了革新，拓宽了宣传及与观众的互动交流渠道，极大地提高了教育的号召力和感染力。[②]

近年来，网络意识形态的研究已突破传统研究思维，开始更加注重互联网对社会意识形态的整体影响，但仍有部分研究局限于"网上意识形态层面"，因此本研究拟进一步厘清"网上""网下"具有模糊性的网络意识形态概念，明确网络意识形态的真正内涵。

（2）网络意识形态安全研究

根据2008—2021年"网络意识形态"研究文献关键词聚类图（见图0-5），"意识形态安全"议题作为重要文献关键词多次出现在研究分支中，研究论题集中于我国意识形态面临的挑战。这说明随着网络空间的发展，相关研究较为注重意识形态在网络安全中的作用。

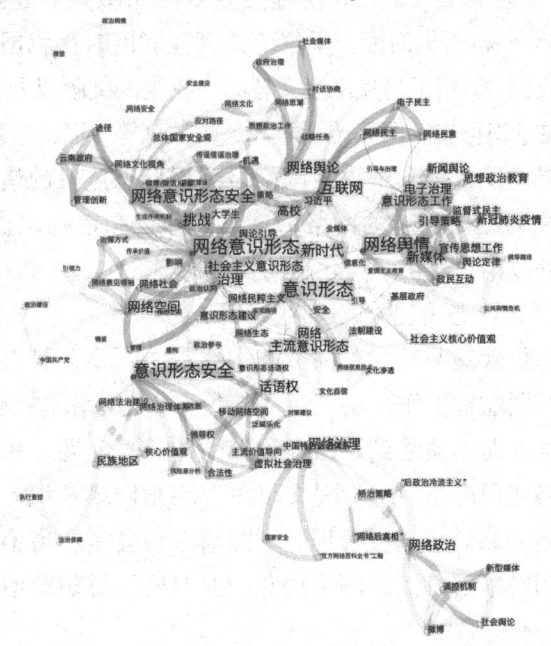

图 0-5 2008—2021 年"网络意识形态"研究文献关键词聚类

[①] 张骥，方晓强. 论网络文化对我国社会主义意识形态建设的影响 [J]. 求实，2009（2）：40-43.

[②] 叶政. 网络化境遇下增强社会主义意识形态吸引力和凝聚力探析 [J]. 中共银川市委党校学报，2008（4）：62-64.

许一飞、崔剑锋在《网络和平演变：意识形态安全的严峻考验及应对策略》中，认为"我国意识形态安全面临着西方话语霸权主导网络、主流意识形态传播中心消解、两个舆论场的对立造成社会割裂等严峻考验"。[①] 杨文华在《意识形态领导权面临的网络挑战》中，探讨了网络意识形态特点和属性对网络意识形态安全的影响，分析了网络信息泛滥、网络技术异化和网络舆论蔓延等问题。[②]

在维护网络意识形态安全的具体举措方面，学者们从完善理论体系、推进技术发展、强化阵地建设和队伍建设、健全体制机制、维护网络安全等方面提出了对策和建议。[③] 李艳艳在《如何看待当前网络意识形态安全的形势》中，认为"维护网络意识形态安全，要积极组建网络意识形态工作'正规军'，化被动应付为主动出击，发动和依靠群众"[④]。岳雪侠与宁锦从"不正确"的网络思想观点出发，对如何解决网络思想安全的问题进行了探讨，并指出要加强网络思想安全，就必须要反对"历史虚无主义"，并要建立健全"互联网产业"的自我约束机制。[⑤] 高建华的博士学位论文《互联网时代我国意识形态面临的机遇与挑战研究》[⑥]引用了马克思主义理论、我党的文献以及国内外学术专著，研究角度集中在意识形态、网络传播学和思政教育等方面，学理性较强。

以上研究提供了认识和解决我国网络意识形态危机的诸多视角，有助于有针对性地解决问题。在新的网络环境下，分析和审视意识形态冲突事件，还应结合国内外政治、经济、文化新的发展情况。

(3) 网络意识形态治理研究

有关网络思想管理与建设的研究，主要是与网络监管有关的探讨，有学者认为当下互联网监督工作存在权责界定不明以及网络监督不力的问题。

近年来，学界尤其关注到网络舆论监督的相关问题，并探索相应的管理措施。关于网络意识形态治理，陶文昭在《探索网络意识形态的有效治理方式》中，认为对网络思想进行管理，不能简单地复制和借鉴过去的思想政治工作，而要掌握网络的特点，倾听民意，并对网络思想政治工作进行专门的

---

① 许一飞，崔剑峰. 网络和平演变：意识形态安全的严峻考验及应对策略 [J]. 理论探讨，2015 (3)：132-134.
② 杨文华. 意识形态领导权面临的网络挑战 [J]. 理论导刊，2011 (3)：4.
③ 米华全. 新时代高校网络意识形态建设研究 [D]. 成都：电子科技大学，2020.
④ 李艳艳. 如何看待当前网络意识形态安全的形势 [J]. 红旗文稿，2015 (14)：90-94.
⑤ 岳雪侠，宁锦. 网络意识形态争议特征与安全机制构建 [J]. 人民论坛，2016 (12)：72-73.
⑥ 高建华. 互联网时代我国意识形态面临的机遇与挑战研究 [D]. 天津：南开大学，2012.

管理。网络思想的治理,从深层上讲,牵涉两个基本问题:怎样处理互联网,怎样看待网民。①陶文昭看待网络意识形态的视角更为深入,触达我国政治制度本质,这启示网络意识形态工作必须倾听民意,维护网民的正当利益。张志辉在其博士学位论文中指出,"网络意识形态的治理必须牢牢把握网络的舆论主导权,积极做好社会热点问题的引导,疏导公众情绪,维护社会和谐稳定。同时创新工作机制和方法,实现宣传党的主张与反映人民群众的利益有机结合"②。也就是说,网络意识形态的治理要重点从以下六个方面着手:在网络环境下,必须加强思想政治工作,强化思想政治工作;要把"法治"与"以德"有机结合起来,构建健全"互联网"管理制度,强化"互联网"监督;应加大网络道德建设力度,提高广大网民的信息素养;要以人为本,坚持线上线下工作有机结合,切断网络舆论的负面源头;注重人才队伍的建设。③

(4)互联网主流意识形态建设研究

目前学界在互联网主流意识形态建设的研究成果较为丰硕,提供了众多可供借鉴的理论思路与经验材料。其中的研究集中在两个方面:一是网络思想斗争,二是网络思想安全,探究如何加强主流意识形态的建设。

针对当前网络意识形态斗争的形势,王钢提出了要坚持党在网络意识形态工作中的领导作用,以社会主义核心价值观念为纽带,以创新和发展为主线,推动网络意识形态工作的对策。④王爱玲认为,要加强网络主流意识形态的自身吸引力,加强政府在网络上的执政能力,注重有效的传播和引导,提升网络思想政治教育的效果,加强网络媒体的国际新闻发言权,特别要重视网络媒体的国际新闻发言权。⑤总的来说,构建网上主流意识形态的战略主要是围绕着话语权这个层面展开的,也就是要用马克思主义来稳固地占据互联网的位置,把重点放在对社会主义意识形态自身的吸引力上,提高网络舆论工作的有效性,增强国际话语权,发展先进的网络文化等。⑥

张立从话语权的角度分析了大数据时代下主导意识形态所面临的多方面挑战,包括话语霸权扩张带来的安全性挑战、话语格局分散造成的结构性挑

---

① 陶文昭. 探索网络意识形态的有效治理方式[J]. 前线, 2014(1): 53-55.
② 张志辉. 网络条件下意识形态建设研究[D]. 天津: 南开大学, 2010.
③ 苗国厚. 中国网络意识形态治理研究[D]. 成都: 电子科技大学, 2017.
④ 王钢. 网上意识形态斗争的特点、面临挑战及对策[J]. 西安政治学院学报, 2015, 28(5): 45-49.
⑤ 王爱玲. 中国网络媒介的主流意识形态建设研究[D]. 大连: 大连理工大学, 2012: 19-23.
⑥ 苗国厚. 中国网络意识形态治理研究[D]. 成都: 电子科技大学, 2017.

战、话语实践主体转变引起的选择性挑战、话语场域的分离带来的调节性挑战，以及阅读习惯变化引发的认知性挑战。[①] 关于话语权研究，黄冬霞的博士学位论文《网络意识形态话语权研究》在我国意识形态话语权研究中起到了承前启后的作用。黄冬霞对话语权进行了深入全面的研究，提出"网络意识形态话语权正向发展必须坚持的原则，即主导性与多样性相结合，以一元引领多样；批判性与包容性相结合，以包容促更新；民族性与世界性相结合，以开放促共享；增强话语主体的作用力、增强话语内容的亲和力、增强话语内容的传播力、增强话语传播的获得感"[②]。王永贵指出，在网络时代，社会主义意识形态面临的挑战，主要是来自于西方思想的渗透。他指出，有时候民族意识和国家意识会呈现出一种淡化的趋势，社会主义主流思想的号召力和控制力会减弱，我国的社会主义核心价值观也会受到影响。[③] 以上关于主流意识形态建设方面的问题及策略意义非常的丰富，对现在的主流意识形态建设仍有很大的启发作用。

7. 学校网络意识形态建设研究

学校一直以来都是国际、国内各种思想的汇聚之处，也是思想政治教育成效的"警报器"。[④] 关于学校网络意识形态建设，国内学界多年来不断耕耘，产出了一批优秀研究成果。该研究主要关注学校意识形态教育、学校意识形态安全和学校意识形态治理等方面，从网络媒体的发展、西方敌对势力的渗透，以及学校师生的思想价值观念的多样化等方面，对我国学校意识形态工作所面临的严重问题进行了分析，并在这些问题的基础上，对学校意识形态工作的具体途径进行了探索。[⑤]

目前学校意识形态面临的挑战主要来自三个方面：一是西方意识形态渗透。孙百亮在《西方意识形态渗透的隐蔽性与中国高校思想政治教育创新》中，发现美国和其他西方国家以"普世价值"的名义对我们进行了全面的渗透，并对此作了分析。[⑥] 冯慧指出，西方思想文化的渗入以青年学子为目标，

---

① 张立. 新媒体视域中主导意识形态话语权建构问题研究 [M]. 西安：陕西人民出版社，2015：48-60.
② 黄冬霞. 网络意识形态话语权研究 [D]. 成都：电子科技大学，2017.
③ 王永贵. 把握我国主流意识形态建设方略的三个维度：学习习近平意识形态建设系列重要讲话精神 [J]. 马克思主义理论学科研究，2015（1）：82-90.
④ 王达品，丁贞栋. 加强高校意识形态工作的思考 [J]. 思想教育研究，2014（12）：42-44.
⑤ 米华全. 新时代高校网络意识形态建设研究 [D]. 成都：电子科技大学，2020.
⑥ 孙百亮. 西方意识形态渗透的隐蔽性与中国高校思想政治教育创新 [J]. 学术论坛，2009（7）：176-180.

而且随着时间的推移,这种渗入会越来越多,对青年学子的马克思主义思想文化产生了很大的影响。① 二是社会转型期下多元价值观彼此碰撞。王达品与丁贞栋则指出,目前学校思想教育面对的是一个复杂的社会环境,随着市场经济的不断发展,人与人之间的利益关系与观念越来越多元化,而年轻的学生也极易被拜金主义与享乐主义所左右。② 三是微博、微信、抖音等新兴媒体的出现导致传播环境更为复杂。胡剑指出,新媒介在一定程度上促进了西方文化的霸权主义,并使思想意识的渗透更加隐蔽、更具蛊惑力,从而给主流思想观念的构建提出了新的要求。③

学界关于学校意识形态建设主要集中在以下两个方面:一是从顶层设计入手,强调准确把握工作着力点。王永贵在《扎实推进高校意识形态建设的着力点》中提出要从全局的角度对各方面、各层次、各要素进行统筹规划,指出高校意识形态工作要遵从《关于进一步加强和改进新形势下高校宣传思想工作的意见》,强化政治意识,增强对高校意识形态建设重要性的认识;夯实基础,强化责任意识,加强学校教师队伍建设,着力提升马克思主义理论学科引领水平;掌控关键,强化阵地意识和底线意识,着力提升对学校意识形态阵地的治理水平。④ 二是具体举措,以理论联系实际,强化高校思想政治教育。李德芳等人认为,要加强社会实践,以各种形式的实践活动,使学生更好地了解和认同中国特色的社会主义制度和道路,以保证思想政治教育的有效性。⑤ 除此之外,也有一些学者从推动意识形态教育改革、加强阵地建设、健全相关制度机制等方面,提出了许多切实可行的建议,但是对于新兴技术在高校意识形态中的应用,却鲜有人探讨。

8. 大数据技术在意识形态领域的应用研究

关于大数据时代网络意识形态研究的文献虽然较少,但质量较高,可供本研究学习。这类文献主要集中于大数据时代学校意识形态建设和大数据网络思想政治教育方面,关注大数据舆情监测系统的应用。

韩影、张爱军在《大数据与网络意识形态治理》中运用辩证唯物主义科

---

① 冯慧. 高校意识形态建设面临的挑战及应对 [J]. 红旗文稿, 2014 (12): 27-28.
② 王达品, 丁贞栋. 加强高校意识形态工作的思考 [J]. 思想教育研究, 2014 (12): 42-44.
③ 胡剑. 微传播时代主流意识形态风险防范制度构建 [J]. 大连理工大学学报 (社会科学版), 2021 (3): 1-6.
④ 王永贵. 扎实推进高校意识形态建设的着力点 [J]. 思想理论育, 2015 (4): 15-20.
⑤ 李德芳. 社会主义核心价值观融入高校学生教育的实现机制研究 [D]. 济南: 山东建筑大学, 2019.

学方法，全面阐释了大数据对社会意识形态产生的影响。文章认为，在思想政治工作中，要充分发挥"大数据"的优势，使思想政治工作更加具有针对性、精准性和实效性；消除意识形态治理中的盲目性和主观性，避免因意识形态治理而产生的政治和社会双重风险，加强主流意识形态对非主流意识形态的引导、震慑力和控制力。文中还指出数据是第一生产力，它对生产关系具有决定性的影响，利用大数据，人们不仅可以认识新的生产关系，还可以建立新的、精细的生产关系。① 文中的这些观点富有理论内涵，为大数据时代网络意识形态引导研究开启了新的视角。

张楠在其《新形势下大数据与意识形态治理探析》中，着重阐述了"大数据"在国家意识形态治理中的重要性，并提出把大数据融入意识形态治理中，充分发挥其分析、预测等方面的优势，不但能够实现"有针对性"的化解，而且能够有效提升主流思想的凝聚力，保障国家意识形态安全。② 罗丽琳、蒲清平、黄燕的重庆社科规划项目"大数据视域下网络意识形态安全综合治理研究"成果——《大数据提升网络主流意识形态引导力研究》，内容贴近现实，具有现实针对性，其中对于大数据的实际应用与网络意识形态的引领路径进行了较为全面的归纳总结。③ 这些研究都强调了大数据技术在意识形态治理中的重要作用，为本研究提供了众多参考。而在意识形态研究方法论上，晏齐宏、张志安在《大数据背景下意识形态研究的方法论、机遇与路径》中结合意识形态近年来的研究现状提供了新的研究视角，提出运用大数据分析方法研究意识形态的几种路径，其中"词语标签""互动关系""内容互动"等研究理念值得深入学习。④

关于大数据时代学校意识形态建设研究方面，在《大数据时代的网络思想政治教育》一书中，胡树祥提出在大数据时代的背景下，网络思想政治教育需要主动适应，并给出以下建议：首先，研究大数据的本质特征，确立数据意识在网络思想政治教育中的重要性；其次，应顺应量化研究的新趋势，创新网络思想政治教育的研究模式；最后，应结合宏观覆盖与微观深化，找

---

① 韩影，张爱军. 大数据与网络意识形态治理 [J]. 理论与改革，2019 (1)：76-85.
② 张楠. 新形势下大数据与意识形态治理探析 [J]. 经贸实践，2017 (22)：95-96.
③ 罗丽琳，蒲清平，黄燕. 大数据提升网络主流意识形态引领力研究 [J]. 重庆大学学报（社会科学版），2022 (5)：276-286.
④ 晏齐宏，张志安. 大数据背景下意识形态研究的方法论、机遇与路径 [J]. 新闻界，2018 (11)：54-63，72.

准网络思想政治教育的重点。① 张敏、王志刚在《大数据时代高校主流意识形态安全的维护》中，引用众多案例展示了大数据应用的可行性和多样性，如学生教育和心理咨询，其中还对"复旦大学投毒案"及"云课堂"进行了分析，为本研究提供了丰富的研究案例与论述思路。②

由此可见，目前学者们基于大数据时代背景对意识形态工作展开了一系列开创性的研究，也取得了一定成果，但在宏观引导机制方面仍需进一步拓展。

(二) 国外相关研究

尽管国外研究意识形态的论著较早，并具备一定的理论指导意义，但是在网络意识形态治理方面的研究相对较少。目前，国外学者在意识形态研究方面的主要关注点包括意识形态理论、政治与意识形态、科学技术与意识形态、文化与意识形态等方面。此外，相关研究还涉及社会学、心理学、语言学、经济学和思想教育学等。有效利用和控制传播媒介，通过法治化、教育引导和更加包容性的方法来提高意识形态工作效果，这对于中国的主流意识形态建设具有非常重要的借鉴意义。

本研究首先对意识形态的理论渊源进行梳理，然后对互联网环境下的意识形态问题进行剖析，并在此基础上，探索大数据时代适合中国国情的青少年网络意识形态引导机制。

1. 国外有关意识形态研究

特拉西作为意识形态概念的创造者，站在经验主义及生物学的角度探索这种"观念学"。其在《意识形态的要素》中将意识形态称为"观念的科学"，试图以"科学的意识形态"概念推翻封建宗教思想。后来，诸多国外学者对于意识形态概念或批判或肯定，主要以马克思主义意识形态概念作为区分标准划分为两个阵营。

马克思站在唯物主义视角对特拉西意识形态理论进行了批判，他认为科学的认识论应回归社会存在的物质性上，对"德意志意识形态"展开批判，由此拉开意识形态理论批判的序幕。安东尼奥·葛兰西批评特拉西思想体系的片面之处，是对马克思思想体系的继承，他突破了思想体系和科学认识之间的对立，实现了思想体系和科学认识体系的统一。在《狱中札记》中，葛

---

① 胡树祥，谢玉进. 大数据时代的网络思想政治教育 [J]. 思想教育研究，2013 (6): 4.
② 张敏，王志刚. 大数据时代高校主流意识形态安全的维护 [J]. 理论观察，2016 (7): 3.

兰西围绕意识形态领导权的相关问题，从文化角度思考了政治权力与意识形态之间的关系，将"意识形态""文化""领导权""历史集团"等概念视为共同的"历史有机体"，认为巩固统治应深入被人们广泛接受的世界观及价值观中，肯定了意识形态对革命运动发挥的积极作用，认为国家应该注重文化宣传教育，要先占领文化领导权，进而占领政治领导权。

法兰克福学派学者也对意识形态展开了批判，认为人应摆脱"虚假的意识形态"，即"对统治的掩盖"的意识形态，这样才会成为"强壮""具有自我意识的"人。法兰克福学派的代表人物马克斯·霍克海默、西奥多·阿多诺等人的《启蒙的辩证法》从文化的角度对意识形态的操纵进行了批评，并指出，由于对理性的过分重视，"现代文明"中人类的精神内涵遭到了侵蚀，"工具理性"代替了崇高的"理性"，并使之变成一种"工具"，并带有一种意识形态性质；"文化工业"制造出了"大众消费文化"，使得整个社会失去了思考能力，"自由"实际上成了受思想控制的自由。

克利福德·格尔茨认为西方学者对意识形态的批判具有一定合理性，但如果直接将意识形态视为"贬义"，格尔茨认为还有待思考。在《文化的解释》中，格尔茨从文化的视角来解读意识形态，他认为，从某种意义上讲，意识形态是一种特殊的文化体系，是人类对生活及身边发生的事情的理解，是"集体良心的母亲"[①]，意识形态的作用兼具政治需求的"利益论"与社会整合的"张力论"。卡尔·曼海姆认为所有的意识形态都取决于具体的社会现实，没有一种意识形态可以超越阶级，[②] 特里·伊格尔顿围绕阶级关系、权力关系、话语结构对意识形态力量进行了更深入的探究，指出文化意义的"阶级味道"，认为文化与意识形态有着密切的关系。[③] 1993 年，塞缪尔·亨廷顿在其《外交》季刊上以《文明的冲突》一文首次提出"文明冲突论"，认为文明之间的矛盾与思想意识将是新世界冲突的主要原因，而在新世界事务中，民族、国家仍将扮演举足轻重的角色，而不同文明之间的矛盾与分歧则是新的"引子"。[④] 这些学者跳脱出批判的视野，从社会、文化、阶级的角度分析意识形态的特征和本质。

2. 国外互联网意识形态研究

因特网起源于国外，所以在国外，特别是在美国和英国，对因特网中的意

---

① 克利福德·格尔茨. 文化的解释 [M]. 韩莉, 译. 南京: 译林出版社, 1999: 263, 240.
② 卡尔·曼海姆. 意识形态与乌托邦 [M]. 黎鸣, 译. 北京: 商务印书馆, 2000.
③ 黄应全. 特里·伊格尔顿的意识形态观 [J]. 北京行政学院学报, 2004 (4): 6.
④ 汤一介. 评亨廷顿的《文明的冲突?》[J]. 哲学研究, 1994 (3): 5.

识形态进行了很长一段时间的研究。国外学术界最初主要将互联网视为传播载体,随着互联网对民主政治的深入影响,国外学者逐渐开始关注网络意识形态的复杂性,并开始从互联网对民主政治的影响来探讨网络意识形态。

关于网络意识形态的国外著作,通常都将互联网文化作为一个主题来进行研究,现在国外包含网络意识形态与互联网文化在内的研究著作约有五十部,有一定影响的学术论文大约有四十篇,大致可以被划分成以下三种类型:

第一,网络发展对社会文化、政治方面产生的影响。Katharine Sarikakis、Daya K. Thussu(2006)编著的"Ideologies of the Internet"(《网络意识形态》))汇集了来自各个国家的二十位学者,主要围绕因特网的发展、使用及其潜力等方面展开讨论,力求解决因特网的若干重大问题。其把重点放在了互联网在人们的日常生活和宏观政治中所起到的作用上,对传媒与社会的关系、经济与政治生活的关系进行了实证研究,并指出了在网络时代,国内与国际之间的不平等和控制的现象。[①] 西方学者认识到网络发展之下意识形态的复杂性与多样性,探讨了网络社会对政治生活与文化生活产生的深远影响。例如,尼古拉斯·尼葛洛庞帝在《数字化生存》一书中提出,互联网是个人和主体性的彰显,是普通民众的身份,是他们自我意识和自由意志的表现,是对新观念的一种激励。[②] 阿尔文·托夫勒在《第三次浪潮》中指出,在人类第三次信息化的变革浪潮中,人们的教育观念、社会观念以及组织观念都将会发生变化。[③] 曼纽尔·卡斯特在信息时代三部曲《网络社会的崛起》《认同的力量》《千年终结》中论证了信息时代经济、政治和文化之间的相互作用,得出信息时代网络社会理论,阐明了网络社会的基本概念。迈克尔·海姆在《从界面到网络空间——虚拟实在的形而上学》中探讨了与信息时代相关的哲学问题,阐释了人们在真实世界与虚拟世界之间转换时,实际的感觉究竟在如何改变。[④] 赫尔曼和麦克切斯尼在《全球媒体:全球资本主义的新传教士》中,围绕媒体的全球化兴起,将全球媒体作为主要角色探讨了互联网络与数字革命,包括美国以外的相关传媒内容。[⑤] 在《认同的力量》中,曼纽尔·卡斯特认为

[①] SARIKAKIS K, THUSSU D K. Ideologies of the Internet [M]. New York: Hampton Press, 2004.
[②] 尼古拉·尼葛洛庞帝. 数字化生存 [M]. 胡泳,范海燕,译. 北京:电子工业出版社,2017.
[③] 阿尔文·托夫勒. 第三次浪潮 [M]. 黄明坚,译. 北京:中信出版社,2006.
[④] 迈克尔·海姆. 从界面到网络空间:虚拟实在的形而上学 [M]. 金吾伦,刘钢,译. 上海:上海科技教育出版社,2000.
[⑤] 爱德华·赫尔曼,罗伯特·麦克切斯尼. 全球媒体:全球资本主义的新传教士 [M]. 甄春亮,译. 天津:天津人民出版社,2001.

网络为人们带来解放与自由的同时，也会带来认同淡漠感，为此需要开展新的社会运动，推动国家与文明共同体对信息时代的驾驭和控制，重建国家认同感。[①] 除此以外，相关著作还有安德鲁·查德威克的《互联网政治学：国家、公民与新传播技术》、巴雷特的《赛伯族状态——因特网的文化、政治和经济》、凯斯·桑斯坦的《网络共和国：网络社会中的民主问题》。以上著作从不同学科视角如社会学、政治学、经济学、传播学及通信工程等方面，对互联网带来的社会影响进行探讨，涉及意识形态相关内容。

第二，探讨了互联网的发展对思想观念的冲击。新技术革命不仅促进了社会经济的发展，还使人的思维、生产和生活方式发生了巨大的变化，是社会政治、文化等方面的重大变革。许多西方学者认为，随着互联网的发展，人们的思维和行为发生了变化，对传统的意识形态治理体系产生了巨大的影响，对意识形态的构建提出了新的挑战。埃瑟·戴森在《2.0版：数字化时代的生活设计》中描绘了数字化新社会绚丽的世界，对意识形态的新景象作了深入的分析，总结了数字社会的各种冲突，她认为，数字化的互联网社会，将会导致生产者与消费者、政府与公民、媒体与受众之间的权利转移，因此，要正确运用权力，化解矛盾，保持社会的和谐与稳定。[②] 阿尔文·托夫勒在《未来的冲击》《第三次浪潮》的姊妹篇《权力的转移》中指出：人们正处于一个权力转移的时代，世界将形成一个"创造财富的新系统"，"未来世界政治将控制在拥有网络控制权和信息发布权的人手中"。[③] 奥托·纽曼与理查德·德·佐萨在《信息时代的美国梦》中探讨了信息革命的全球化趋势对美国工业文化到信息文化的"美国梦"产生的实质性影响，公民社会在急剧变化的世界中产生了新的形态、新的社会结构和新的社会价值观。[④] 提到"美国梦"就不得不提曾任奥巴马政府信息与规制事务办公室主任桑斯坦的《谣言》，桑斯坦认为互联网已成为大众传播的"核武器"，应及时调整策略，在肯定思想市场的自由竞争的同时，加强市场监管、遏制虚假谣言的传播扩散，书中涉及如何毁掉群体极化思想形态方面内容。[⑤] 虽然较为片面，但是部分内

---

① 曼纽尔·卡斯特. 认同的力量 [M]. 2版. 曹荣湘，译. 北京：社会科学文献出版社，2006.
② 埃瑟·戴森. 2.0版：数字化时代的生活设计 [M]. 胡泳，范海燕，译. 海南：海南出版社，1998.
③ 阿尔文·托夫勒. 权力的转移 [M]. 吴迎春，傅凌，译. 北京：中信出版社，2006：465.
④ 奥托·纽曼，理查德·德·佐萨. 信息时代的美国梦 [M]. 凯万，等译. 北京：社会科学文献出版社，2002.
⑤ 杨立青. 新媒体时代的网络谣言传播与控制探析：由桑斯坦《谣言》展开的分析 [J]. 新闻记者，2014（11）：6.

容值得学习借鉴。

第三，在网络意识形态治理上，日本制定了《Internet 网络事业者伦理准则》；新加坡要求使用者须经由政府的计算机控制中心"中转"传送；德国制定了《多媒体法》；欧盟制定了《关于欧洲网络与信息安全局信息和通信技术的网络安全》与《一般信息保护法》；2021 年 4 月，美国总统拜登申请超 13 亿美元预算，用于网络安全及新兴技术领域的重大投资。总结了域外互联网的治理经验，主要有四点：一是要健全互联网的法律法规，使其有法可依；二是要加强对网络的管理，构建有效的网络监控体系；三是要加强对网民的网络道德教育，提高网民的社会责任意识；四是充分利用新技术手段，加强对网络思想文化的管理。[①]

总而言之，国外学者从文化的视角、科学的视角、信息媒介的视角以及监督管理的视角，对意识形态与文化的关系、与当下科技的关系、与内容流转渠道尤其是互联网的关系进行了探讨，并利用大量篇幅对大数据时代的实践范式展开了讨论。但是，这方面的研究仍仅限于单一的技术层面、网络社会或网络场域层面，并未深入信息社会和网络社会的背景中去研究意识形态的内在变化。需要强调的是，对于国内外网络意识形态研究成果，我们应结合中国实际现状和语境进行具体分析。

（三）我国古代大数据思想资源

"数"是人类探索未知领域与改造自然界的密钥，在大数据技术的发展中，大数据概念逐渐形成一种独特的思维模式，即"大数据思维"。事实上，通过数据技术手段解决现实问题这种实践方式并不独属于信息时代，在人类历史文明的长河中，可以追寻到大数据的思想萌芽。换言之，大数据并不是全新或者孤立的一种现象，它是人类长期对数据采集、使用的结果。

"数"是大数据之根。从数字发明之初，世界的奥秘似乎就与数字紧密相连，数字、算数的进步不断将人类推向新的文明。我国数据思维经历了从"数"到"数量"再到"数据"的认知发展阶段。对于"数"的探索，在古人"结绳而治"的记录数字行为中，我们可以感知到古人已开始尝试用各种方式对"数"进行精准地表达并理解"数"的内涵。具体到实践中，除了用结绳表示"数量"意义外，古人还会根据事情重要程度来选择结大绳还是小

[①] 苗国厚. 中国网络意识形态治理研究 [D]. 成都：电子科技大学，2017.

绳,所谓"事大,大结其绳,事小,小结其绳"①。此后,中国甲骨文和汉字的继续发展,为中国的"数学"提供了书面依据,也为古代人探索"数""数量"和"数据"背后的"大数据思维"提供了一条道路。

古人十分重视数据基础与实际运用,中国古代的数据思想体现在治世的各个方面,在政治、经济、军事、文化、哲学、工具技术等领域都闪烁着数据思维的光芒,它表现为不同的形式,却又有着统一的数据思维本源。

在政治方面,为了更好地管理国家,统治机构多以数据调查方法对国内社会、经济等各方面进行民间调查,尤其体现于我国古代户籍制度中。西晋皇甫谧在《帝王世纪》中曾提到,在中国古代原始社会末期,大禹治水之后,就出现了人口统计的数据,但是由于文献的遗失,因此该说法无从验证,之后有学者认为中国人口调查制度始于西周。古人提倡的"省方、观民、设较"就体现了基于民情数据治国理政的思想。《管子·正世》记载,春秋时期,管仲十分重视调查研究,提出一系列治理民政的方案,如实行四民分业定居与书社制(按社登记户口),主张"料事物,察民俗"。随后商鞅把国力强盛与人口数、壮男数和牛马之数明确地联系在一起,并提出了"强国知有十三数"这一概念,②强调要靠统计调查洞察资料之间的关系。实际上,最早的具有明确人口调查数据的文字记载是在西汉末年。文本记载了平帝元始二年的户口数,这是中国历史上遗留下来的第一个比较完整的户口统计记录;之后东汉时的户口调查称之为"案比",所谓"案比"就是案验、比较,它拥有一套严格的制度,记录信息甚至具体到身高、肤色。从中可以感受到古人治国同样依赖数据以制定政策,建立相应法度,由此可窥见古人的数据思维。

在商业经济方面,算盘的发明与使用为古人处理数据提供了便利。时至今日,我们依旧使用它处理一些计算机无法安全处理的数据。"珠动则数出"的算盘特点体现了我国古代数据思维在实操应用方面的提升,因此,算盘被誉为中华民族"计算机"前身。在一些古代书籍著作中也可以找寻到古人对数字数据在国家发展应用方面的思想和智慧。唐代政治学家、史学家杜佑的《通典》用历代人口统计数字推算出人口总数并对人口变化进行了预测,认为治国之道是对人口数字的细致把握,人口数字对国家经济有着直接的影响。杜佑也十分注重财经状况与数字统计的结合,在总结古人的财经统计工作的历史经验中提出相关经济统计思想;在数据预测方面,杜佑继承和发展了管

---

① 莫日达. 中国古代统计思想史 [M]. 北京:中国统计出版社,2004:1.
② 谢继华. 大数据视阈下高校网络思想政治教育创新研究 [D]. 成都:电子科技大学,2018.

仲的统计估算法，完善了用食盐消费量来推算人口数的预测思想。《通典》作为中国第一部记载古代财经典章制度和财经思想的通史具有重大意义，体现了大数据思维，在探讨社会和经济问题中穿插着大量的数据，同时用到大量引证、说明、对比、分析归纳等方法。在数据图谱上，南宋民间学者郑樵于《通志》一书中提出"图谱略""若欲成就天下之业，则无图谱，可行于世"，并首创了以图表展示直观预测。①

在政治军事方面，"运筹谋算"的思想贯穿于我国古代兵法书中，常言的"知己知彼，百战不殆"，就强调了"先知"的重要性。"先知"在《孙子兵法》中被认为是圣明的君主与良臣将士的主要特征。"先知"即能够通过所掌握的信息进行准确的研判和决策，这里所指即"数据"，这种思维在我国古代的军事行动中十分常见。在《汉书·赵充国辛庆忌传》中记录了这样一段历史，汉宣帝时期，赵充国将军临危受命抵御羌族人的侵扰，当被问及其需多少兵粮将士时，赵充国回答了一句成语"百闻不如一见"。根据具体情况决定所需士兵数量，在充分了解双方兵情民情后，赵充国将军在数据思维的衡量选择下决定以"慎战"应对敌方。但是，朝中后方皇帝与大臣认为持久战会消耗大量的钱财粮饷，因此主张速战速决。当赵充国收到皇帝旨意之后，心中虽忿，但仍选择保持理性以"数"服人，对敌方与自身进行典型的数据分析，向朝廷罗列自身粮食耗用、补给具体状况，提出用屯田解决粮食补给问题。数字的精准程度逐渐改变了朝中大臣的想法，他们从最初的都不同意，到最后大都改变了立场，最终战争取得胜利。这正是大数据思维在古代运用的真实案例，依靠掌握的数据进行科学地计量分析，不仅可以把握敌方命脉，还可以成功说服他人改变立场做出正确决策。由此可知，数据的思维魅力贯穿于我国古代政治军事活动中。

由此可知，我国大数据思维不但体现在我国古代涉及士、农、工、商各个行业的具体实践中，同样体现在国家宏观治理中，如户籍制度、征兵策略、赋税制度等。除此之外，我国作为农业生产大国，天文历法在农耕文明中占有重要地位，其中无处不体现着"数据"思维。古人由于生产劳动的需要牵涉到时间和角度的准确性，因此对历法精度提出很高要求。② 在时间计算工具方面，古人发明的圭表、日晷、漏壶计时器无不体现着"数据"思维。除此以外，《道德经》《易经》作为中国哲学的重要部分，其中蕴含着丰

---

① 莫日达. 中国古代统计思想史 [M]. 北京：中国统计出版社，2004：6.
② 莫日达. 中国古代统计思想史 [M]. 北京：中国统计出版社，2004：2-3.

富的数据思维学识，体现着数字生万物、以数据预测未来的思想。从以上案例中，我们感知到古人灵活运用数据指导实践生活，但也应注意避免因脱离实际陷入"玄学数字旋涡"中，要客观看待数据预测未来的技术哲理。

三、研究思路与研究方法

（一）研究思路

本研究共分九个部分，研究思路如图 0-6 所示。

第一部分，全面论述意识形态理论基础与思想资源，厘清其背后的理论体系和思想资源，为本研究提供有针对性的理论指导与参考借鉴。

第二部分，明确青少年网络意识形态定义，探讨青少年网络意识形态的演进过程，利用媒介分析、内容分析、受众分析等有效方法全面总结青少年网络意识形态的网络传播现状，结合具体媒介案例探讨青少年网络意识形态的传播特征及类别。

第三部分，通过社会网络分析法探究青少年网络意识形态跨媒体传播的关系结构及属性。探究青少年网络意识形态在不同媒体、不同平台的传播机制，探索娱乐媒体（微博、微信、抖音、游戏等软件）与教育媒体（青年大学习、学习强国、慕课、云课堂等教育活动媒体）中主流意识形态的传播效果。总结青少年网络意识形态大数据应用引导策略的可行性与面临的风险。

第四部分，在中观视角下深入研究了青少年群体跨媒体互动传播机制、大数据内容特征以及大数据治理风险等问题，并详细解读了当前青少年网络意识形态传播中所存在的实际风险。

第五部分，微观上分析了青少年网络意识形态变化的路径与特征，并以此为基础剖析了青少年的网络意识形态偏离行为，本书采用社会调研、案例分析和话语分析相结合的方法，探究了对青少年网络意识形态有显著影响的因素及其背后所蕴藏的力量，依据研究发现归纳出青少年网络意识形态偏差产生机制和矫正要素。

第六部分，本研究运用大数据思维论述了国家权力机关、传统社会组织、网络社会组织和网民等不同治理主体在青少年网络意识形态导向中的策略和作用机制，以及对应的导向价值顺序。从多方面、多层次、多视角寻找影响青少年网络意识形态导向的关键要素、产生因素及驱动机制。

第七部分，针对青少年群体的网络意识形态治理特点，重新设计网络意识形态治理基本框架和实施策略，明确青少年网络意识形态引导目标和原则，深入分析治理主体、对象、方法和情景，以增强青少年对主流意识形态的价值认同。

第八部分，本研究对人工智能技术和大数据技术的发展和应用现状进行了全面审视，并结合青少年网络意识形态治理现状进行了顶层设计，建立了一套针对青少年网络意识形态的高效大数据预警体系。同时，通过深度学习系统和大数据舆情监测系统，实现了对青少年群体现实和虚拟社会的全面大数据预警体系的智能识别、分析和追踪，从而推动了智慧预警平台的设计。

第九部分，在以系统论为指导的前提下，本研究对青少年网络意识形态治理与引导的主要内容和核心观点进行了综述，并结合网络社会环境的实际情况，提出了宏观引导机制方案，构建了青少年网络意识形态社会层面治理的基本框架。该框架从政府、传统社会组织、网络社会组织、家庭组织、网民等不同治理主体系统出发，提出了一种针对青少年网络意识形态治理的结构模式，并建立了一个"循数而治"的多元引导矩阵。

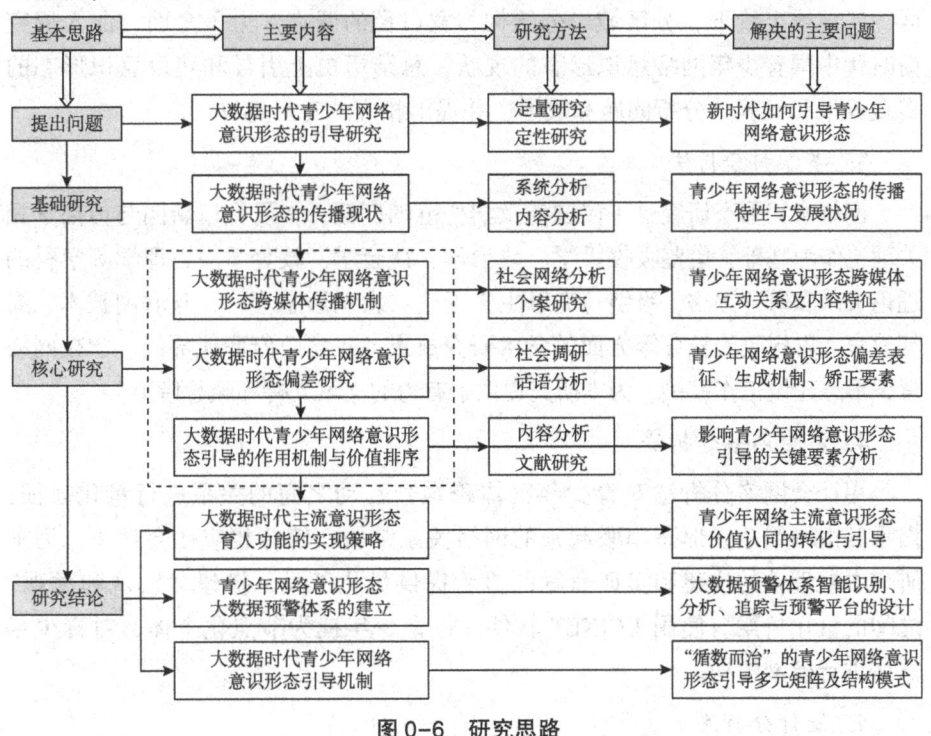

图 0-6 研究思路

（二）研究方法

对于大数据时代青少年网络意识形态引导这一新课题，本研究在坚持马克思主义基本原理和方法论的基础上，综合运用文献研究法、调查研究法、多学科分析法、社会网络分析法、统计分析法等研究方法进行全面深入的探究。

1. 文献研究法

系统阅读马克思主义经典作家的相关著作，研读中国共产党历代领导集体的有关意识形态思想的论著，尤其是党的十八大以来有关青少年思想政治教育、学校思想政治教育以及社会主义道德价值观、主流意识形态建设的新论断、新举措。与此同时，充分了解大数据技术、人工智能技术行业的前沿发展现状，探究雾计算、量子加密、网络态势感知、图像算法等最新技术的研究发展现状。

2. 调查研究法

依据本研究思路，根据各个部分的研究目的和内容分别进行科学的调查实验设计，调查省市扩展到中国华中、华东、华南、华北、东北、西北等地区，实现线上线下、分区域、分结构、宽口径的调查，力争全面、深入探究新时代中国青少年网络意识形态的现状，总结历史上引导和建设意识形态的实践成果和经验，分析问题和成因，并提出相应的对策建议。

3. 多学科分析法

网络意识形态研究这一议题涉及学科范围广泛，本研究以新闻与传播学相关理论作为基础，借鉴吸收哲学、政治学、社会学、教育学、心理学等学科的理论成果和研究方法，吸纳马克思主义理论、意识形态理论、互联网技术、高等教育、思想政治教育等方面的学术研究成果，收集政府职能部门、学校网络意识形态建设工作案例，为本研究提供了有力的文献支持和经验借鉴。

4. 社会网络分析法

用社会网络分析法对青少年群体跨媒介互动之间的关系进行量化表征，揭示其由网络意识形态串联起来的网络关系结构，解释相应社会现象。为本研究中层理论的构建和实证命题的检验提供量化工具，搭建"宏观和微观"之间的量化桥梁。使用 UCINET 软件，将青少年视为节点化个体，对青少年群体进行模网建构。

5. 统计分析法

在前期科学调查的基础上，本研究对获得的样本数据运用 SPSS 软件包进行分析，通过因子分析方法，提炼出对青少年网络意识形态产生重要影响的因素，并探讨各个因素之间的相关性。运用系统分析的思维方式与数据统计的行为范式，对青少年网络主流意识形态健康发展的核心要素进行分类探讨。

第一章

网络意识形态研究的理论基础和思想资源

在"意识形态"这个概念被创造出来以前,哲学家就已经存在于意识形态之中。① 意识形态作为人类"思想"中一种宏大的研究概念,其理论植根于古往今来数位伟大的思想家、哲学家、政治家、社会学家的思想精华中。每个时代意识形态的研究都离不开前人的思想积淀。

第一节 网络意识形态研究的西方理论资源

马克思、恩格斯的《德意志意识形态》引发了一场关于意识形态问题的讨论,在这场讨论中,出现了许多不同的思想派别,这些思想派别在延续马克思的思想。在前人的研究基础上,这些意识形态学者为意识形态理论的发展开拓了新的空间,他们在不同的层次上对意识形态展开了全面的论述,从意识形态形式、意识形态与政治革命、意识形态与科学技术、意识形态与社会文化等方面进行了论述。意识形态理论学者的智慧成果,为当前的网络意识形态导向研究奠定了坚实的思想理论基础。

一、意识形态总体概念的西方理论资源

德国哲学家和社会学家卡尔·曼海姆深受马克思学说的影响,他同意马克思主义的阶级性质,并对社会性质做出了清晰的界定。"社会存在决定社会意识"贯穿其创立的知识社会学体系中。曼海姆在他的知识社会学理论框架

---

① 俞吾金. 意识形态论 [M]. 北京:人民出版社,2009:18.

下，从意识形态和乌托邦这两个角度出发，对意识形态这一概念的性质进行了研究，并将其分为两类：一类是由没落的阶级所形成的"意识形态"；另一类则是新出现的阶层思想——"乌托邦"。在前者之上，曼海姆将意识形态概念分为特殊含义与总体含义，他认为特殊意识形态只表示论敌的意识形态的一部分，它以单纯的谎言与谬误的形式表现出来，而总体意识形态更为形式化、功能化地描述了论敌的世界观及其概念结构，也就说某一种意识形态观点的持有者仅将对方的某些主张与意识形态相关联，而总体意识形态观点的持有者却将对方的全部世界观与意识形态相关联。[①] 曼海姆认为总体意识形态具有改造和提高的可能，更具有社会研究价值。

此后，曼海姆把思想理论的发展看作一种"特殊思想"，并把这种思想理论与"一般思想观念"结合在一起，他认为这是一种思想理论不断地从政党政治的影响中解脱出来，并逐步走向中立性。[②] 曼海姆一方面认为意识形态都是由特定社会存在决定的，不存在超越阶级的意识形态；但是另一方面又追求超党派的意识形态，这明显是冲突的，因此曼海姆这一观点被认为是形而上主义的"曼海姆悖论"，之后便遭到霍克海默等其他马克思主义学者的批判。然而，曼海姆的思想体系却是当今社会主义与资本主义思想体系之间矛盾的缩影。[③] 曼海姆关于"意识形态"的"知识社会学"的观点，仍然可以为当代互联网上的意识形态导向工作提供一种社会化和政治化的分析方法，这有助于我们对"资产阶级"意识形态的认识。

莱蒙德·盖斯把意识形态划分为"描述性""否定"和"肯定"三个层次，这三个层次的划分方式在后来的意识形态研究中也有相应的体现，比如法兰克福学派主张"否定"意义上的意识形态，而葛兰西和卢卡奇主张"描述"意义上的意识形态。

按照意识形态概念的历史发展，齐泽克把意识形态划分为三类：自由的意识形态、自为的意识形态和自在自为的意识形态，它们分别指意识形态的内部形态，如思想、理论、信仰、概念、教条；思想综合体的外在表现形式，即意识形态国家机器；如"市场""经济""法律"和马克思所说的"商品拜物"。齐泽克指出，当前的意识形态已经不再是传统的意识形态，而是一种

---

① 欧阳英，程晓董. 在知识、意识形态与政治之间：关于曼海姆知识社会学的深层次剖析 [J]. 武汉大学学报：人文科学版，2009（1）：34-39.
② 俞吾金. 意识形态论 [M]. 北京：人民出版社，2009：250.
③ 俞吾金. 意识形态论 [M]. 北京：人民出版社，2009：252.

"超意识形态",意识形态自身就是一种社会存在,它与无意识密切联系在一起,构成了人类社会生存和发展的新条件。在网络社会中,齐泽克所指的自在自为的意识形态是通过"能指、认同、幻想、快感、驱动"来实现的。

此外,詹明信继续提出现代意识形态模式理论,将意识形态划分为七种模式,分别是,具有局限性的意识、日常生活的意识形态、物化的意识形态、"关于社会阶级的理论"的意识形态、国家机器的意识形态、具有支配权的意识形态、语言异化的意识形态。通过对这七种模式的分析,我们可以看出,前三种模式都是马克思思想体系中的一个重要组成部分,而后四种模式是对马克思思想体系的延伸,所以詹明信的思想体系实际上只有四种模式。但是从中可以看到詹明信作为马克思文学理论批评家、美国后现代主义文论家,他证明了意识形态理论不是一成不变的,是随着历史环境的变化而变化的,詹明信的意识形态模式维护了马克思理论的真正内涵,具有一定发展转向意义。

从詹明信的思想模式出发,在"语言异化"这一思想模式中,作为一位语言评论家,他不仅批评了媒体自身,还把媒体当作了一种语言的工具来批评了媒体的意识形态。在他看来,大众媒体在某种意义上已经取代了个体的"主体性",个体又无法对大众媒体发表自己的看法。[1]詹明信通过对大众传媒中有关女性主义文本话语、精神话语的分析,揭示了隐藏在文本背后的政治无意识。詹明信认为文本就是意识形态和乌托邦的辩证法,是一个阶级话语对立的空间,占主导地位的阶级竭力表达自身的意识形态,以维护统治;非主导阶级则力图破坏这种主导地位的意识形态,以获取自身的存在感。这种文本深处的斗争在文本表层通过语言符号实现了象征性的解决。[2]詹明信的"媒介"和"文本"的观点,有助于我们更好地认识当前网络世界中的网络意识形态的具体表现方式,以及意识形态"话语"争夺战的实质。

二、意识形态政治及革命的西方理论资源

意识形态和政治是紧密联系的,因此,在西方意识形态领域,许多学者对意识形态的政治属性进行了深入的探讨,这为我们对网络意识形态领导力的研究提供了一定的理论支持。面对中、西欧工人革命的失败,卢卡奇、柯

---

[1] 杨生平. 意识形态及其诸形式:詹明信意识形态理论述评[J]. 哲学动态,2011(2):37-41.

[2] 袁文彬. 马克思主义和语言问题:詹明信的语言批判[D]. 广州:中山大学,2008.

尔施、葛兰西都将目光投向革命意识形态斗争领域，成为西方早期马克思主义理论家，他们开始思考并总结革命失败的经验教训，"他们的观点非常明确：对于无产阶级革命来说意识形态是决定一切的，革命的胜利取决于无产阶级是否拥有成熟的阶级意识、是否取得了意识形态上的领导权"[①]。

卢卡奇在早期马克思主义学者中具有重要的地位，被称为"西方马克思主义之父"。卢卡奇认为意识形态不仅仅是一种思想体系，更是一种物化的社会关系，所以，这场革命的核心不是经济、政治、暴力的革命，而是战胜"物化意识"（或称拜物意识），建立无产阶级的"整体意识"。[②] 卢卡奇的"物化意识"是在马克思的"异化观"基础上，对"物化""固化"资本主义进行批判的基础上提出的，其实质是主体对外在法则的屈服，是主体自身批判性、超越性的缺失。[③] 卢卡奇认为，无产阶级要想取得革命的胜利，就必须战胜"物化意识"，掌握意识形态的领导，树立无产阶级的整体意识，这就要求他们对自己的阶级有一个清晰的认识，并不断提高自己的人类身份，才能开展革命活动。其中克服"物化意识"，明确阶级地位，掌握意识形态领导权为本研究提供了重要启发，有助于更好地理解网络时代"物化"意识的内涵。

意大利共产党领导人葛兰西在继承马克思的思想体系的同时，又受到拉布里奥拉的深刻影响，特别是在对革命精神和实践问题的反思上。葛兰西的领导权观是其在革命实践以及继承前人理论基础上形成的，葛兰西的领导权观侧重于文化层面，与列宁侧重于政治层面的领导权观存在差异。葛兰西第一次把上层建筑划分为两个部分，一个是公民社会，另一个是政治社会，而领导力也被划分为政治的领导力，以及智力和道德的领导力（文化领导力）。其把问题的焦点放在了文化领导上，他认为，知识和道德的本质就是思想领导，并提出，一个阶级要想获得政治权力，必须先获得思想领导，并且要把重点放在对人民进行教育，以得到人民对思想的认可和拥护上。葛兰西的意识形态理论对本研究探讨网络意识形态的文化领导权与政治领导权关系方面有着重要意义，结构主义的马克思主义学者阿尔都塞的意识形态思想同样强调了领导权思想。

阿尔都塞以压制型国家和思想型国家为中心，提出了一套新的思想观念，

---

① 尹树广，王国有，车玉玲，等. 20世纪的文化批判 [M]. 北京：中央编译出版社，2003：76.
② 杨生平，刘世衡. 国外学者意识形态理论研究综述 [J]. 贵州大学学报（社会科学版），2011（1）：1-7.
③ 赵兴伟. 当代中国意识形态安全问题研究 [D]. 沈阳：辽宁大学，2012：33.

对马克思的思想观念进行了补充,并在此基础上,提出了一种"结构主义"的思想观念。阿尔都塞从"思想"这一概念出发,将其看作一种形象(形象、神话、观念、概念),一种在一定的社会里以一种特殊的方式产生并发挥着历史功能的表现形式。[1] 作为人类社会存在和发展不可缺少的组成部分,意识形态是一个严格的表象系统,它规范并控制着每一个人的思想,它的特征是普遍性、实践性、神话性、强制性和阶级性。阿尔都塞以这一观点为依据,提出了"意识形态的国家机器"的理论,他把宗教、教育(各种公立和私立的学校)、家庭、法律、政治(不同政党的政治体制)、工会、交往(出版、电台、电视)以及文化(文学艺术、体育运动等)都归入了意识形态的国家机器之中,而意识形态的国家机器是保证政治国家机器(军队、法庭、监狱等)的存在和发展的必要前提。[2] 在二者的区别上,阿尔都塞认为前者的表现形式是多样的,而后者具有唯一性特征。在归属范围方面,阿尔都塞继承了葛兰西关于"公有"和"私有"的主张,将"私有"和"公有"分开;从具体的实施方法来看,"民主"通过思想实现其功能,通过武力压制来维持其统治。

阿尔都塞认为,"没有一个在意识形态国家机器之中并在它之上发挥作用的领导权"[3],强调了意识形态领导权的重要作用,他认为在现代社会中教育已替代宗教成为最重要的意识形态国家机器,教育在代际意识形态传递中具有重要位置。

阿尔都塞的意识形态国家机器理论存在着一定的历史缺陷。然而,结构主义的意识形态国家机器理论却给了我们很大的启发,它应该将国家机器的功能发挥到最大,它应该对国家意识形态的领导地位给予足够的重视,对国家机器社会意识形态在各方面的生产和传播给予足够的关注,它还应该引起我们对当前错综复杂的网络意识形态背后的操控力量和它的阶级性质给予足够的关注。

柯尔施是一个与传统马克思主义分庭抗礼的西方学派的代表人物。针对马克思、恩格斯关于无产阶级意识形态的论述,柯尔施提出了"虚假意识"的观点,并对列宁的"灌输论"思想提出了强烈的异议。柯尔施对列宁意识形态理论的批判及其反复无常的意识形态观点暴露出柯尔施缺乏一定的历史

---

[1] 路易·阿尔都塞. 保卫马克思 [M]. 顾良, 译. 杜章智, 校. 北京: 商务印书馆, 1984: 201.
[2] 俞吾金. 意识形态论 [M]. 北京: 人民出版社, 2009: 285.
[3] L. ALTHUSSER. Essay on Ideology [M]. London: Verso, 1984: 20.

观照，但是其意识形态观依然继承了马克思、恩格斯的部分意识形态理论。尽管柯尔施的"精神压制体制"批评选错了对象，对列宁的"灌输论"进行了错误的批评，使其偏离了马克思主义，但柯尔施还是看出了其思想在理论和实践上的双重性质，并认为俄国的无产阶级革命经历和西方不匹配。关于意识形态战线不适配的观点，柯尔施与卢卡奇和葛兰西达成了一致。

各个时期的马克思主义学者及学派有关意识形态与政治之间的关联探究都启示我们无论是在工业时代还是网络时代，意识形态战线的重要性都是不言而喻的。同时，我们也应该看到，法兰克福学派是从消极的意识形态角度出发，对意识形态进行批评的，这一点和早期的马克思主义思想家们的意识形态考虑不同。

20世纪50年代出现了一股"意识形态终结论"思潮。丹尼尔·贝尔、雷蒙·阿隆、李普塞特、爱德华·希尔斯等一些西方社会学家认为，"世界正在进入一个无利益冲突的时代，政治诉求已无必要"①，这样一种观念，就显露出欧洲中心论或者说西方中心论的意识形态取向②。事实上，他们所谓的"历史形式的结束"，实际上是指传统的"意识形态"和"政治"的结束，而非"意识形态"和"政治"的真正结束。

伴随日裔美籍学者弗朗西斯·福山"历史终结论"的出现，"意识形态终结论"再次复兴，福山表明"人类意识形态发展的终点"和"人类最后一种统治形式"就是西方国家的政治制度。很明显，无论是"意识形态终结论"还是"历史终结论"都是赤裸裸的"西方中心论"思想，正如杨生平学者所说，"'意识形态终结论'（本身就）体现了十足的意识形态性"③。在网络时代，"意识形态终结论"再次复兴，尤其是再次引发对民主政治制度的探讨，这启示我们要注意自由民主理念与意识形态之间的必然关联。在特定的历史阶段，我们更要坚定地掌握意识形态的领导权和主动权，掌控国际意识形态话语权，与此同时，要用辩证批判的态度来看待西方"意识形态终结论"，要尊重多元意识形态存在的客观事实。

---

① 杨生平，刘世衡. 国外学者意识形态理论研究综述 [J]. 贵州大学学报（社会科学版），2011 (1)：1-7.
② 张国清. 丹尼尔·贝尔和西方意识形态的终结 [J]. 江海学刊，2001 (2)：41-45.
③ 张清俐. 剖析"意识形态终结论"演变轨迹：访首都师范大学政法学院教授杨生平 [N]. 中国社会科学报，2018-02-27.

三、意识形态科学技术方面的西方理论资源

新科技不仅对人们的生活产生影响，同样还对社会政治、社会文化、生产方式产生了巨大的影响。因此，学者们进一步展开了对科学技术与意识形态关系的探讨，尤其是科学技术对人们思维的变革让学者们开始反思科学技术与意识形态之间的真实关系。如科技是否是意识形态，法兰克福学派认为"科技即意识形态"，而以阿尔都塞为代表的其他学者大多主张将科学与意识形态对立起来看待。网络意识形态与科技意识形态的关系也是密不可分的，所以，与科技意识形态有关的理论也为本文提供了许多有益的启示。

在"科技即意识形态"理论中，法兰克福学派众多学者对科学技术展开批判，认为科学技术与意识形态之间存在显著的负面关联，尤其强调在工业技术之下个体受到技术的压制，带来了失去自我意识的现代危机。法兰克福学者普遍认为人应摆脱"虚假的意识形态"也就是"对统治的掩盖"意识形态，这样才会成为"强壮""具有自我意识的"人。

"科技是意识形态"这一概念在学者马克斯·霍克海默所著的《科学危机及其札记》中被首次提出，并提出了科学是一种虚假的意识形态的观点。之后霍克海默与阿多诺在《启蒙辩证法：哲学断片》中，站在文化视角批判了意识形态的操控性，他们认为在"现代文明"中人的精神内涵因过度强调理性而被破坏，崇高的"理性"已被"工具理性"所取代，"理性"是一种建立资本主义社会的"工具"，具有意识形态属性，而生产"大众消费文化"的"文化工业"让社会丧失了批判性，所谓"自由"其实是被意识形态操控着的自由。霍克海默与阿多诺针对工业技术理性与工具理性的批判为后来法兰克福学者对价值理性的探讨做了批判理论上的铺垫。

与霍克海默、阿多诺一样，马尔库塞作为法兰克福学派第一代学者，认为科学是一种意识形态，科学绘制出想象性地图，"技术的合理性已经转变为政治的合理性"[1]，科学技术的合理化已发展为政治文化上的极权主义，技术的合理性已成为意识形态的内核。也就是说，科学技术的意识形态逻辑成为发达工业社会意识形态的真正灵魂。马尔库塞在其《单向度的人——发达工业社会意识形态》中，以政治批评为切入点，认为在发达工业社会，科技通过提升生产力来实现其体制与统治的合理性，从而使人类的思维陷入瘫痪，从而产生一种"客观过剩的压抑"，也就是说，科技理性会产生一种新的、非

---

[1] H. MARCUSE. One-DimensionalMan [M]. Boston: Beasom Press, 1964.

暴力的意识形态，抑制人类否定式的批判性思考，使人类最终成为一种单向度的人。① 马尔库塞这番论述可以帮助我们更为深刻地理解当下网络技术对意识形态的影响。马尔库塞认为改变这种情况亟须启蒙运动，只有借助意识以及本能革命才能使人们的单向度性产生转变，这一观点更启示我们应加强网络意识形态的引导，帮助人们意识归正并推动本能革命的发生。

法兰克福学派第二代代表学者哈贝马斯对马尔库塞科技意识形态加以丰富发展。哈贝马斯在马尔库塞七十周年诞辰之际，发表了一篇《作为"意识形态"的技术与科学》，指出马克思的"阶级斗争"思想已经不适用于将来的资本主义社会，并延续马尔库塞的"科技是意识形态"的主张。哈贝马斯结合科学技术的发展，对晚期资本主义社会意识形态的形式与特征进行了详细阐释。他认为科学与意识形态从本源上来看有着高度的和谐性。科学技术是意识形态，其具有相当程度的合理性。技术统治的隐形意识形态，与传统政治意识形态相比，科技作为一种非政治的隐形意识形态而发挥作用，② 科技意识形态具有"操纵功能、维护功能、压抑功能"。总之，哈贝马斯认为科学技术充分发挥了意识形态功能，尤其是在解释统治的合法化与维护现行阶级制度上，他还提出科学批判应当替代社会批判的观点。

法兰克福学派众多学者围绕"科技即意识形态"的中心思想，指明科学技术的使用与发明或多或少都受到了意识形态的控制与影响，意识形态的内涵同样伴随着科学技术的发展而改变，这启示我们应警惕科学技术的发展对人欲望的扩张、对人的物化与固化。

在探讨科技与意识形态关系的研究中，海德格尔虽然没有直接指明科技是意识形态，但是海德格尔对现代技术的批判无不透露着意识形态属性。海德格尔的"技术座驾"理论，形象地概括了现代技术的本质，他认为，现代技术已不只是行动的一种，其同时反作用于主体，对人具有隐蔽、强制的驱使控制作用，技术导致人与自然产生了一定变化；技术参与了世界的再构造，不同时代的技术造就了不同时代的政治、经济、文化。海德格尔以原子弹爆炸作为比喻对此进行深入阐释，他指出人们在原子弹爆炸的过程中始终关注原子弹爆炸所产生的物质，却没有发现周遭的物质同时也在切实发生改变。

---

① 高艺, 王金礼. "科技作为意识形态"命题的媒介技术哲学反思 [J]. 新闻春秋, 2019 (3): 72-81.

② 王凤才. 科学技术作为意识形态：哈贝马斯科技意识形态论 [J]. 山东科技大学学报（社会科学版）, 2004 (4): 17-21.

海德格尔在对人与世界的本质思考过程中引入了技术思维，有助于我们更深入地理解当下网络社会所强调的"互联网思维"。

福柯的批判理论具有鲜明的意识形态色彩，虽然他本人对意识形态概念持有保留的态度，但是其知识与权力学说明显展现出意识形态色彩。被称为"权力思想家"的福柯致力于揭示权力的机制，他认为"技术是权力的眼睛"，也就是说，技术在具备知识特点的同时，已然发展成权力的一种形式。[①] 对现代社会而言，借助技术控制能够影响权力的分配，进而跳过其他组织宗教等的认可。[②] 福柯从后现代主义视角出发，认为科技、知识以及真理目前存在于两大层面当中：隐性层面即知识机构所包含的约束以及规训等，属于一种泛权力形式，而显性层面即这些权力同有关学者和人员相结合的形式。[③] 此外，福柯"全景敞视主义"、话语权力相关思想开拓了网络意识形态在新闻传播领域的研究视角，启示我们从媒介传播的立场中探寻话语背后的社会关系、权力运作。

四、意识形态思想文化的西方理论资源

意识形态的性质决定了研究意识形态离不开对人的思想与社会文化之间的探究。弗洛伊德的精神学说虽然没有直接出现意识形态概念，但是在《文明及其不满》中，弗洛伊德就使用了意识形态分析方法。弗洛伊德认为，人的直觉的提升，是一种文明发展最明显的特点；这是一种精神上的升华，是一种科学、艺术，或者思想上、精神上的升华，对人类的生活有着极其重大的意义。[④] 弗洛伊德的心理分析理论对后来的理论家产生了很大的影响，赖希在弗洛伊德人格理论的基础上，又提出了"社会人格"这一概念，用来剖析经济基础和上层建筑的关系。所谓"社会人格"，是指在一个特殊文化时期内人类社会所共同具有的性格范式的中心。[⑤] 之后，弗洛姆在此基础上进一步阐释了"社会性格"理论，认为意识形态与经济基础之间并不是直接产生关联的，而是通过"社会性格"这一纽带产生联系。"社会性格"理论为我们了

[①] 安德鲁·芬伯格. 技术批判理论 [M]. 韩连庆，曹观法，译. 北京：北京大学出版社，2005：21.
[②] 安德鲁·芬伯格. 技术批判理论 [M]. 韩连庆，曹观法，译. 北京：北京大学出版社，2005：91.
[③] 张锐."载体"还是"本体"?：互联网意识形态属性研究 [D]. 北京：中共中央党校，2019：11.
[④] S. FREUD. Civilization and Its Discontents [M]. New York: W. W. Nor-ton & Company, 1961: 49.
[⑤] 杨生平，刘世衡. 国外学者意识形态理论研究综述 [J]. 贵州大学学报（社会科学版），2011（1）：1-7.

解信息革命之下人们的社会性格特征提供了可借鉴的精神分析方法,帮助我们更深入地分析个体精神中意识形态的具体内涵。

真正站在文化视角对意识形态展开系统化研究的是法兰克福批判学派。霍克海默与阿多诺把大众文化称为"文化工业",认为它并不是人们真正需要的文化,"文化工业"是商品社会中意识形态操纵的产物,工业文化产品是意识形态的"掩盖物",所谓"民主"也是意识形态的一种掩盖物,它们都是意识形态的一种体现形式。"文化工业"理论揭示了现代文化是社会政治、经济的融合产物,其中关于文化工业导致人的异化这一观点与卢卡奇的"物化""固化"思想不谋而合。

法兰克福学派对"文化工业"的批评,直指大众意识形态被资本主义文化所操控,具有十分深刻的意义。直至今日,有关"网络文化工业"的批判都在强烈反驳"意识形态终结论"观点,意识形态并未终结,反而以更隐秘的方式,即通过文化工业产品,已经逐渐渗透到人类生活的方方面面。

在《文化的解释》中,格尔茨从文化的视角来解读意识形态,认为在意识形态作用这一问题上有两种观点,即政治需求的"利益论"与社会整合的"张力论"。他认为,从一定程度上讲,文学现象就是一种意识形态,一种特定的文化系统,与领导权力没有任何关系,而是关系到自己对生活、对周围事物的认识,这个意识形态被用来在社会生活中面对困境的时候,化解和减轻人们的心理压力。不管意识形态是什么,正如格尔茨所言,都是一种投射神秘的恐怖,一种隐秘的伪装,一种对集体团结的虚伪的表象,一种对社会现实的怀疑,一种对集体良知的幻想。[①]

在研究晚期资本主义社会文化与意识形态关系方面,詹明信对意识形态的"认知测绘"分析方法,为我们提供了可行的意识形态解读方法。詹明信认为文化现象是被思想体系中和了的意识形态,其实质就是一种阶级意识,整个社会的不同层面都是生产方式的表现,在某种程度上是"同构"的。这也就意味着我们不光可以使用意识形态相关的理论资源与经验材料分析文化,也可以通过与文化相关的理论资源与经验材料分析意识形态。同时,詹明信指出"认知测绘"不过是阶级意识的符码:其重要性仅仅是引起人们对一种全新的、以前从未设想过的等级意识的需求。[②]

另一位学者特里·伊格尔顿同样认为文化是理解晚期资本主义社会的重

---

① 克利福德·格尔茨. 文化的解释 [M]. 韩莉,译. 南京:译林出版社,1999:263.
② 弗雷德里克·詹姆逊. 文化转向 [M]. 胡亚敏,等译. 北京:中国社会科学出版社,2000:47.

要切入口。在伊格尔顿看来，文化本身具有深深的阶级意识"味道"并且与意识形态权力有着密切的联系，"文化"依旧是利益、价值和政治力量之间的较量之地，文化批评既非纯粹的客观评判，也非纯粹的主观评判，它是一种由主体和客体共同确定的，并且与社会的利益和权力有着紧密联系的价值评判。[①] 换言之，文学现象分析及文学批评背后无不具有意识形态性的话语权力。伊格尔顿揭示了文化领域的意识形态本质，对"意识形态"的阶级关系、权力关系、话语结构进行了更为深入的探究。

谈到意识形态与文化的关系离不开"文化霸权"理论。葛兰西的意识形态观认为，文化是对知识和道德的一种表现形式，它是由统治阶级支配的，它是一种意识形态。[②] 葛兰西认为市民社会包含了两层含义，既是经济基础，又是上层建筑。它完成了基础的建设作用的同时，也需要去表达自身的意愿。[③] 葛兰西对公民社会的解释与马克思不同，马克思把公民关系看作一种物质生活关系的总称，它隶属经济基础，而葛兰西则把公民社会归入了上层建筑，并把它分为两个基本层次：第一个层次可以称为公民社会，也就是一般意义上的公民社会；另一个层次是一个政治团体，或者说一个国家。[④] 政治社会的执行机构是军队、法庭、监狱等，作为专政的工具，它们代表暴力；政治团体、工会组织、教会组织、学校组织、学术文化组织以及各类新闻媒体、民间组织等构成了公民社会，作为宣传和劝说性的机构，它们代表的是社会舆论。[⑤] 也就是说，"公民社会"在这里执行的是整个社会舆论的意识形态功能，前者是强制性的支配，依赖国家暴力机器通过镇压、战争等手段实施高压统治，后者是合法化的权威，统治集团将意识形态通过公共舆论渗透到民间组织中，再由民间组织渗透到个人。这里的公民社会也就凸显出文化领导权的问题。

葛兰西在分析意大利革命多次失败的原因时，指出了俄国与意大利不同的国情，他认为俄国革命的成功在于其公民社会本身尚未形成高度集权的思想防线，因此俄国革命在宣传作用的推动下获得了成功；而意大利民主具有

[①] 杨生平，刘世衡. 国外学者意识形态理论研究综述 [J]. 贵州大学学报（社会科学版），2011（1）：1-7.

[②] MERLI, PAOLA. Creating the cultures of the future: cultural strategy, policy and institutions in Gramsci [J]. International Journal of Cultural Policy, 2013 (19): 399-420.

[③] 孙晓萌，张颖. 从文化霸权视角探析中国的文化选择 [J]. 现代传播（中国传媒大学学报），2016 (12): 11-14.

[④] A. GRAMEI. Section from Prion Noeboo [M]. Lodon: Lawene & Wishat, 1971: 12.

[⑤] 俞吾金. 意识形态论 [M]. 北京：人民出版社，2009：238.

根深蒂固的资产阶级思想，资产阶级价值观念、自由平等等思想已深入民众的思想中。因此，葛兰西认为，若想瓦解资产阶级坚固的思想防线需要先瓦解其文化防线，也就是掌握意识形态领导权，即先掌控文化领导权继而夺取政治领导权。

同时，葛兰西认为文化领导权与政治领导权都是"完整国家"的重要内容，认为"完整国家"就像一个堡垒，公民社会就像一个由混凝土和建筑物组成的体系，当敌对一方对碉堡外部进行猛烈攻击时，看似摧毁了其防御系统，实则内部依旧是"有效的防御线"，不过，因为每个国家的公民社会发展水平都不一样，所以受到的袭击也各不相同。因此，对于公民社会中文化、意识形态的领导权的占领是统治阶级实现领导的必要条件。而这种文化、意识形态的领导权在葛兰西看来实质上是一种教育关系，具体通过"有机知识分子"来完成，即以历史集团产生的"有机知识分子"获取民众信任、教育大众、批判旧的意识形态、传播新的意识形态，大众也同时推动有机知识分子共同成长进步，使知识分子、历史集团、大众有机统一，使零散的、分散的、隶属于各群体的常识达到意识形态的统一化，以保证领导权的争夺和实现。①

在争取思想领导策略方面，葛兰西还提出了"运动战"与"阵地战"两种不同的观点，"运动战"是通过直接的政治革命与武装暴动，争取领导地位；"阵地战"则是通过固守阵地，不断扩大自己的优势，争取公民社会的领导地位，等待时机成熟，争取国家的领导地位。西方发达国家公民社会更为强大，因此后者更适合西方资本主义社会。总之，根据不同国家实际公民社会情况选择不同的作战方案。葛兰西的"革命"理论在现实中有着深远的影响，特别是他的"文化领导"和"意识形态领导"的理念，为我们今天在复杂的网络意识形态领域中，牢固地掌握意识形态领导地位提供了宝贵的实践经验和理论依据。

国内外学者有关意识形态的理论思想为本书奠定了坚实的理论基础，提供了不竭的理论动力。本章着重对本研究的理论基础和思想资源进行了探索和梳理，其中包括了许多马克思主义意识形态理论、意识形态领导权理论、文化领导权理论、科技即意识形态思想等理论，这些都成为本研究的指导理论，将帮助我们更加深刻地了解当前网络意识形态的新特点，进而提出有针

---

① 刘亚斌. 历史有机的生产论：葛兰西的意识形态观 [J]. 廊坊师范学院学报（社会科学版），2013（4）：12-17.

对性的网络意识形态引导策略。

第二节　我国意识形态研究的理论基础和思想资源

当下我国意识形态研究离不开马克思、恩格斯、列宁在无产阶级革命实践中留下的意识形态领域的思想瑰宝。在此基础上，以毛泽东、邓小平、江泽民、胡锦涛、习近平为代表的中国共产党人又进一步丰富并发展了马克思主义意识形态理论内涵，形成具有中国特色的意识形态建设理论。站在新的历史高度，习近平总书记高度重视我国意识形态建设工作，提出了一系列意识形态建设的重要论述，为党在新时代的发展提供了重要的精神动力与思想源泉。这些关于意识形态领域的观念，对目前我国网络意识形态领域的治理和导向问题的研究具有十分重要的理论支撑作用，同时有关意识形态领域各个学科的探究同样为本研究提供了重要的理论借鉴与思想资源。

一、马克思主义意识形态理论内涵

意识形态学说是马克思主义历史唯物主义的一个重要理论，这些思想理论体现在《马克思恩格斯选集》《德意志意识形态》《〈政治经济学批判〉序言》《怎么办》《论无产阶级政党》《论无产阶级文化》等著作中，为马克思主义意识形态理论的发展奠定了思想及理论基础。尤其是在《德意志意识形态》出版之后，有关马克思主义意识形态思想的探究与讨论日渐丰富。其中，马克思、恩格斯、列宁和其他马克思主义经典著作对意识形态的理论阐述，囊括了意识形态的概念内涵、基本特征、矛盾规律。

（一）马克思恩格斯意识形态理论的发展历程

马克思在不同时期的著述中都有关于意识形态的论述，这反映了马克思在思想上的一个逐步深入的过程。马克思有关意识形态的论述是在认识世界的过程中不断形成的，具有历史性。应当指出，在马克思和恩格斯关于思想的讨论和交换中，恩格斯对于马克思思想理论的丰富和完善发挥了很大的作用。其中马克思、恩格斯在有关意识形态性质的论述中，主要围绕"虚假意识形态""阶级意识""观念意识"等观点对意识形态性质具有的否定意义、中性意义及肯定意义进行了相关的思考与探究。

在马克思和恩格斯早期的思想探讨过程中，马克思把思想看作一种"观念学"，对思想持否定和批判的态度。在马克思哲学发展史上，马克思的历史唯物主义思想主要来源于黑格尔和费尔巴哈哲学。马克思、恩格斯在对特拉西"科学观"和黑格尔有限宗教和神学思想的批判中，突破了唯心论，开辟了一个新的思想研究时期。

在马克思早期的思想理论中，《德意志意识形态》是一部重要的思想著作。马克思在其意识形态理论中，首先肯定了拿破仑关于意识形态的负面含义，并将其归结为"错误的意识"。在前期探索阶段，马克思主要从历史唯物主义的基本理论出发对意识形态的含义、本质、特征进行了论述。马克思、恩格斯关于"虚假意识"的论断，认为"每一个企图取代旧统治阶级的新阶级，为了达到自己的目的不得不把自己的利益说成是社会成员的共同利益。"① 在此之前马克思曾将"意识形态"和"空洞的假设"相联系，其在《莱茵报》工作期间又将"意识形态解释为对现实的歪曲的认识"，由此可知，马克思最初对于意识形态具有否定批判的倾向。

马克思在研究意识形态理论时，以对资产阶级思想政治理论的批判为切入点，揭示了资产阶级思想政治理论对人的物化和被商品拜物教支配的现实，并在《政治经济学批判》和《资本论》中得到了较好的反映。这一时期，马克思从经济基础与上层建筑之间的关系对社会结构进行了分析，站在历史唯物主义角度将意识形态概括为社会有机体的一个层次。在《政治经济学批判〈序言〉》中，马克思指出"人们在自己生活的社会生产中发生一定的、必然的、不以他们的意志为转移的关系，即同他们的物质生产力的一定发展阶段相适应的生产关系。这些生产关系的总和构成社会的经济结构，即有法律的和政治的上层建筑竖立其上并有一定的社会意识形式与之相适应的现实基础。物质生活的生产方式制约着整个社会生活、政治生活和精神生活的过程"②。换言之，"意识形态"是指对社会经济形态与政治制度进行系统、自觉、直接反映的思想体系，它是社会意识诸种形态中上层建筑的组成部分。③ 在此期间，马克思对早期意识形态的理论含义作了修改，并在揭示资本主义意识形态遮蔽性质的同时指出意识形态的历史性，为无产阶级意识形态

---

① 马克思恩格斯选集：第1卷 [M]. 3版. 北京：人民出版社，2012：180.
② 马克思恩格斯选集：第2卷 [M]. 2版. 北京：人民出版社，1995：32.
③ 申小翠. "意识形态"概念的历史流变 [J]. 中国社会科学院研究生院学报，2006（4）：35-41.

存在的合理性奠定了理论基础，这时意识形态概念在中性意义上是有偏向的。

马克思、恩格斯完整的意识形态理论在后期逐渐形成，主要体现于《哥达纲领批判》《人类学笔记》及恩格斯的《反杜林论》和一些重要的书信中。应当指出，恩格斯晚年关于意识形态的一系列论述历史性地维护和发展了马克思主义意识形态批判学说，在马克思主义意识形态理论体系里占有重要地位。晚年时期的马克思和恩格斯站在更为高远的人类历史发展角度批判了各种意识形态谬误。他们将研究重心转向了史前社会形态及共产主义初级阶段意识形态，在对资本主义意识形态拜物教观念进行批判后，对意识形态理论进行了更为系统的论述，提出意识形态相对独立性的理论观点。晚年恩格斯再次强调了意识形态"虚假的意识"的本质，同时也肯定了"意识形态"是一种现实力量，具有相对的独立性，对社会存在产生着影响。充分肯定了意识形态反作用于经济基础，强调要辩证看待意识形态，并把"扬弃"观念引入对意识形态的研究之中。换言之，意识形态不是一个单纯具有否定意义的概念，它有着更多的现实意义。这一时期的马克思、恩格斯站在了历史唯物主义辩证法角度全面认识了意识形态这一概念，马克思恩格斯意识形态学说开始日趋成熟。

（二）马克思恩格斯意识形态理论的核心观点

新时期意识形态工作需要我们能深刻认识和把握马克思恩格斯意识形态理论的内涵，从而为网络意识形态指导工作找到扎实的理论基础。马克思、恩格斯将意识形态归纳到与经济形态相对应的历史唯物主义的重要哲学范畴之中，为无产阶级意识形态的建设提供了内在的学术真理与精神动力。其理论内涵主要包含以下内容：

第一，意识形态是由社会存在决定的。意识形态作为思想体系是由社会存在和经济基础决定的，意识形态是社会意识的组成部分，是在社会生活中产生的。马克思、恩格斯在《德意志意识形态》中指出："人们的想象、思维、精神交往……是人们物质行动的直接产物。"[1] 意识形态是人们社会交往的思想观念产物，它是包括思想、观念意识在内的一种综合有机体，是社会存在的思想反映，它随着社会物质生活的变化而变化。也就是说，社会存在决定了意识形态的观念，即马克思所指出的"普遍意识"的社会存

---

[1] 马克思恩格斯选集：第1卷[M]. 2版. 北京：人民出版社，1995：72.

性。① 马克思和恩格斯把意识形态看作思想上的一种形式，这一形式取决于经济基础，即有什么形式的经济基础，就有什么形式的思想。恩格斯说，迄今为止，所有的联盟，不管是自然产生的，还是由人创造的，从本质上讲，都是为了实现经济目标，而这种目标却被意识形态的附属品所掩盖。② 这个角度，启示我们，若想改变一种社会意识，必须在批判的基础上，改变与意识形态相对应的社会生产方式以及生产的社会关系。

第二，意识形态的阶级性质是明显的。意识形态是某一阶级利益的集中体现，是该阶级的利益和价值观在思想中的表现。"意识形态从诞生之日起就被贴上了'阶级'和'利益'的标签，是反映不同阶级意志和利益的一种特殊文化形式。"③ 从马克思早期有关意识形态的论述中，可以直接感知到意识形态的"阶级性"，统治阶级的思想占据着主导地位，统治阶级不只是物质生产的控制者，也是思想的控制者，这种将自身阶级利益表达为全社会总体普遍利益的行为就是马克思所指意识形态的"虚假性"。同时，它还表明，要使统治阶级的思想在社会中占据主导地位，就必须以此为目标进行意识形态建设。在马克思看来，无产阶级思想是不具有虚伪性的，因为它代表了全人类的共同利益。

意识形态的阶级性表明，维护阶级利益必须掌握物质生产资料、占据意识形态思想领域的主导地位，换言之，在当下网络社会要牢牢把握精神资料生产的支配权。意识形态的阶级性同样启示我们要考虑社会阶层这一因素，在意识形态引导工作中充分考虑各个阶层的利益需求。

社会存在受到意识形态的反向影响，而意识形态则呈现出独立的特性。作为上层建筑组成部分的意识形态是一种特殊的生产力。在特定条件下，意识形态的相对独立性可能导致其成为一种"物质力量"，从而对社会经济产生反向影响。在马克思、恩格斯的历史唯物主义思想得到广泛的应用之后，恩格斯对某些意识形态学者的错误倾向进行了批评，指出了某些意识形态学者过于重视经济基础的决定性作用，而忽略了意识形态对于社会的作用。恩格斯在他致瓦·博尔吉乌斯的一封信中提出，政治上的进步、法学上的进步、哲学上的进步、宗教上的进步、文艺上的进步等，都离不开经济上的进步。

---

① 马克思恩格斯文集：第1卷 [M]. 2版. 北京：人民出版社，2009：188.
② 《马列著作选读·科学社会主义》编辑组. 马列著作选读·科学社会主义 [M]. 北京：人民出版社，1988：157.
③ 马克思恩格斯文集：第1卷 [M]. 2版. 北京：人民出版社，2009：550.

但几者又相互影响，并影响着经济基础。经济状况并非唯一积极结果的因素，而是由其他因素所致。这是在归根结底总是得到实现的经济必然性的基础上的相互作用。① 同时，在恩格斯看来，意识形态内各要素对经济基础的反作用是不同的，其中"法"的作用更为直接。这一观点启示我们注意网络意识形态的引导，发挥网络意识形态的积极作用，尤其要注重依法治理、提高网民的法律意识。

意识形态的独立性还体现在与社会发展的不平衡性上。恩格斯的"意志合力论"思想指明历史的结果是在相互交错的思想、意志力量等冲突中产生的，意识形态之间相互影响并具有历史继承性。具体而言，网络社会多样的意识形态也正是其独立性的体现，其中要求我们重视意识形态对社会存在的反作用，牢牢把握主流意识形态的领导权，避免落后于社会存在的社会意识阻碍社会发展。

（三）列宁意识形态理论的核心观点

列宁根据帝国主义时代特征以及无产阶级运动规律，继承和发扬了马克思意识形态理论，为无产阶级革命实践提供了理论指导。列宁意识形态理论的观点主要体现在以下三个方面：

第一，共产主义的意识形态是"科学的意识形态"。按照列宁的观点，意识形态是一种描述性概念，具有中性意义，不存在超越阶级的意识形态，只要存在阶级冲突，不同阶级之间的意识形态冲突就是不可避免的。无产阶级的意识形态既不同于资产阶级的意识形态，也有别于其他社会群体的意识形态，它是工人阶级特有的思想武器和政治工具。无产阶级的思想体系呈现出明显的阶级属性，彰显了无产阶级根本利益的本质。列宁引入"党性"概念来论证意识形态的阶级性，认为党性和阶级性是统一的，不仅哲学、意识形态要有党性，意识形态工作者也要有党性，他们应自觉地、公开地同损害阶级利益的行为做斗争。革命运动必须以科学的革命理论为指导，否则革命派别将失去生存的权利，并注定在政治上面临破产的命运。② "科学的意识形态"概念为我国社会主义意识形态的建设指明了前进的方向。

第二，意识形态领导权思想。列宁意识形态理论富有鲜明的政治实践性，强调充分发挥意识形态的能动性。在《唯物主义和经验批判主义》一书中，

---

① 马克思恩格斯选集：第4卷 [M]. 2版. 北京：人民出版社，1995：695-696.
② 列宁全集：第6卷 [M]. 2版. 北京：人民出版社，1986：367.

列宁强调了意识形态工作中的领导权问题,指出意识形态是一种能够维护阶级利益和价值取向的重要思想武器,凸显了其在意识形态工作中的重要性。为了巩固马克思主义在意识形态领域的领导地位,马克思主义者必须坚持党性原则,牢牢把握意识形态的领导权,与以资产阶级为代表的剥削阶级意识形态划清界限。

第三,意识形态"灌输论"。列宁在无产阶级革命实践中提炼出了"灌输论"这一重要理论,它为革命事业的发展提供了重要的理论支撑。他指出"纯粹工人运动本身就能够创造出而且一定会创造出一种独立的意识形态……这是极大的错误"[1]。纯粹的工人运动无法自发性地产生无产阶级的意识形态,而是产生工联主义的意识形态。社会主义意识形态要建立在一定的科学基础之上,因此,列宁主张从外部将社会主义意识形态灌输到工人阶级队伍中。列宁指出:"我们应当积极对工人阶级进行政治教育,发展工人阶级的政治思想。"[2]他要求工人阶级中的一些先进分子掌握科学、先进的社会主义理论思想,即马克思主义理论,并积极传播无产阶级思想,以加强工人阶级的政治思想建设,从而建立起强大的推翻资产阶级统治的力量。在《怎么办》一书中,列宁明确表示,他将以理论家、宣传员、鼓动员、组织者等多种身份,深入各个社会阶层,进行理论灌输和实践动员,其中包括揭露和批判资产阶级的行为。此外,列宁认为报刊是"国家的第三种权力",出版物要坚持"党性"原则,与出版相关的人员都必须参加到党组织中,加强意识形态工作,为无产阶级事业作出贡献。

列宁意识形态理论推动了马克思主义思想发展进程,极大地影响了后来的马克思主义者,为我国意识形态工作提供了更为深入、具体的思想指导。这告诉我们在当今网络社会中,面对错综复杂的意识形态,必须对每一种意识形态所代表的阶级性质有一个清晰的认识,并牢牢掌握意识形态的领导权,从而进一步巩固无产阶级意识形态的统治地位。

思想政治工作是一项被历史实践所证实的工作。党的领导人高度重视意识形态工作,以马克思、恩格斯、列宁的思想为指导,并结合中国的具体情况,提出了一套完整的、符合我国各历史阶段情况的、见解独到的思想,从而建立起一套具有中国特色的社会主义思想体系。

---

[1] 列宁选集:第1卷[M].3版.北京:人民出版社,1995:325.
[2] 列宁选集:第1卷[M].3版.北京:人民出版社,1995:342.

二、马克思主义理论中的技术权力与话语权

马克思主义理论揭示了事物发展的本质规律,具体到人与社会、技术与社会、技术与自然等各个主体的内在联系。网络意识形态是网络社会之下社会总体思想观念的新形态,网络科学技术对当下网络意识形态的引导工作至关重要,因此,网络意识形态研究离不开对技术权力与话语权的探讨。

(一)马克思主义理论有关技术权力的理论思想

关于技术及技术权力,马克思虽未直接提出明确的概念,但《资本论》《自然辩证法》《机器·自然力和科学的应用》《1844年经济学哲学手稿》等诸多论著中均蕴含着丰富的技术思想理念。马克思阐明了技术的"权力"属性,认为技术具有广义的性质,技术伴随着人类活动的出现而产生。马克思认为技术体现于人类改造自然的各个领域中,这种广义的技术及技术权力体现在以下三个方面。

第一,马克思认为自然技术是人改造自然时创造的手段和方法,而技术主体所拥有并支配事物的能力也就是自然技术权力。这种技术权力指向生产工具与生产的关系,没有生产工具,即使只有一双手,也无法进行任何生产。如果没有过去的积累劳动,那么它只是一种由野蛮人的手经过重复劳动而积累起来的技术,它就不可能成为一种生产。[①] 这种技术权力具有实践性,随着人们改造自然能力的提升而提升,它紧密存在于社会生产、社会生活、社会关系之中,是社会权力的具体体现。马克思指出"科学、巨大的自然力、社会的群众性劳动都体现在机器体系中,并同机器体系一道构成'主人'的权力。"[②] 这种"主人"的权力揭示了技术在生产关系中存在的强大力量,它表现于人与自然、人与人、人与社会的关系网络中,在资本生产利用下转化为经济权力。

第二,马克思认为社会技术形态在资本逻辑下异化成社会技术权力,这种社会技术权力是一种政治权力,它来源于经济权力。马克思指出"资本不只是一种生产要素,更是一种社会关系力量,资本家拥有更多的资本,因此拥有更多的支配工人的权力"[③]。资本家与工人之间这种控制与被控制的关系,

---

[①] 马克思恩格斯全集:第30卷[M].2版.北京:人民出版社,1995:26.
[②] 马克思.资本论:第1卷[M].北京:人民出版社,2004:487.
[③] 马克思恩格斯文集:第1卷[M].北京:人民出版社,2009:188.

是以资本利润为导向的剥削与压迫，是自然技术权力在资本逻辑下的异化，最终作用于政治权力上的压迫，产生阶级分化。正如罗森柏格在《马克思是技术的学生》中指出，"技术在政治上并不是中立的，而是渗透在社会关系中，重构人与自然、人与人之间关系的可能行动方式，重组资本主义工业生产的技术过程，并最终改组那种社会及其制度的权力关系"[1]。这种社会技术权力不只是自然技术权力与经济权力，还包括社会制度上的政治权力，即社会关系中符合社会技术制度的社会组织、社会机制、文化制度、知识体系等技术形态维持社会运转。

第三，马克思认为技术权力同样体现于资本权力对劳动者生命的支配与规训，包括身体与精神上的支配和控制。在工业时代，"工人只是作为有意识的器官与自动机的无意识的器官并列，而且和后者一同从属于中心劳力"[2]。工人丧失了身体与精神的完整性，技术的"虚无"使人与精神之间产生断裂，个人是局部的个体而非完整、自主的个人，无法充分发挥主观能动性。马克思认为人在改造客观世界的实践活动中应拥有科学的思维技术，如辩证思维、逻辑思维、聚合思维等多种科学思维方式与分析方法，这种思维技术是在精神领域进行目的性活动创造和使用的科学方法，这种思维技术产生的权力可以对他人或集体产生影响。在科学技术思维之下，人们充分发挥主观能动性同自然技术、社会技术协同运作，在推动社会发展的同时实现自身的自由全面发展。

引导网络意识形态正是利用自然技术推动社会发展的实践活动。网络意识形态是网络技术力量的体现，体现于社会权力的流动中，网络意识形态引导工作离不开对网络信息技术的应用与社会关系的重组调整。在网络社会，生产技术趋于数据化与智能化，资本对劳动力及消费者具有强大的控制力与支配力，面对这种技术霸权，我们应及时采取措施进行技术创新与思维创新，加强意识形态引导，避免成为"虚假""空虚"的个体。当下我国技术的创新与发展应改变利润导向的资本逻辑，对自然技术的使用应转向于平等、和谐的网络社会分工协作方式，"以人为本"，满足人们对丰富美好物质文化的需求。

---

[1] 刘郦. 技术与权力：对马克思技术观的两种解读 [J]. 自然辩证法研究，2008（2）：39-44.

[2] 马克思. 资本论：第1卷 [M]. 北京：人民出版社，2004：483.

（二）马克思主义理论有关话语权的思想根源

网络意识形态研究离不开对话语权争夺的探讨，马克思、恩格斯、列宁等的马克思主义意识形态理论之中蕴含着丰富的意识形态话语权思想，包括意识形态话语权的实质、主体、获得方法等，为当下网络意识形态引导工作指明了争夺话语权的正确方向。

第一，经济基础决定了作为上层建筑的意识形态。马克思、恩格斯在关于什么是"意识形态"的讨论中强调，意识形态产生于人们的物质交往活动中，体现于一定的社会关系中，是个体对社会经济结构的反应，而非黑格尔的"观念第一性，存在第二性"。这启示我们在网络意识形态话语权的争夺及体系构建中，应以社会实践活动为立足点，以人的社会实践活动为基准，从网络意识形态话语主体的网络社会交往条件、网络实践活动、网络交往空间中，由表象看本质，深入讨论当下网络意识形态所体现出的深层次的社会关系及社会结构。网络社会是现实社会关系的延伸，现实社会是网络话语生成的本源所在，网络意识形态话语权同样是现实社会生产关系、生产结构的再体现，反映了经济发展的现状。因此，提升网络意识形态话语权的根本在于生产关系与生产力水平的提高。

第二，强调意识形态的反作用和相对独立性，凸显网络意识形态话语权争夺的重要性。同时，我们可以通过实施具体的策略来进行意识形态话语权的争夺。在网络空间，意识形态呈现多样复杂的情况，分别代表着各自的利益诉求与价值取向，主流意识形态话语权的争夺在于整合其他意识形态。具体而言，当下主流意识形态话语权的争夺不是完全否定其他网络意识形态的存在，而是进行既克服又保留的"扬弃"。与此同时，意识形态不一定完全适应社会物质关系的发展，先进的意识形态与落后的意识形态都可能存在于物质社会关系中。正如列宁所言，当无产阶级意识形态的"物质社会关系"尚未完全形成时，可以先由水平较高的人创造并掌握科学社会主义理论，然后再灌输到工人阶级中，而不是等待纯粹的工人运动自发摆脱既有思想体系产生新的思想体系。列宁的意识形态"灌输法"为当下网络意识形态话语权的争夺提供了具体可借鉴的方法，但这种"灌输"不是生硬地强制灌输，而是在党的领导下，坚持"党性与人民性"的统一，选择符合当下网络技术发展、符合网络空间表达方式，实现意识形态话语形式及内容的创新。

第三，意识形态浓厚的阶级属性和利益色彩体现在自身的阶级归属与话语主权上。把握网络意识形态话语权顺应了我国互联网快速发展的现实需要，引导网络意识形态的正确路径首先在于提升意识形态话语权。当下非主流的网络意识形态主要是资产阶级意识形态，其在开放的网络社会，通过价值输入逐渐渗入民众内心。因此，争夺我国网络意识形态话语权也就是与其他影响到国家主流意识形态地位的非主流意识形态进行抗衡。

我国是社会主义国家，主流意识形态应是代表广大人民群众根本利益的社会主义意识形态，所以面对资产阶级意识形态的渗入，应坚持马克思主义意识形态的指导地位，巩固社会主义意识形态在主流意识形态中的绝对主导地位。

第二章

大数据时代的崛起与青少年网络意识形态的耦合关联

科技是第一生产力,互联网技术的发展开启了人类技术变革的新篇章。网络技术中的海量数据蕴含着巨大的科学与社会价值,逐渐被挖掘成一种新的生产资料。个体在互联网中既是网络数据的消费者,也是数据的生产者,青少年作为互联网用户中的主力军更是大数据技术的主要捕捉对象。在网络空间中,目前存在着多种社会思潮,影响着青少年群体对主流意识形态的认同,青少年网络意识形态引导工作面临巨大挑战。因此,在大数据时代,以大数据技术与大数据思维探索青少年网络意识形态是顺应时代的必然选择,不仅关乎青少年的健康成长,也关乎社会的发展与国家的前途命运。

第一节 大数据时代浪潮:新技术、新社会、新平台

新媒介技术为我们带来了一片崭新的数字天地,以数据技术为手段,形塑着网络社会空间思潮,引领着社会变革。青少年网络意识形态引导工作要顺应新技术、新社会和新平台,做到因势而动、顺势而为和乘势而上。

一、新技术:社会的数据计算科学

大数据的海量数据集无法被具体定义,人们以二进制数字为基本形式勾勒出网络化的数字社会,以信息辅助决策,依靠大数据发现新知识、创造新价值。如果说网络是社会的神经系统,那么大数据技术俨然成为网络社会的智能神经计算系统。

（一）大数据时代的崛起

大数据所指的数据区别于"有根据的数字"，大数据中的数据与具体事物相联系，二者属于观察与被观察，呈现出具体事物的"数"与"结构"之间的关系，因而大数据是一种包含诸多信息且有意义的数字。目前，各种数量庞大、类型复杂的非结构化数据以"摩尔定律"持续涌现，[1] 已然进入大数据时代。"时代"与"年代"概念不同，"时代"这一概念通常用于社会文明形态，指一定时空范围内由物质生产、政治制度或文化变迁引起社会整体面貌改变的时空区域。媒介技术的发展开启了人类社会一次富有革命意义的时代转型。如今大数据"是人们获得新的认知，创造新的价值的源泉，同时大数据还是改变市场、组织机构和政府与公民关系的方法"[2]。

大数据概念的前身是"最小数据集"，即能够最好最快地掌握一个研究对象，完成一件事情、一份工作的最少数据，其核心是针对观察对象建立一套精简实用的数据指标。[3] 它来源于美国医疗领域。20世纪70年代，为了规范出院病人的信息，国家生命健康统计委员会（NCVHS）开始制定统一的出院病人最小数据集。伴随这些最小数据集的数据的增长，其实用性也不断提升，从病人信息统计扩大到医疗保险索赔，最小数据集成为统一的指标。电脑普及之后，伴随信息管理系统的不断升级与运用，最小数据集直接被用作信息管理系统的数据结构。

同时，大数据技术的诞生也离不开各类微小传感器与计算设备对于数字痕迹的留存。所有的机械电子设备可以随时采集数据，并留下相应的数据痕迹，这些数据痕迹可以清楚地展现物体的位置、状态等各种信息，并通过互联网汇集成一个庞大的数据源。

20世纪80年代，数据仓库之父比尔·恩门（Bill Inmon）就经常提到"Big Data"——"大数据"这一概念。雅虎公司在2005年开发了首个名为Hadoop的大数据应用系统，Hadoop最初只是雅虎公司用来处理网页搜索问题的一个子项目，后因其高效性被Apache软件基金会（Apache Software Foundation）引入，成为开源应用之一。Hadoop是由多个软件产品组成的一个生态

---

[1] 摩尔定律认为同一个面积集成电路上可容纳的晶体数目，一到两年将增加一倍。
[2] 维克托·迈尔-舍恩伯格，肯尼思·库克耶. 大数据时代：生活、工作与思维的大变革 [M]. 盛杨燕，周涛，译. 杭州：浙江人民出版社，2013.
[3] 涂子沛. 大数据：正在到来的数据革命 [M]. 桂林：广西师范大学出版社，2015：42.

系统，而不是单一的产品，它们协作完成大数据分析。就技术而言，Hadoop主要依靠两项关键服务构成：Hadoop 分布式文件系统（HDFS）与 MapReduce 技术，它们的共同目标是为快速、可靠地分析复杂数据提供运行基础。之后，Apache 软件基金又推出了 HBase 系统，它可以实现分布式列簇数据库及分布式文件系统。

沃茨医生是雅虎的首席科学家，他在 2007 年将《21 世纪的科学》一文刊登在《Science》上。本文认为，随着计算机技术的发展，以及大量数据库的出现，人们在现实生活中的行为以一种史无前例的方式被记录下来，这些记录具有高度的粒度，并且频率越来越高，为社会学的定量研究提供了极其丰富的数据，因为其测量更精确，计算更准确，沃茨博士预言，随着大数据技术的发展，科学的族谱将发生变化，社会科学将摆脱"准科学"的束缚，进入 21 世纪的科学殿堂。[1]

在"大数据"这一概念被绝大多数美国计算机科学研究者所接受的背景下，行业组织"计算共同体"在 2008 年发布了一篇名为《大数据计算：在商务、科学和社会领域创建革命性突破》的全球性白皮书，其中提出，人类不能仅仅将目光停留在计算机应用上，而是要致力于发现新的应用和新的视角，而不是仅仅将注意力放在数据上。

由此可见，大数据本质上而言是信息爆炸由量变到质变的一种结果，它意味着当下人们处理数据的能力已达到了前所未有的高度，数据处理规模早已从 TB 级升至 EB 级。面对海量的数据，目前科学家们正努力寻求降低数据储存成本的路径，不断探索如何充分利用大数据计算资源以提高系统并发吞吐率、优化分布式的非线性迭代算法，从而推动大数据技术的发展。正如《规划数字化的未来：美国总统科学技术顾问委员会给总统和国会的报告》（2010）中所说："如何对数据进行收集、管理和分析，已经逐渐变成我们对互联网信息技术最优先考虑的问题。基于机器学习和数据挖掘的先进数据分析技术，将推动数据转化为知识，并将知识转化为行为。"为了实现这一目标，联邦各部门都必须制定出一套针对"大数据"的策略。[2] 目前，各个国家正充分挖掘大数据的应用价值，为国家、政府、各个行业的发展提供动力。

2009 年部分国家开始建立可预测识别的数据库，如印度政府建立了生物识别数据库；欧洲一些先进的研究型图书馆和科技信息研究所达成合作，致

---

[1] 涂子沛. 大数据：正在到来的数据革命 [M]. 桂林：广西师范大学出版社，2015：57.
[2] Desgning s Digtal Future Page. xvi, The Peiders Coneal of Adrion on Scece and Tchnology Dee2010.

力于快速获取科学数据；联合国的"全球脉冲项目"开启了关于如何利用数据分析和预测螺旋价格、疾病暴发等研究课题；同年中旬，美国政府启动 Data.gov 网站开放数据，主要向公众提供多样的政府数据，其中超 4.45 万的数据集被用于网站与智能手机应用程序，应用范围涉及航班信息、商品召回情况以及失业率等。美国政府这一行动启示了英国等国家相继推出数据信息开放举措。

肯尼斯·库克尔于 2010 年 2 月在《经济学人》上发表了一篇名为《数据，无所不在的数据》的 14 页的关于大数据的专题报道。在库克尔的这份报告中，他说："这个世界上存在着大量的电子信息，这些信息的数量是我们所不能想象的，而且其正在以惊人的速率不断增加。"因此，一个新的名词被称为"大数据"。库克尔被公认为第一个洞察到大数据时代发展趋势的人。

麦肯锡全球研究院于 2011 年 5 月公布了一份名为《大数据：创新、竞争和生产力的下一个新领域》的报告。这份报告显示，随着更多的人员、设备和传感器被网络连接在一起，数据的产生、传递、共享和获取的方式也发生了根本性的变化，数据的产生和收集的速度和能力都得到了极大的提高，这就是大数据的出现。

大数据越来越被视为时代发展的新能源。在 2011 年 12 月，我国工信部发布了《物联网"十二五"规划》，将信息处理技术列为关键技术创新工程之一。该规划包含海量数据存储技术、数据挖掘技术以及图像视频智能分析技术等，这些技术都是大数据的重要组成部分。2012 年 1 月，世界经济论坛的主题之一就是"大数据"，并发布了《大数据，大影响》报告，指出数据已经成为一种新的经济资产类别，就像货币或黄金一样。美国奥巴马政府于 2012 年 3 月在白宫官网上发布《大数据研究和发展倡议》，为"大数据"政策提供了新的契机。奥巴马政府于 3 月 29 日公布了"大数据研发项目"，旨在推进大数据的提取、分析、共享、可视化和存储等技术的研发，标志着大数据技术从企业的决策行为上升到国家的科学和技术的高度，也标志着大数据技术被奥巴马政府称为"新的能源"。之后，其他各国如澳大利亚、日本、法国、英国、德国等也纷纷制订各自的数据信息技术战略计划。

在 2012 年 7 月，联合国发表了一份关于大数据政务的白皮书，该白皮书通过实例表明，在一个数据生态系统中，个人、公共部门和私人部门应有各自的角色、动机和需求。个人为了获得质高价廉的服务，提供数据和众包信息，并对隐私和退出权力提出需求；为了改进服务和提高效率，公营部门向公众提供统计资料、设备资料、卫生指数、税收和消费资料，同时也需要隐私权和撤销权；为了提高顾客的感知能力和预测准确率，私营部门提供数据汇总、消费和使用等方面的信息，同时也越来越重视敏感数据的归属和业务模型。该白皮书同时指出，在爱尔兰、美国等地，社会网络活动的增加被视为失业增加的前兆。这也说明，只要对现有的资料进行适当的分析，政府就可以"与数俱进"，迅速做出反应。这实际上是在建议，各利益相关者应该积极地促进数据的共享与流动，以更好地发掘数据的价值。同年，阿里巴巴集团为推动其"数据共享平台"的发展，在其总部设置了"CTO"一职，并启动了一个大规模的数据共享服务平台——"聚石塔"。阿里巴巴是国内首家将大数据上升为战略管理的公司，也是国内首家倡导大数据经营的公司，此举在国内大数据科技发展中具有划时代意义。

2014年，《政府工作报告》第一次出现了"大数据"这一概念，提出要打造一个以大数据为代表的新兴产业的创业创新平台，实现以大数据为代表的全球领先，引领未来的产业发展。

2015年8月，国务院发布了《促进大数据发展行动纲要》，这是一份最有力的大数据计划，其中明确指出，要加大对政府数据的开放力度，要从国家统筹、法律制度、市场机制、标准规范、财政支持、人才培养、国际交流七个方面入手，用制度和重点项目来推动大数据的发展。

2015年党的十八届五中全会提出"国家大数据战略"，推动数据资源的开放共享，由此正式将"大数据"列为十四个重大国家战略之一。为进一步推动我国大数据产业健康发展，国家大数据战略实施并生效。按照《中华人民共和国国民经济和社会发展第十三个五年规划纲要》，2017年1月17日工业和信息化部正式发布《大数据产业发展规划（2016—2020年）》（工信部规〔2016〕412号），明确了"十三五"时期大数据产业的发展思路、原则和目标，指出将引导大数据产业持续健康发展，加快建设数据强国，为我国成为制造强国和网络强国提供强大的技术支撑。

至此，各个国家纷纷将大数据上升至国家意志和国家战略高度，在各个行业中积极展开大数据规划，大数据时代在全球化的今天已然崛起。

（二）大数据时代的启示

大数据推动着社会的每一个角落发生变化，加速着社会的转型和发展。从大数据的特征来看，其具有海量、快速、多样、客观、真实、低密度等特征。大数据的巨大化,使得人类能够在短时间内快速地获取、处理和分析大量的信息,能够有效地突破传统的"样本数据"的限制,向"整体数据"的科学化、综合性的决策方式转变。此外,大数据本身所具有的特性,也给了我们一个全新的启发,那就是大数据不仅仅是一项技术,同时也是一项科学的思考方式,为我们理解和改造这个世界提供了一个普适性的方法论。

第一,运用大数据思维。大数据思维提倡"量化一切",主张客观、精确和理性,主要指借助海量数据,为千百万人提供解决之策的能力。[1]"大数据思维"是互联网思维的一个重要特点,其目的在于通过"大数据"技术来解决数据收集、处理等问题。[2]在哲学层面上,大数据体现了人们在思维上的经验归纳能力,也就是通过获得大量的数据来扩大人们直觉体验的范围,用数据处理技术来弥补人脑体验的局限性,是互联网技术利用自己的计算特性推算出无穷结论的一种表达。[3]

大数据思维注重整体性,寻求"全样本"的数据,需要从海量的数据中对真实世界进行更全面、更客观的反映,从而为我们提供最优的解决方案。但是,应该指出,"大数据"的思考方式并不等同于将大量的"大数据"进行整合,它只是在"大数据"中提炼出"有价值"的内涵,其本质不在于"大",而在于"有用"。如今,在从自然研究转向智能研究的过程中,大数据思维表现出了全方位的新理念,如个性服务理念、大局理念、成本精准管控理念、开放包容理念、创新思维理念以及深度学习意向理念等。这些新理念进一步发展了大数据思维,也进一步丰富发展了人们认识和理解世界的思维方式,因此在大数据时代应将大数据思维用于各个领域。

第二,注重对未来的科学预测。大数据既可用于规律式总结,也可用于预测未来。大数据时代的到来给预测未来开辟了一条新航道,这意味着人们不仅可以运用理论展望未来,还可以通过全方位的数据挖掘、收集与分析,探索背后的数理关系、量化相关关系,尤其是将过去无法探测感知的要素量化,从而透视规律。在驳斥了法国数学家西莫恩·德尼·泊松关于人的行为服从松柏分布的理论后,美国学者艾伯特-拉斯洛·巴拉巴西提出了人的行为服从幂律,并通过对大数据的采集和分析,使得人的行为服从于幂函数,进

---

[1] 维克托·迈尔-舍恩伯格,肯尼思·库克耶. 大数据时代:生活、工作与思维的大变革 [M]. 盛杨燕,周涛,译. 浙江:浙江人民出版社,2013:167.
[2] 周世佳. 大数据思维初探:提出、特征及意义 [J]. 中共山西省直机关党校学报,2014 (5):10-12.
[3] 张锐. "载体"还是"本体"?:互联网意识形态属性研究 [D]. 北京:中共中央党校,2019:93.

而服从于大数据。① 建立在相关关系之上的大数据分析方法对人的行为的预测比过去传统量化统计方法更准确、更迅捷、更便捷。但运用大数据预测一切，不仅涉及技术问题，还涉及伦理问题，因此关于预测人的行为这一科技哲学命题的讨论从未停止过，需要我们进一步思考。

第三，关注个性化服务。与大工业时代面向群体市场的大众化生产方式相比，大数据时代更注重个性化服务，强调独特性与创造性。在人工智能、云计算、云储存和物联网技术的支持下，大数据技术可深度开发数据资源，完成现实社会与网络空间的深度融合。例如在网络舆情治理上，将大数据技术与云计算技术运用到舆情监测中。在教育应用上，随着互联网的发展，网络课堂也随之出现，与传统的群体教学模式不同，它提倡个性化、多元化和有针对性地学习。可汗学院的在线公开课程，使用了 CAT 考试系统，与电脑相匹配，学生们可以根据自己的成绩，来判断自己的学习进度，从而获得相应的教材。这样的在线教学方式，不但能让学生们更好地了解自己的学习进度，而且能给后台带来有针对性的数据反馈。

总之，大数据不只是信息技术，也是一种价值观与方法论，通过数据验证和计算寻找规律、预测未来，体现着量化和实证研究的数据文化。需要强调的是，大数据技术是人工智能技术的一种，指在大数据、人工智能、物联网、云计算多种智能媒体技术结合下的互联网应用技术。在我国，这种智媒大数据技术已深入国土、商业、农业、工业、教育、交通、卫计等领域，各个省市全面设立大数据管理部门以推进相关工作。

在大数据时代，数据无处不在。大数据及其思维启示我们要有效利用大数据技术来科学探寻，正确把握青少年网络意识形态的客观变动规律，创新青少年网络意识形态引导体系。

二、新社会：互联互通的网络社会

数据化的信息革命为我们带来了互联互通的数字化网络社会，在数字化网络中人们的生存样态和社会关系均以数据的形式呈现，现实世界与网络空间深度融合并拓展。

---

① 艾伯特-拉斯洛·巴拉巴西. 爆发：大数据时代预见未来的新思维 [M]. 马慧, 译. 北京：中国人民大学出版社, 2012: 109.

(一) 互联网的发展

随着网络信息技术的不断发展,网络社会逐渐形成。信息化的快速发展,给人类社会带来了政治、经济、文化、军事、生态等多个领域的巨大变革。通过对互联网信息技术的发展脉络进行梳理,帮助我们从历时性的视角来看待网络信息社会的发展趋势,从而能够更好地了解网络信息技术对人类的思想观念、意识形态产生的影响,以及这些影响之间的内在关联。

互联网信息技术的产生、发展历程按照应用及普及程度可分为以下三个阶段:

第一,科研实验阶段。20世纪50年代,世界处于美苏争霸格局之下。1957年苏联发射了人类历史上第一颗人造地球卫星,美国为了提高军事储备、保障军事通信畅通,组建了高级研究计划局,研究科学技术对军事领域的实际应用。对联网方案进行多年探讨之后,1969年美国国防部委托开展ARPAnet联网研究,10月,ARPAnet通过技术手段在四所大学分别设置了4个结点,将不同的电脑主机连接起来。互联网最初的技术设计,是以"互联互通"为架构特征的,因此,它的思想观念,有一种超脱于物质空间之外的特性。保罗·巴兰为使各系统间的电脑能够在同一网络上进行资讯交换,提出分散式通讯体系,为实现世界范围内电脑通讯的连通性,奠定了其基础。之后,在20世纪80年代,罗伯特·卡恩与温顿·瑟夫起草了TCP(Transmission Control Protocol,传输控制协议)和IP(Internet Protocol,网间协议)网络通信协议。1983年,ARPAnet采用了新型数据封包和TCP/IP协议,正式将网络命名为互联网(Internet),与此同时TCP与IP成为全球计算机通用的通信协议。后来,NSFnet推动Internet向全社会开放,开启了互联网的普及应用。

第二,社会化应用阶段。1989年英国人蒂姆·伯纳斯·李开发出世界上第一个Web服务器与客户端软件,进一步推动了人类社会的信息化进程。1991年,万维网(World Wide Web)正式诞生。1994年,美国允许商业资本参与因特网的建设和经营,从而开启了因特网的普遍应用之门,并由此步入了全民参与的时代。与传统媒体相比,高度信息化的互联网媒介建立了互联互通的技术构架,伴随互联网的迅速扩张,用户不断增加、大批网站诞生,各种各样的应用技术及海量信息迅速涌入Internet,Internet迈出历史性的一步。此时互联网建立了一个较为完善的传播平台,但还未形成规模性的产业。

第三,全面推广阶段。21世纪被称作"信息化时代",互联网是一个全球性的、通用的信息系统，它在人们生活的方方面面扮演着日益重要的角色。随着宽带城域网和 WLAN 技术的日趋成熟，Internet 的普及性和实用性不断提高，其应用种类也不断丰富。同时移动终端的发展，进一步促进了网络技术的推广，逐渐形成线上、线下万物互联的"物联网"。

1994 年中国正式接入互联网，成为第 77 个接入互联网的国家。最开始的时候，互联网主要用于科研，然后通过普及和推广，在各方面都有了很大的发展。一直以来，中国努力搭建与世界互联互通的平台，不断争取创建国际共享共治的互联网平台。时至今日，互联网在中国的发展已有了质的飞跃。

(二) 网络社会的形成

互联网的发展给人们带来了新的相互依赖的空间，社会关系和社会结构在现实的基础上得到了扩展，将碎片化的信息资源和社会资源进行了更深层次的融合，使整个社会发生了结构性的变化，从而形成了网络社会。自从美国社会学家曼纽·卡斯特系统地论述了互联网社会之后，人们就一直在探索互联网的社会关系。

互联网初期被称为赛博空间（Cyber Space），该概念源于科幻小说《神经漫游者》。后来，一些学者总结出了赛博空间的四大特性：人的本能能够脱离肉体的束缚，在网络空间中独立地生存与活动；赛博空间能够超越现实的界限，在时间和空间中穿梭；"赛博"是由"信息"构成的，掌握"信息"的人在"赛博"中享有极大的话语权；赛博空间中，电子人实现了"不朽"。[1] 这一空间观念亦被视为"互动场域"，将网络社会视为一种新型的以因特网技术为基础的社会性交互领域，还有学者称其为"虚拟社会"。在"赛博空间"与"虚拟社会"中，充满了数字化的信息和超越过往常态的交往方式。虚拟数字平台使人类第一次真正拥有了两个世界：一个是现实世界，一个是虚拟世界；拥有了两个生存平台：一个是现实的自然平台，一个是虚拟的数字平台。现实世界与虚拟世界、自然平台与数字平台，相互交叉，相互包含，从而使人的存在方式发生了革命性的变革。[2] 事实上，曼纽尔·卡斯特的"网络社会"是更为广义的概念，其不只指"互联网社会"也指一种具有更为广泛意义的社会结构。他认为网络是由点与点连接而成的，网络社会中经验、权力、文化等具有很大的影响力，在信息社会中扮演着核心角色。网

---

[1] 冉聃. 赛博空间、离身性与具身性 [J]. 哲学动态，2013 (6)：85-89.
[2] 陈志良. 虚拟：人类中介系统的革命 [J]. 中国人民大学学报，2000 (4)：57-63.

络是一种开放性的结构,它可以无限地延伸,也就是说,一个基于网络的社会结构是一种高度动态的开放性系统,它可以在不受各种噪声的威胁,对其平衡造成破坏的情况下进行创新。[1]

互联网的确给人带来了一种跨越时间和空间的全新方式,大大拓展了人的生活空间,而以互联网为代表的电子信息技术的发展和应用,更是促成了曼纽尔·卡斯特所谓的"网络社会"的出现。互联网的出现,并不只是一项先进技术的出现,它还以其强大的科技实力,让人类从工业社会进入信息社会,并创造出了一种新型的网络生活模式。[2] 曼纽尔·卡斯特认为在引入网络技术之后,人类的生产方式发生了相应的改变,通过网络这种传播手段,原材料、产品、数据乃至思想,能够在全球化的交互网络中相互联系。

应当认识到,网络社会是一种新的社会形态。这样的社会存在,不仅是真实社会,而且也有自己的特点和发展规律。换言之,网络社会是一种线上与线下社会高度融合的新社会形态,它将线上与线下社会的一切生产关系都包含在内,不仅是一种技术上的存在,还是一种与现实情境有着紧密联系的虚拟空间。

简·梵·迪克在其《网络社会:新媒体的社会层面》一书中,把 21 世纪称作"网络时代",并从技术、经济、政治和权力、法律、社会结构、文化和心理学等多个层面,对互联网这一社会中枢神经所引起的新变革进行了详尽的解释。在他看来,个人是构成网络社会的最基本单元,网络社会可以被看成一个在个人、群体、社会三个层面上都有一个深层结构的社会。[3] 根据网络社会和网络空间的概念,可知网络社会是网络空间的一种上位概念,网络社会是在互联网发展之下形成的,是线上社会与现实社会的高度融合。在网络社会中,人的身份可随时切换,实现线上、线下身份的高度统一。

(三) 网络社会与社会变革

网络社会是工业社会之后的一大飞跃。随着网络技术的进步,互联网不断解放与发展社会生产力、变革生产关系,由此引发生产变革。在"去中心

---

[1] 曼纽尔·卡斯特. 网络社会的崛起 [M]. 夏铸九,王志弘,等译. 北京:社会科学文献出版社,2006:434-435.
[2] 杨立英,曾盛聪. 全球化、网络化境遇与社会主义意识形态建设研究 [M]. 北京:人民出版社,2006:10,103.
[3] 简·梵·迪克. 网络社会:新媒体的社会层面 [M]. 2 版. 蔡静,译. 北京:清华大学出版社,2014:19-20,35-36.

化"的网络社会中,网络用户获得了更多话语权,个体所能发挥的潜能不断被激发,在生产过程中,"节点化"的人成为社会组织的重要部分。网络社会中个体不再受限于某一固定的单位和工作,而是可以灵活选择工作以及工作场所,超越时空限制、实现多线程的任务处理,这极大地降低了社会交流成本,提高了社会生产效率。

在网络社会中,网络个体以"节点化"的方式存在于网络社会。这种传播方式不再是点对点的单向传播,而是一对多、多对多的传播,信息发送者和受众之间不再有明显的界线,而是随时处于动态变化中。传播方式的改变,推动了网络个体之间交互行为的产生。

网络技术为人们提供了全新且便捷的获取、传输、处理和控制信息的手段和工具,不仅扩展了人类参与信息生产的范围,更提升了处理信息的能力。同时,网络技术的出现和发展加速了社会的信息化进程,引领着社会结构从传统向现代的转变。互联网的兴起还促使各种传播媒介不断参与到人们的工作和生活之中,从各个方面深刻地改变了传统社会结构,并且推动了社会结构的现代化和层次化。互联网带来的"扁平化"网络社会结构,对传统的政治权力结构产生了冲击,导致传统权威的消解,促使金字塔形的社会结构向扁平化社会结构转变。[①] 在社会公共事务上,过去的国家政府机构拥有更大的话语权,但在网络社会中,这种话语权逐渐分散至每个网络个体,出现"人人都有麦克风"的新常态。这极大地推动了网络民主政治的发展,网民聚集起来自由交流形成的网络舆论力量正影响着现实政治生活。

社会存在决定社会意识,随着生产方式及社会关系的变革,现代网络社会结构必然导致社会意识形态的变化,推动多元网络意识形态的形成,给人类生产、生活的各个方面带来新的社会挑战。

三、新平台:网络社会的枢纽

网络平台指以互联网为技术基础的网络服务支持系统及相关网络服务活动,具有网络化、在线化、数字化、智能一体化的特征。这些平台突破时间与空间的限制,连接人与人、人与物、过去与现在,将社会生产要素有机结合,重新配置社会资源,是网络社会连接一切的枢纽。

互联网发展的内在逻辑即"连接",连接既是机器与机器的连接,形成"去中心化"的分布式网络结构,也是内容与内容的连接,使得互联网走向媒

---

① 苗国厚. 中国网络意识形态治理研究 [D]. 成都:电子科技大学,2017:74.

体化。万维网（www）作为互联网的一种应用方式，通过超链接使超文本信息进行关联传播，随后搜索引擎与门户网站应运而生，打破了过去传统媒体封闭、线性的信息传播方式，搭建了新的网络信息交流平台。

网络信息交流平台一般用前台、后台表示具体的网络页面。前台，指互联网用户可以直接看到的网络界面，除一般限制条件外，用户都可以访问；后台，指在权限条件限定下，一般运营人员或特殊用户拥有权限后，可以登录并操作的网络界面，后台可以按需修改前台界面。常见的浏览器网页，多基于服务器、数据库共同运作完成工作。以 php 项目较为常见的流程来说，其过程如图 2-1 所示。

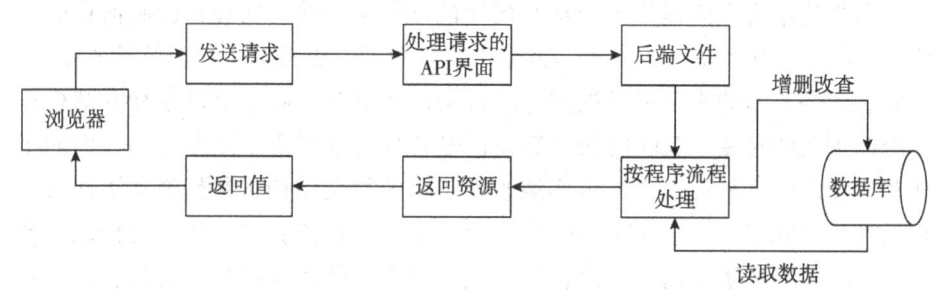

图 2-1 php 项目流程

在运行过程中，客户端通过请求以及指令的形式发送至服务器以操作数据库，为了明确前、后端工作责任及内容，通过 API 文档规范数据字段并新增接口，明确划分前端和后端内容，根据内容调试各自代码，形成前、后端分离。但伴随着互联网信息技术的发展，目前平台项目逐渐融合前、后端责任内容，如轻量级的 python、php 项目开始不做前、后端分离。

目前，网络平台作为一种应用资源不断被开发，无论是前端平台、后端平台，还是终端平台都在信息技术的推动之下不断开拓新的领域，深入渗透到人们的生产、生活中。前端平台从网页、软件、App 向轻量级的小程序发展；后端平台在数据库集成服务系统之上朝人工智能方向发展；终端平台作为使用设备，在 5G 通信技术发展之下，可穿戴智能设备中的具身传播成为终端设备发展的新趋势。

就其产业属性而言，网络平台属于网络产业和平台产业的融合，因此网络平台既具有网络产业的一般属性，又具有平台的双边市场特性。[①] 当下社

---

① 周利华. 网络平台演化机制研究 [D]. 金华：浙江师范大学，2013.

化媒体则是典型的双边市场平台，指基于用户内容生产与信息传播的平台，是以用户为中心的网络社会化平台。个体信息数据蕴含内在思维、生理及心理状态，微博、微信、博客、论坛等网络即时通讯平台上的信息传播成为大众传播信息的重要部分，承载着海量的意识形态内容。其发展为我们引导社会意识形态提供了具体的操作空间。

网络互动本质上是社会互动。网络传播的媒介具有内在的复合性，承载着人际传播、群体传播和组织传播等多种传播形式，并且彼此之间相互交织与渗透。从匿名到实名的转变，意味着人们逐渐以真实身份出现在互联网社交空间中，社交平台所连接的是基于现实生活的社交关系，网络社会既映射了传统现实社会中的社会关系，又形成了网络社会关系及数字文明。

曼纽尔·卡斯特认为"枢纽"是通信和信息交换中心，扮演协调者的角色，稳定地推进网络社会生产要素的流动。在整个网络社会结构中，网络服务商和各类组织建立的公共服务平台成为网络社会的"枢纽"，"节点化"的个体通过各种各样的"枢纽"进行聚合与互动，这些枢纽决定了其交流模式与交流关系。譬如在以内容为核心的平台中，人们多围绕内容话题展开交流，因此会因观点、立场、态度等因素形成结盟或对抗关系，如微博；在以服务为核心的平台里，人们的关系更多地围绕商品与服务展开，如淘宝电商平台。不同平台的运行规则不同程度地影响着人们关系的形成，也间接影响了个体意识形态认知。随着平台基础设施化，国家也日益受到网络平台的巨大影响，如政府部门对互联网的管理监控，也须借助相关平台的中介作用。因此，对网络意识形态的引导离不开网络服务平台，更离不开我国相关部门对各大网络服务平台全面且智能的管控与引导。

根据中国互联网络信息中心（CNNIC）发布的第51次《中国互联网络发展状况统计报告》，我国各类个人互联网应用持续发展。即时通信的用户规模保持第一，2022年12月较2021年12月增长3141万，使用率达97.2%；互联网医疗、线上办公的用户规模2022年12月较2021年12月分别增长6466万、7078万，增长率分别为21.7%、15.1%。[①] 如表2-1所示。

---

① 中国互联网络信息中心. 第51次中国互联网络发展状况统计报告 [R]. 2022：23-35.

表2-1 2021年12月—2022年12月各类互联网应用用户规模和网民使用率

应用	2021年12月用户规模（万）	2021年12月网民使用率	2022年12月用户规模（万）	2022年12月网民使用率	增长率
即时通信	100666	97.5%	103807	97.2%	3.1%
网络视频（含短视频）	97471	94.5%	103057	96.5%	5.7%
短视频	93415	90.5%	101185	94.8%	8.3%
网络支付	90363	87.6%	91144	85.4%	0.9%
网络购物	84210	81.6%	84529	79.2%	0.4%
网络新闻	77109	74.7%	78325	73.4%	1.6%
网络音乐	72946	70.7%	68420	64.1%	-6.2%
网络直播	70337	68.2%	75065	70.3%	6.7%
网络游戏	55354	53.6%	52168	48.9%	-5.8%
网络文学	50159	48.6%	49233	46.1%	-1.8%
网上外卖	54416	52.7%	52116	48.8%	-4.2%
线上办公	46884	45.4%	53962	50.6%	15.1%
网约车	45261	43.9%	43708	40.9%	-3.4%
在线旅行预订	39710	38.5%	42272	39.6%	6.5%
互联网医疗	29788	28.9%	36254	34.0%	21.7%
线上健身	—	—	37990	35.6%	—

根据不同网络应用的用户规模数据，可知在相关产业中，头部互联网公司较早布局大数据产业，具有天然的数据技术与资源优势。以阿里巴巴为例，其大数据发展战略围绕其宏大的电商业务空间，针对数据集群、数据仓库等方面做出了全方位商业战略部署：一是围绕阿里巴巴电商业务建立阿里数据；二是建立阿里云数据处理生态系统。阿里数据以多个商业平台为业务线，通过大数据采集、大数据计算、大数据应用服务等环节逐渐形成从数据采集到数据应用的产业闭环系统；三是阿里云则主要以在线公共服务的方式，为用户提供云服务器、云数据库、云安全等云计算服务。2019年，阿里以9000万欧元收购了Apache Flink母公司Data Artisans，其Flink项目成为Apache基金会中最为活跃的项目之一。当下，在全球范围内，优步、网飞、微软和亚马

逊等各大国际互联网公司也逐渐开始使用 Apache Flink。① 阿里云已成为全球前三大公共云服务提供商之一。

网络经济以信息经济、知识经济、智能经济作为先导，核心发展要素为信息。未来互联网经济发展趋势即为数据经济，而知识正是有规律的信息数据。根据各大网络平台公布的 Apache Flink 应用，字节跳动、微博、网易云、美团、去哪儿、贝壳、腾讯游戏、网易游戏、天猫、京东、唯品会等应用均在不同业务程度进行了 Apache Flink 数据处理的应用实践。而这些平台正是当下青少年群体常用的互联网平台。

根据艾瑞咨询发布的大数据产业图谱（见图 2-2），人工智能产业的迸发使得大数据浪潮不可阻挡，大数据技术通过平台渗透到人们的工作娱乐、衣食住行中，深入网络安防、医疗、工业、教育、金融、互联网产业、政务、无人机等领域中，其中不断产生的新平台作为网络社会的枢纽更为紧密地将人们连接在一起。在网络社会中，通过大数据技术引导青少年网络意识形态不仅具有必要性，还具有可行性。

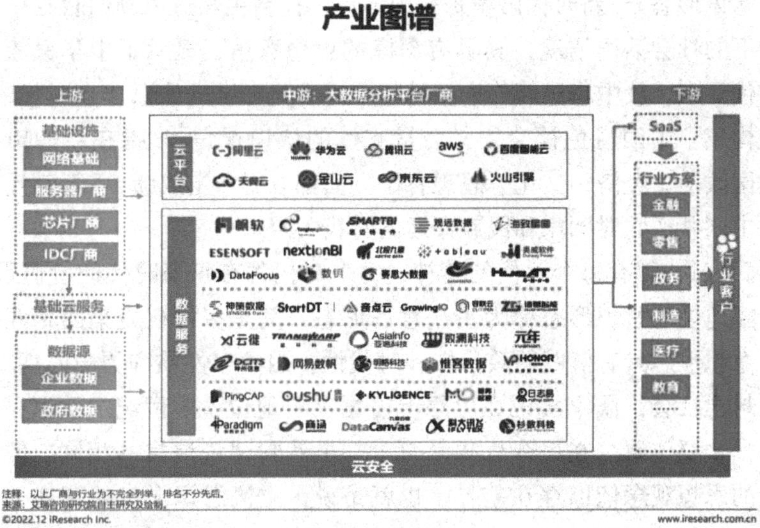

图 2-2 艾瑞咨询大数据应用产业图谱②

---

① RABL T, TRAUB J, KATSIFODIMOS A. Apache Flink in current research [J]. Information Technology, 2016 (4).

② 艾瑞咨询. 2022 年中国大数据分析平台行业研究报告 [EB/OL]. https://mp.weixin.qq.com/s/ctF62pgnEp6HHxL5ZZ_IbA. 2023.

第二节 从新空间、新关系到网络意识形态的新价值选择

网络空间打破了物理空间的障碍,重新联结社会各要素,为青少年塑造了新的生存空间。其中权力结构和思想观念在网络社会中呈现出开放流动的状态,在政治、经济、文化、生活等方面带来了众多新的意识形态观念选择,重塑着青少年群体的意识形态和价值观。

一、新时代语境下的主流意识形态

在新时代语境下,我国主流意识形态传承着中国优秀传统精神文明,也焕发着新的生机。所谓的主流包括两个含义:一是它在深度和广度上对公众有很强的影响力;二是它经常依靠政治权威来保持其影响力。[1] 一般来说,统治阶级的意识形态往往凭借其政治、资源、传播、认同等优势自然而然地成为主流意识形态。[2] 新时代语境是指中国特色社会主义进入新时代这一重大政治论断下的社会话语语境,其具有深厚的思想意蕴,显示了中华民族发展进程的时代要求。从中华民族伟大精神传承的文化之维度认识"新时代",其思想意蕴构成了中国特色社会主义力量支撑的认识视角,[3] 指在新的历史范围上,我国政治、经济、文化、思想各个方面都取得一定成绩,"新时代"思想蕴含着中国共产党对国家和民族命运的时代关照。

"每个时代都有每个时代的精神,每个时代都有每个时代的价值观念"[4],占据主要地位的意识形态称为主流意识形态,其是多种权力集团相互抗衡的结果。意识形态具有鲜明的政治性和时代性,因国家性质和历史时期而不同。在我国封建社会,儒家学说在思想上占据主要地位;中世纪的欧洲,基督教神学占据主要位置。在民众思想教育上,虽然封建统治目的相同,但不同时期推崇的思想观念依旧存在差异。也就是说,主流意识形态的存在有着其内在的必然性与阶级性,"一种意识形态能否成为主流意识形态,原因固然是异

---

[1] 季广茂. 意识形态 [M]. 桂林:广西师范大学出版社,2005:23.
[2] 何畏. 试论主导意识形态与主流意识形态的区别 [J]. 中共南京市委党校学报,2007 (1):43-44.
[3] 齐卫平."新时代"内涵的多维解读 [J]. 中国井冈山干部学院学报,2019 (1):29-39.
[4] 中共中央文献研究室. 习近平关于社会主义文化建设论述摘编 [Z]. 北京:中央文献出版社,2017.

常复杂多变的,但最终取决于它能在多大程度上满足当时的社会需要,而不取决于它与枪杆子、炮筒子结合的紧密程度"①。在全球化浪潮之下,新的技术、新的思想、新的历史方位使得主流意识形态在新时代语境下产生了新的内涵。

中国的主流意识形态是以马克思主义为核心内容和理论指导的社会主义意识形态,在维护社会稳定、促进社会变革、引领社会发展方面发挥着重要作用。② 以爱国主义为核心,以"富强、民主、文明、和谐、自由、平等、公正、法治、爱国、敬业、诚信、友善"为主要内容的社会主义核心价值观;具有民族精神和以改革创新为核心的时代精神,是社会主义经济基础和政治上层建筑的反映。

伴随着改革开放和社会主义市场经济的飞速发展,我国社会在新时期发生着深刻的变革,社会生活的多元化使得多种文化思潮相互交融、交锋,其中包括新自由主义、普世价值观、民主社会主义、历史虚无主义等非主流社会思潮,这些思潮与中国特色社会主义共同信念或相悖或相互较量,且集中体现在网络空间中。主流意识形态与非主流意识形态之间的抗争关系源于意识形态的历史性、阶级性、价值性、理论性、主观性以及独立性等方面的内涵。在互联网时代,这种关系表现为多元化的意识形态,并且正是其引导工作的重点所在。

二、多元化意识形态下的价值选择

新的社会生产关系以及生活方式对互联网用户的意识形态、价值观念进行了重塑。目前我国社会意识形态以马克思主义意识形态为主,同时也存在其他意识形态,如新自由主义、新保守主义、民族主义、社群主义等思潮在中国互联网语境下拥有一定的传播力。在多种意识形态思潮下,个人价值选择体现于个体行为中,并带来相应的社会影响。价值选择是指个人在价值观方面所做出的选择。价值观是一个人对于生活中基本价值的信念、信仰、理想等思想观念的综合体。通俗讲就是每个人所信、所想、所要、所追求的价值内涵,包括对物和对人的价值选择。青少年的价值选择与其价值观有着直接的关系。

青少年的价值观主要包括亲社会取向的价值观,如社会平等、集体主义、

---

① 季广茂. 意识形态 [M]. 广西:广西师范大学出版社,2005:24.
② 王锁明. 加强主流意识形态建设 巩固马克思主义指导地位 [J]. 唯实,2014 (1):37-40.

遵纪守法和家庭亲情等。这些价值观对青少年的社会能力和亲社会行为产生重要的预测作用。[1] 高等教育院校是国家精神与文化的象征,是国家和民族未来的培养中心,代表着新时代年轻人的精神风貌。蔡元培先生认为:大学是人格养成之所,是人文精神的摇篮,是理性和良知的支撑。学校应为学子创造良好的学习环境和成长环境,在其成长过程中进行正确的价值观引导,因此必须时刻保证院校作为文化学习之地的纯粹性,及时纠正青少年网络意识形态偏差,避免错误价值观对青少年群体的渗透。

第三节 从个体权利的持续觉醒到网络社会权力的新分化

媒介技术的发展拓宽了公民个体权利的表达渠道,赋予了公民更为有效的权利保障途径,社会话语权在网络社会中也实现了新的分化。在这一意义上,网络空间成为话语权争夺的主战场,习近平总书记就此深刻指出,互联网是当前思想宣传工作的主阵地,"这个阵地我们不去占领,人家就会去占领;这部分人我们不去团结,人家就会去拉拢"[2]。

一、网络社会下个体权利的觉醒:话语权与行动权

在互联网开放的信息交流环境下,个体权利不断觉醒,公众话语表达权得到充分实现,这体现出我国民主政治的发展进步。除了追求言论自由外,公众逐渐开始关注个人主张、内在理念等是否能够影响他人或被他人认可接受。福柯的话语权力观点认为,话语意味着一个社会团体依据某些规则将其意义传递给社会,从而确立其在社会中的地位,并被其他团体所认知。[3]

网络社会下个体权利觉醒,本质上是社会关系变化的结果。回归到社会学"人与社会的关系"问题中,王水雄与王沫认为,"另一个现实空间、具体单位、组织系统和结构生态的成本、方式及其实践可能性、易操作性影响着人际关系、组织关系、个人与社会以及环境的关系,进而也极为深刻地影响

---

[1] 李丹,周同,刘俊升,等. 新时代青少年价值观及其与社会、学校和心理适应的关系:三个地域的比较 [J]. 心理科学, 2018 (6): 1292-1301.
[2] 习近平. 习近平谈治国理政:第二卷 [M] 北京:外文出版社, 2014: 325.
[3] 张守荣. 网络话语权的表现与特征 [J]. 网络财富, 2008 (9): 196-197.

着人们的生产关系、生活秩序和社会形态"①。诺思等学者从人类历史秩序角度将社会秩序划分为：觅食秩序、限制进入秩序、开放进入秩序。限制进入秩序包括自然国家概念，在限制进入秩序中权力人际关系构成了社会组织的基础和个人社会互动的平台，个人权利受到"自然国家"的限制；而在开放进入秩序中，"人际关系仍然是重要的，但没有人际联系的各式人等——通常称之为公民——在广阔的社会行为领域里互动，而无需确切地知道各自的身份。在权利开放秩序中，只要满足某些最低的、非人际关系化的标准，任何人都可以创建为大型社会所支持的组织"②。也就是说，个人创建组织以及个人自由"进入组织"的权利成为区分限制进入秩序以及开放进入秩序的关键判定要素。互联网的社会秩序则属于"开放进入秩序"，回顾互联网发展至今，前台匿名、后台实名的机制意味着公民无须明示各自的"真实身份"，因此网络化人际关系与自然国家性质的"人际关系"存在天然不同。在单位社会中，"在物质利益之外，该社会还在单位特定空间中提供并限定了人们常规党派生活和政治参与，把社会成员的政治追求与单位的地位晋升系结在一起"③。换言之，在单位社会中个体政治权利通过单位职务得以实现，而在互联网的"开放进入秩序"中，个体更关注话语权及其收益。

网络社会公民个体意识不断觉醒，在话语权争取过程中，逐渐转向网络政务监督，"云监督执法"成为大数据时代公民行使监督权的一大亮点。过去，公民对公共政策的参与主要表现为咨询、上访等形式，这种形式在时空方面的局限性使得公民政务参与的积极性、主动性受挫。互联网技术发展下，表达渠道日益丰富，公民借助新媒体平台表达个人诉求，获得大量注意力资源，最终形成相关议题，倒逼相关部门或人员做出回应。黄利飞认为公民个体在网络中争取权利分为三个阶段：第一阶段，即在短时间内迅速引起关注，积聚民意；第二个阶段，即在网络筛选机制和放大作用下，实现媒体联动、跨界支援，这是公民话语权提升的重要阶段，称为"权势转换"；第三阶段，即政府对民众及相关媒体的诉求进行回应，称为"权力转移"。在这个过程

---

① 王水雄，王沫. 从单位社会到网络社会：个体权利的视角 [J]. 学习与探索，2021（10）：35-44.

② 道格拉斯·C.诺思，约翰·约瑟夫瓦利斯，巴里·R.韦格斯特. 暴力与社会秩序：诠释有文字记载的人类历史的一个概念性框架 [M]. 杭行，王亮，译. 上海：格致出版社，上海三联书店，上海人民出版社，2013.

③ 郑也夫. 走向杀熟之路：对一种反传统历史过程的社会学分析 [J]. 学术界，2001（1）：58-76.

中，公民个体获得更多参与公共事务、监督公共事务权利。

然而，公众话语权的提升意味着主流媒体的话语权和权威在特定情况下会遭受削弱和质疑，从而影响主流意识形态的地位。以往主流媒体垄断着话语权，掌握意识形态话语的主导权，能够有效地引导人们的认知。当前，在复杂的舆论环境中，西方敌对势力通过制造一些带有欺骗性的伪命题进行意识形态渗透，影响公众对事件的正确认知和价值判断，造成网络舆论场上众声喧哗，尤其是，近年来网络上充斥着各种西方社会思潮和非主流意识形态言论，给网络主流意识形态的建构带来了严重冲击。

二、网络社会的去中心化：权力的分化与关系赋权

从新媒体、移动媒体到智能媒体，每一次新技术的出现都带来了关系变革。网络社会的服务平台具有多元化结构特点，平台的运作逻辑和结构特点改变了网络社会的权力结构，由此带来了权力分化与关系赋权。

喻国明认为互联网关系网络的特征为：一是关系网络的去中心化程度加深；二是大量随机的"弱连接"在关系网络中发挥桥接作用；三是权力在关系网络中的不均衡分布；四是信任与协商成为社会统合的关键机制。在开放的网络社会中，权力分配经历了中心化到去中心化再到中心化的过程，意见领袖逐渐对传统权威形成挑战，即使是草根群体也可以借助意见领袖的"声量"实现自我赋权。

新的权力分化体现在不同的社会阶层中，呈现出"强者愈强"的特点，具体表现为中心化到去中心化到再中心化的趋势。在政治上，网络关键意见领袖、官方媒体与主流媒体的话语权更有分量；在经济上，互联网公司掌握先进传播技术与平台所有权，占有大量的话语资源，其商业意识形态和价值导向正潜移默化地影响着民众生活；在文化上，以青少年群体为主形成了不同圈层的亚文化，通过消费、生产以及模因的传播形成文化边界，在互联网场域中逐渐对主流文化形成挑战，且近年来逐渐显现出"去政治化"到"政治化"的转向，如"帝吧出征"文化现象呈现出明显的政治价值趋向。权力不再集中于传统的权威手中，而是呈现出流散化、再中心化的趋势，传统权威遭到削弱。

在权力分化的过程中，伴随着自我赋权与关系赋权。在组织行动环节，网络社会的行动逻辑来自群体中不同个体的协作。个体获得了更多彰显自我个性、表达个人意见以及争取个人权益的机会，现实社会中的相对无权者在

网络社会中的个体话语权与行动权得到提升,并且依赖于网络群体的协作。因此,在某种程度上,自我赋权其实是关系赋权,因为仅靠个体传播很难形成聚集效应,人们表达权的提升其实是在多元互动中产生的新"关系赋权"。

关系赋权是网络技术和社会协同演进过程中出现的集体现象,它主要发生在构建复杂关系网络的社交媒体中。在这个网络中,网民会自愿地进行大批量的内容产生、传播、互动和分发,个体的力量在无限的连接中不断被集合、放大和释放,为社会中的相对较弱势群体授权言论和行动的能力。[①] 其中"群体性"是关系赋权产生的重要表征,群体认同和协作是关系赋权产生的基础。在网络社群中,个体网络话语权不断被分化重构,个人表达呈现出群体平权化特征,其中,关系赋权的赋能力量又逐步产生新的话语权阶层,如代际层级的划分,青少年作为网络"原住民",在网络空间中的"声量"更大,而中老年群体在媒介使用习惯上具有一定劣势,个体卷入程度较低。

网络圈层的形成推动了人们实现自我权力赋予。互联网不仅仅连接着各种不同的场景,而且承载了群体间的言论表达、协商互动和身份认同,这有助于每个人都能在网络世界中找到自己更好的归属感与价值认同。在去中心化的网络中,圈层传播又不断实现再中心化的话语权塑造,这种话语权既是个体的赋权,也是群体组织对个体的赋权。在互联网络社会中,分享与协同是理解资源和权力分配逻辑的关键元素之一。[②] 个体成为网络社会资源的基本构成单位,有学者将其称为"资源盈余",即自身工作要素之外可以用于进行交换的盈余的个体资源,简单理解为暂时将不稀缺资源通过互联网置换为其他资源,如认知盈余、经验盈余、资本盈余等,这些资源盈余在网络空间中作为一种"自由流动的资源"发挥着价值,极大地体现了互联网的互利与共享属性。互联网关系的重构即社会资源的再分配与社会权力的再转变,个体在"单位秩序"中无法发挥的能力价值在互联网中得以重新实现,如拥有稳定工作的企业单位员工可以通过互联网进行再次"斜杠"就业,发展网络副业。

网络社会聚集着无数个"圈子",成员们以情感、利益、兴趣等聚集起

---

① 喻国明,马慧. 互联网时代的新权力范式:"关系赋权":"连接一切"场景下的社会关系的重组与权力格局的变迁 [J]. 国际新闻界,2016 (10):6-27.
② 喻国明,马慧. 互联网时代的新权力范式:"关系赋权":"连接一切"场景下的社会关系的重组与权力格局的变迁 [J]. 国际新闻界,2016 (10):6-27.

来,形成特定关系模式。[①] 网络话语权则分化于各个圈子的网络节点中,坐拥桥接型社会资本的意见领袖在话语权方面更具优势,整个网络圈子中存在着多个权力中心,彼此制约和博弈。当网络社群圈层"小生境"在价值观与实践偏离甚远时,会因为成员大规模的"退出"而受到冷落,甚至遭遇崩溃的危险。[②] 因此,网络社会中的权力始终处于流动状态,权力分化和关系赋权会对网络空间的安全稳定造成一定的挑战,从而产生网络意识形态危机。

第四节 网络社会"派系"下不同价值观驱动的社会意识形态思潮

互联网与社会生产要素相互作用、融合发展,成为社会结构中重要的基础设施。媒介平台一方面是网络社会重要的人际关系载体,发挥着社会整合的作用,重塑着网络用户的思维方式及价值观念;另一方面也是文化信息的集散之地,聚集了不同的社会思潮。这些社会思潮在互联网的政治、经济、文化、生活等多个方面都表现出特定的意识形态功能属性,具有非常强大的影响力。

一、新消费主义思潮

互联网诞生至今六十余年,在中国只用二十多年就渗透到人们生产、生活的方方面面,甚至产生了数字化生存模式。在全球化的市场经济下,我国社会意识形态伴随互联网商业意识形态迎来了消费主义思潮,这是互联网意识形态社会思潮在经济维度的显著特征。消费主义在发达国家产生和发展继而在全球流行开来,改革开放以来,我国居民平均收入水平不断提升,在市场经济开放下产生了多种消费行为,为消费主义的滋生提供了温室,消费主义思潮在我国影响日益扩大。

西方学界认为"消费主义"既是一种社会现象,也是一种学术用语,是内化于西方资产阶级思想体系经济维度的重要组成部分。据西方学者斯蒂文斯的观点,消费主义可以看作社会的一种描绘。尽管很多人以获取商品为生

[①] 彭兰. 网络的圈子化:关系、文化、技术维度下的类聚与群分 [J]. 编辑之友,2019 (11):5-12.

[②] 王水雄,王沫. 从单位社会到网络社会:个体权利的视角 [J]. 学习与探索,2021 (10):35-44.

活目标，但他们的需求并非仅仅出于个人的生存需要或是传统上所理解的展示需求，更重要的是追求身份认同。[1] 也就是说，消费主义的思潮是一种追求占有和消费的生活态度和价值观，将无尽的消费视为人生根本的目标和终极追求。[2] 因此，消费主义可以被看作资本主义意识形态价值观的一种表现形式。在互联网时代，消费主义不再是为了获取物品的使用价值或保障生存，而成为一种个体生存需求之外的消费追求，由此"以生产为主导"的社会让位于"以消费为主导"的社会。[3] 即有了新的表征内涵。互联网时代下的消费主义与其他思潮相互碰撞和融合，尤其是与享乐主义和泛娱乐化主义相结合，极大地侵蚀着人们的精神世界。

互联网为消费者搭建了个性化的消费方式和消费场景，提供了便捷的移动支付方式，个性化和智能化的消费体验极大地推动了消费，促使消费者不断进入"消费—劳动—再消费"的循环生产过程中。随着网络媒介、网络产品、网络设施的发展，新消费主义文化急剧扩张，逐步延伸到社会公共领域。在社交媒体时代，媒介营造了"全民消费"的拟态环境，互联网用户的媒介化生存充斥着新消费主义，人们的消费欲望不断被激发和创造，其中各大互联网公司在消费主义思潮中发挥着重要的传播作用。无论是互联网公司第一梯队：阿里巴巴、腾讯、百度（BAT），还是第二梯队：抖音（字节跳动）、拼多多、京东、滴滴、美团等公司，都有各自的消费平台，这意味着在生产过剩的状况下这些平台为了盈利必须最大限度地唤醒消费者的欲望。因此，消费者的欲望、需要和情感便成为平台控制和操纵的对象，平台借助大数据技术充分挖掘消费者需求，创造消费需求。在这个过程中，网络商业意识形态通过制造需求焦虑以影响人们的消费认知和消费行为。

多样的社会文化环境也为消费主义思潮的野蛮生长提供了肥沃的土壤，当前在文化领域也出现文化消费主义思潮。文化消费主义集中呈现出消费意识庸俗化、消费产品奢侈化、消费过程娱乐化、消费精神意识形态化等特点。[4] 在当代的文化消费中，人们倾向于以文化消费作为一种自我建构的方式。个体们通过消费文化产品来满足自己的精神需求，将其视为一种彰显身

---

[1] 颜嘉. 信息消费：扩大内需的有效途径 [J]. 学习与实践, 2007 (7): 58-63.
[2] 杨军, 黄兆琼. 我国消费主义思潮的表现、实质与克服 [J]. 思想教育研究, 2022 (2): 67-72.
[3] 刘金丽. 消费主义产生的原因解析 [J]. 山东青年政治学院学报, 2015 (1): 35-38.
[4] 殷文贵. 文化消费主义的存在样态及其意识形态批判 [J]. 思想理论教育, 2019 (10): 62-67.

份、张扬个性的方式。然而，这种追求个性和身份的文化消费最终可能导致自我迷失和被文化产品所控制，让人失去了主体性。① 这种文化消费与资本主义意识形态联系紧密，本质上是资本对文化领域的渗透和利用，它不仅背离了文化意蕴，还对青少年的精神世界产生巨大的负面影响。

二、泛娱乐主义思潮

当下的泛娱乐主义，是一种社会思潮，公共话语都以娱乐的方式来表达，取娱乐作为价值评判的标准。泛娱乐主义十分多样化，其主要特点在于使用空洞浅薄的内容和戏谑夸张的表演方式来吸引受众注意。② 这种思潮特质与网络用户的休闲娱乐心理和生活娱乐惯习关联，但过度和越界的娱乐化会对主流意识形态产生威胁。互联网上各种低俗搞笑内容在社交渠道上分享与扩散，其链接经过多层次、多方向的传播、转载，从而形成了复杂的传播网络。③ 当前，低俗、媚俗的内容在流量裹挟下传播，泛娱乐化趋势蔓延。在资本逻辑下，文化娱乐产品中原本凝结的中华优秀传统文化积极乐观向上的精神，有逐渐被泛娱乐化内容所取代的风险。部分青少年群体自诩"吃瓜群众"，沉迷于"明星八卦""绯闻""轶事"等娱乐狂欢中，浸染于泛娱乐主义思潮中。

泛娱乐主义思潮传播具有附着性，它不是以孤立的意识形态内容进行传播，而是附着在其他社会思潮上，如泛娱乐主义思潮往往与享乐主义思潮相伴相生。其他社会思潮也会通过依附泛娱乐主义扩大自身影响力，通过"接合"泛娱乐主义思潮改头换面，从而传播其背后的意识形态。如历史虚无主义与恶搞历史的结合、反权威的后现代主义与无厘头搞笑文化的结合，都是以泛娱乐的形式掩盖自身意识形态的本质。

社会事件和公共政策中的泛娱乐化现象尤为突出，其严肃性和权威性遭到极大的消解。如为了符合新媒体传播规律，新闻报道呈现出明显娱乐化表征，出现大量软新闻，尤其是硬新闻软化趋势较为明显。新闻泛娱乐化从形式上看是为了适应大数据时代的传播环境，但从长期来看会影响新闻媒体的权威，背离新闻媒体的职责和使命。与此同时，公众在娱乐化的拟态环境中

---

① 任鹏，丁欣烨. 文化消费主义思潮对当代青年学生价值观念的消极影响及其应对[J]. 思想教育研究，2018（4）：65-69.
② 王文佳. 泛娱乐主义思潮对大学生价值观塑造的影响及应对策略[J]. 开封文化艺术职业学院学报，2020（4）：171-172.
③ 谭江林，贺小亚. 泛娱乐主义在网络传播中的特点、危害及其应对[J]. 领导科学论坛，2019（9）：28-32.

容易产生无意识的模仿，通过网络人际传播进一步扩大娱乐倾向，影响其理性思考和独立思考的能力。尤为应该注意的是，当前部分网民借助娱乐戏谑的口吻恶搞、调侃新闻事件和公共政策，为宣泄情绪而抨击公共政策，质疑政府权威，国家意识形态安全受到威胁。

过度娱乐化正是泛娱乐主义思潮的特点之一。对于过度娱乐化，众多学者呈现出悲观、担忧的态度。尼尔·波兹曼在《娱乐至死》中表达了整本书的核心："一切都以娱乐的方式呈现，人类心甘情愿成为娱乐的附庸最终成为娱乐至死的物种，我们将毁于我们所热爱的东西！"[1] 他对新媒体，特别是电视这一主要形式进行了深入剖析，探究了它们对人类思想、认知和社会文化发展的影响，并着重探讨了过度娱乐化现象对社会的不良影响。这些研究成果至今依然有着深刻的启示意义。

因此，应高度重视泛娱乐主义思潮对青少年群体意识形态认知、价值观塑造带来的消极影响。结构主义者视大众文化为一架意识形态机器，轻而易举地对宰制性的权力结构进行再生产。[2] 中国的泛娱乐主义思潮伴随着互联网的应用发展进一步蔓延，从而根植于网络大众文化中，虽然结构主义的机器论具有其局限性，但是应正确认识文化意识形态功能，通过发挥大众文化的积极作用，推动意识形态引导工作的顺利展开。

三、新自由主义思潮

现代自由主义是自由主义在全球范围内的传播，包括新自由主义和新自由资本主义两种不同的形式，它们先后对资本主义国家的实践产生了重要影响。自由主义是一种经济政策效用理论，在西方经济意识形态中扎根并不断扩展。新自由主义主张政府干预经济和社会的行为会扰乱市场秩序、损害个人利益和自由，因此反对国家干涉经济，倡导扩大市场自我调节的力量。"私有化、市场化和自由化"是凯恩斯经济理论体系的主要内容，也是新自由主义理论的重要表征。西方资本主义国家以新自由主义理念为基础推行政策，为实现全球一体化制订符合个体利益的"改革方案"，同时在西方主导的一体化经济政策下实行垄断机制。通过世界银行和国际金融组织向以拉美为代表的发展中国家提供贷款的方式，西方国家诱导这些国家开放市场，并在此基

---

[1] 尼尔·波兹曼. 娱乐至死：童年的消逝 [M]. 章艳，吴燕莛，译. 桂林：广西师范大学出版社，2009.

[2] 约翰·斯道雷. 文化理论与大众文化导论 [M]. 常江，译. 北京：北京大学出版社，2010.

础上制定带有强烈意识形态色彩的"华盛顿共识",以此作为国际资本输出的掩护。① 新自由主义思潮隐含的意识形态性质具有强烈的反马克思主义的性质,因此在中国网络意识形态的冲突中,新自由主义思潮由于其反动性和隐蔽性也是被重点整治的对象。

新自由主义主张个人利益至上、个人自由至上,宣扬普世价值观,鼓吹个性至上。新自由主义具有较强的政治性,认为资本主义是民主、自由的象征。新自由主义思潮体现了资产阶级利益,具有鲜明的阶级性。为迎合网络受众猎奇的娱乐心理,新自由主义思潮与多种媒介内容相融合,在不断的自我协商接洽中与其他文化进行隐秘的结合,如在文化市场中渗透西方自由主义。正如葛兰西所指的"文化帝国"理论,通过传播文化意识形态控制民众,是新自由主义"全球文化一体化"的一种传播策略。尤其是在互联网中,非法分子利用其"网络意见领袖"的身份抹黑、抨击我国的政治制度,通过"泛政治化"扭曲人们的认知。

学者们总结出新自由主义传播的三种主要手段:第一种是在网络环境下推出相关话题,直接宣传价值主张;第二种是通过炒作重大的争议和热点问题,误导网民的价值判断和选择;第三种是结合网络社交用语,将意识形态话语渗透到网民日常交往中。其中,自由议题是新自由主义思潮最具煽动性和蛊惑性的核心议题。② 自由主义本身的"自由"主张具有极强的融合发展能力,新自由主义思潮不断调整自身融合其他思潮,与不同思潮调适共存。如与女性主义思潮结合,煽动中国社会男女对立,在互联网中不断制造男女权力不平等的相关舆论议题,给互联网舆论场带来极大的不稳定因素。

新自由主义的隐蔽性还体现在利用后现代主义掩盖自身的阶级性。"青少年受后现代主义的影响,他们反中心、反主流,解构和消解权威,乐于调侃和恶搞,号称怀疑一切"③,因而很容易受到新自由主义的蛊惑。新自由主义隐匿于多种文化思潮中,通过与不同文化思潮进行拼贴组合,从而不断扩大西方资产阶级思想的影响。在互联网时代,新自由主义除却坚守自由主义和个人主义的内核,还逐渐吸纳后现代主义思想。具体而言,在网络空间中,新自由主义鼓吹"网络政治一体化",宣扬"人权至上"和"普世价值观",

---

① 梅荣政,张晓红. 论新自由主义思潮 [M]. 北京:高等教育出版社,2004.
② 杨谦,张婷婷. 新自由主义思潮的网络政治隐喻及应对 [J]. 马克思主义理论学科研究,2020(1):144-153.
③ 张廷. 新自由主义思潮传播的新动向及其有效引导研究 [J]. 思想理论教育导刊,2020(1):95-99.

对我国主流意识形态进行冲击,影响青少年网络意识形态认知。

互联网在信息传播全球化过程中,虽然促进了个人的言论自由和平等,但也弱化了国家意志对个人意志表达的制约。① 新自由主义通过符合互联网传播逻辑的表达方式,借助境外势力发动网络政治动员,试图自下而上、自外而内影响我国网民的政治意识形态;在经济上试图垄断互联网经济市场资源;在文化上试图渗透非主流思潮,实行文化帝国主义侵入。因此,面对新自由主义思潮的传播特性,应提高民众的政治警觉性和政治鉴别力,尤其是避免新自由主义对青少年的渗透和魅惑。

四、利己主义思潮

利己主义(egoism)源于拉丁语 ego,古希腊哲学家柏拉图最早正式使用这一概念。伴随着资本主义的萌芽与成熟,利己主义作为一种思潮在文艺复兴以及启蒙运动时期得到进一步丰富,之后与资本主义商品经济意识形态融合,关于其意涵的讨论开始转为对人性、人权及人的欲望的探讨。

利己主义是义利观的一种观念。在中国哲学中,关于利己主义的思考有"君子与小人"以及"人不为己,天诛地灭"等。需要认识到,利己主义在部分人类社会发展阶段中确实具有重要推动作用,如从禅让制的"公天下"到"家天下"的世袭制,从损害个人利益的封建社会到重视个人利益与集体利益结合的资本主义社会,从宏观角度而言,利己主义确实在奴隶制社会的发展中以及推动资产阶级革命时发挥了积极作用,即在特定历史阶段中是一种具有进步意义的社会思潮。

当下网络社会中,利己主义在个人主义思想基础上又增加了新的"精致"利己主义思想内涵。这种具有互联网话语特征的精致个人主义最初并不具有明确的学术内涵,而是在概念不断丰富过程中逐渐进入研究视野的。"精致"利己主义逐步等同于利己主义表意特征,并在互联网中进行了更大范围的传播。近年来,"精致"利己主义在互联网舆论场中的讨论越来越广泛,并常与青年群体联系在一起。青年在国家和民族的发展中扮演着举足轻重的角色,但当前网络社会中的"精致"利己主义潮流对年轻人产生了消极影响。因此,应正确引导青少年群体的集体利益观,深入探究青少年"精致"利己主义的形成特点、外在表征、发展规律。

---

① 杨谦,张婷婷. 新自由主义思潮的网络政治隐喻及应对 [J]. 马克思主义理论学科研究,2020(1):144-153.

《半月谈》1989年第7期将人的行为从道德境界上划分为五大类,① 见图2-3。将"伟大""高尚"等褒义词具象化，使其成为集体主义者的归属概念，这种划分方式具有集体主义色彩。集体主义与个人主义是相对概念，而个人主义并不是绝对的无道德底线，第三种个人主义是一般意义的，也就是在法律和道德层面不侵犯他人的个人主义，而后两种个人主义属于利己主义，也可以将利己主义理解为极端的个人主义。当下，这种利己主义思潮逐渐渗透到青少年群体中，与我国社会主义核心价值观相悖，对部分青少年群体的价值观产生了负面影响。在文化道德方面，具有国家忧患意识的价值观受到精致利己主义思潮的冲击，如我国高等教育人才培养出现"精致"利己主义趋势，呈现出个人精英主义趋向。换言之，即在高校培养体系中部分具有高智商、高情商、成绩优异的新精英阶层，表面上看是遵循社会主义人才培养路径而发展，展露出较高的教养以及忠诚度，但实际上是通过表演式的忠诚，使个体利益最大化，面对集体利益与个人利益冲突时，这部分群体坚持利己原则，不择手段达到个人目的，这种"精致"利己主义其实是对个人主义的伪装，是较为隐蔽的利己主义。

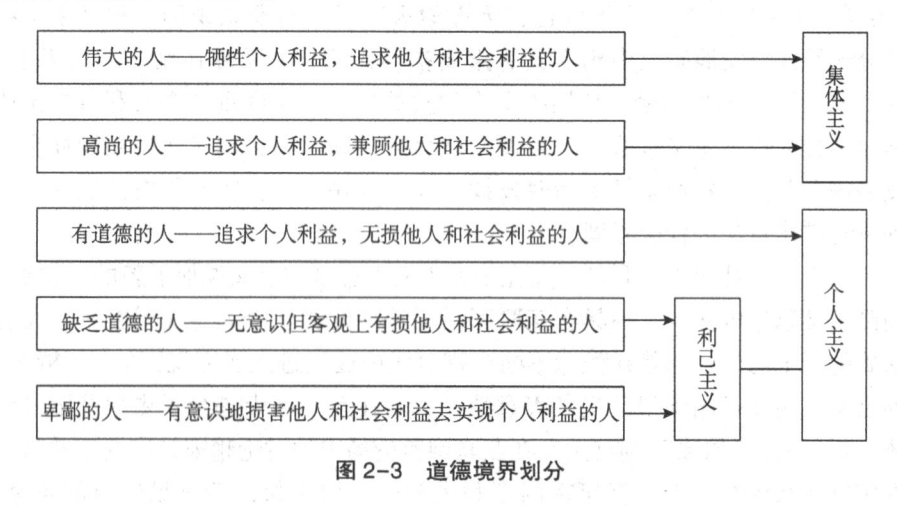

图2-3 道德境界划分

利己主义思潮在当代社会的传播，其实是当代义利观中个人利益与集体利益的博弈。在中国社会转型期，面对集体利益与个人利益的冲突时，将个人主义逐步发展为对集体"否定"，这是对个人主义的扭曲形成极端的个人主义，即利己主义。与之相区分，严肃的个人主义注重个人的美德、社会道德，

---

① 《半月谈》编辑部. 时事资料手册：《半月谈》特刊 [M]. 北京：新华出版社，1990.

主张一定的牺牲精神,强调个人主体活动对社会发展的意义。在现实生活中,较为广泛被大众接受的是一般个人主义,这种个人主义在未面对特殊利益时表现为"温和的利己主义",然而,在资本主义固有矛盾中,这种个人主义将逐步发展为极端个人主义进而成为"精致"利己主义,基于此,资本主义的个人必然与集体分裂。

当下多种思潮都对利己主义产生了推动作用,因此对"精致"利己主义的引导应该是多维度的。与此同时,在引导过程中应肯定"精致"利己主义具有的积极意义。学校意识形态教育更需要树立正确的利义观念来引导大学生,将国家利益、集体利益和人民利益放在首要地位的前提下,肯定青少年群体通过合理合法的方式追求自我的发展,批判极端利己主义者的拜金倾向,明确以法律作为底线,以社会责任道德准则时刻约束自我,坚持信念与底线。

五、共享经济思潮

共享经济也被称为分享经济、合作经济、合作性消费,是一种实践性质的全新经济模式,当下的共享经济主要基于数字技术平台提高闲置资源的有效利用率。在"互联网+"背景下,共享经济在美国、欧洲等国家的社会实践中飞速发展。普遍意义上认为共享经济由商业机构、组织者或者政府为主导运行,其核心载体是以信息技术为服务基础的第三方互联网平台。从广义上讲,在国家法律允许范围内共享经济包含一切相关的生产要素,包括固定资产、金融资产时间、知识作品等无形资产。共享经济具有强劲的发展趋势和潜力,从而带动共享经济思潮的传播。

共享经济思潮具有一定的历史渊源。我国古人关于金钱观的哲学探讨也体现着共享观念,且升华至"社会公正""品德美德"等层面上。如孟子的"王道思想"主张君民同乐,以及"均贫富等贵贱"等思想,在社会生产分配方面散发着共享理念的光辉。我国先秦百家对共享理念的提出与讨论,也反映出思想家对理想社会制度的追求,具有现实主义关怀。这体现了人们对于"天下大同"的美好追求,但只有当科学技术和生产力发展到一定阶段时,人类才可能摆脱物质匮乏的原始状态,实现大同理想变为社会现实的愿景。随着"互联网+"和多种经济模式的相继崛起,共享经济成为现实运营平台,再次点燃了人们追求共享思想的热情。人们在互联网上分享物品使用权,共享所掌握的信息,促进了互联网时代共享理念的传播。

当下,互联网发展推动共享经济不断革新,使其成为一种新的经济模式:

共享经济倡导"合作共赢""高效利用""减少资源浪费"理念，追求稳定可持续发展的创新型经济模式。这种经济模式与传统商业模式的不同之处在于对物质生产资料占有的方式，共享经济模式在尊重产权的前提下，推崇分享更多物品的使用权来创造更多价值，以实现物品的利用率最大化。这是一种更全面、更有效地组织和管理社会资源的方式。[①] 共享经济的物品所有权与使用权的分离机制存在信息利用的脱域处理，以低交易成本达成高收益实现规模效应，并且构建了新的互联网信用机制。

网络平台对商品的使用权进行合理再配置，包括有形产品服务与无形服务。共享经济逐渐覆盖人们的生活场景，构成社会数字基础设施，如滴滴出行，共享单车、共享电动车的使用，闲置资源在网络二手平台也有了新的置换空间。需要认识到，共享经济思潮为人们带来了切实的便利，但也存在着发展挑战，如商品使用权与所有权的法律归属、平台与用户之间的法律协议以及个人隐私信息安全等问题。

对个体而言，在共享经济的发展中，个体共享意识同样在推动社会进步中起到正向作用。共享经济不仅提倡共享个人资源，还提倡共享公共资源，倡导资源节约、绿色发展等观念，以实现共享价值。共享主义的利害关系在于对利益的合理划分，通过合理利用社会公共服务资源达到社会效益最大化，增强共享意识，促进公用事业的稳定发展。公众的共享意识在社会整体上也承担着创造物质与精神财富的作用，其强调的"互惠互利，共享理念"符合共产社会的前进方向，"天下大同"符合中国古人对理想社会的追求。因此共享理念是一种积极的经济思想。

共享主义思潮还具有创新、开放的深层意义，其最终意义归结于人类对社会能动价值的创造过程中。因此，培养青少年群体的共享意识，应有发展的眼光，立足于人类的社会资源需求，上升至全球化国家对资源的需求，尤其是加强其对可再生资源和不可再生资源的正向认知。纵观历史的发展，共享思维是人类发展必须具备的一种价值诉求，尤其是在社会公平未达到理想状态时，这种分享意识应合理存在。作为互联网"原住民"的青少年群体在日常消费或者生活方面培养共享意识的意义在于共享现有的物质资源，促进闲置资源的循环利用；另外还有助于形成对未来社会资源合理分配的超前意识。青少年群体在互联网共享经济模式的不断革新中成长，是共享意识天然接轨的群体，因此更应把握时代前沿发展讯息，坚持绿色开放理念。

---

① 张锐."载体"还是"本体"?：互联网意识形态属性研究 [D]．北京：中共中央党校，2019．

第三章

大数据时代青少年网络意识形态传播现状

以大数据引导机制作为引导青少年网络意识形态的有效途径,首先应明确青少年网络意识形态具体的传播现状,把握当下青少年群体媒介使用和互动现状,了解网络社会不同领域中青少年网络意识形态的表征,从而更有针对性地完善大数据意识形态引导机制。

第一节 媒介分析:青少年网络意识形态的跨媒介符号互动

"媒介随人而在,因人而在,媒介从一开始就被打上深深的人之烙印,媒介的意义由人的文明、人的历史、'人生'所赋予"[1]。"万物皆媒"具有传递信息的意义,理解媒介与物源信息的同在性,以此对青少年网络意识形态进行媒介分析,了解青少年网络意识形态的具体内涵。

有学者认为,青少年网络意识形态是指青少年借助数字化、符号化、图像化、语言化等中介系统,在情感、思维、行动上表达对网络主流意识形态的认同程度,[2] 是在网络社会与现实社会高度融合的背景下,青少年群体在当下网络交往实践中形成的具有导向功能的价值判断,并能够反作用于现实社会的价值观念总和。也有学者认为,青少年网络意识形态作为总体性概念,是由青少年网络政治思想、经济思想、伦理道德、文化意识、思维方式等构

---

[1] 师欣楠. 沉思媒介:"万物皆媒"的源始 [J]. 现代传播(中国传媒大学学报), 2021 (12): 62-67.

[2] 黄冬霞, 吴满意. 网络意识形态内涵的新界定 [J]. 社会科学研究, 2016 (5): 107-112.

成的总体思想体系。前者强调媒介的表现形式,后者强调意识形态的具体表现内涵,二者都展现了青少年网络意识形态的特点,对此,应结合二者定义,既承认网络的中介性,也强调意识形态作为一种思想体系的本质。

一、青少年群体接入互联网设备的现状

根据 CNNIC 发布的第 51 次《中国互联网络发展状况统计报告》,截至 2022 年 12 月,我国网民使用手机上网的比例达 99.8%;使用台式电脑、笔记本电脑、电视和平板电脑的比例分别为 34.2%、32.8%、25.9% 和 28.5%。[①](见图 3-1)

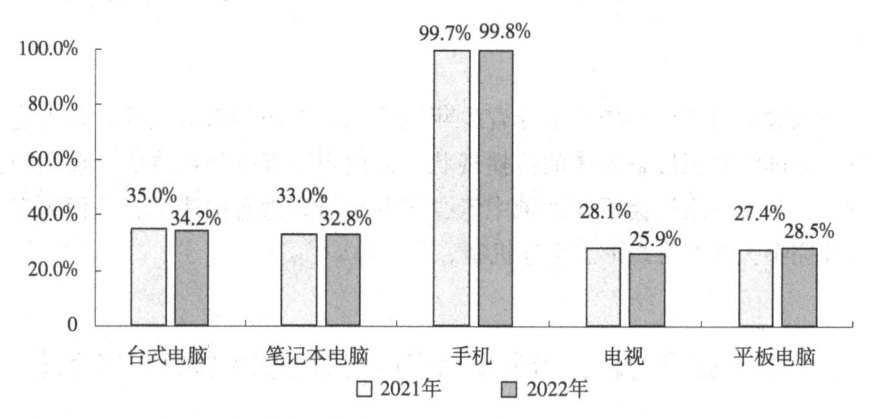

设备	2021年	2022年
台式电脑	35.0%	34.2%
笔记本电脑	33.0%	32.8%
手机	99.7%	99.8%
电视	28.1%	25.9%
平板电脑	27.4%	28.5%

来源:CNNIC 中国互联网络状况统计调查,2022 年 12 月。

图 3-1 互联网络接入设备使用情况

《2021 年全国未成年人互联网使用情况研究报告》显示,未成年网民中,使用手机上网的比例为 90.7%,使用智能台灯、智能音箱、词典笔等新型上网设备的比例分别为 21.7%、19.9% 和 16.4%(见图 3-2)。智能台灯与词典笔的使用呈现出"学龄段越低,使用率越高"的特征。[②] 通过这两份报告的数据,发现青少年群体在设备使用习惯上较为稳定,其中可穿戴设备以及非移动智能设备在青少年群体的使用中占据一定比例。网络意识形态分布在各种符号介质中,因此,除了常见的大众媒介设备,还应关注到其他多种智能设施的使用,注重对使用多媒体的青少年网络意识形态进行大数据智能引导。

---

① 中国互联网络信息中心. 第 51 次中国互联网络发展状况统计报告 [R]. 2022:15-16.
② 中国互联网络信息中心. 2021 年全国未成年人互联网使用情况研究报告 [R]. 2022:19-20.

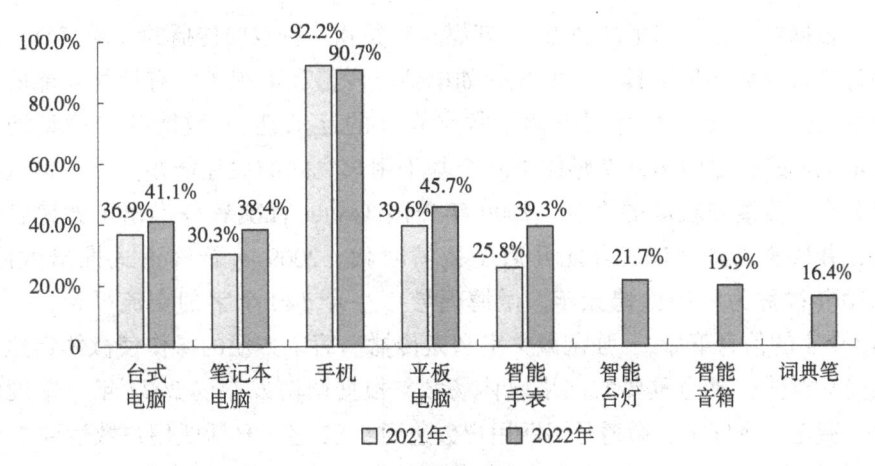

图 3-2　未成年网民上网设备使用情况

二、青少年群体网络新媒介符号的表达特征

"千禧一代"是新兴媒体的积极使用者，在具体媒体使用过程中产生了具有群体特色的微媒介符号。微媒介可分为狭义和广义两种，狭义的微媒介指的是以微信、微博、微视频、小程序等应用软件为代表的媒介，传播的内容短小精悍，具有即时性、个性化、参与性、互动性等特点，是一种新兴媒介形态；广义的微媒介包括所有对人们数字化生活产生深远影响的媒介形式，如各种自媒体、移动客户端、手机应用等。① 在微媒介的使用中，青少年群体运用不同的微媒介符号表达自我，传递着不同的意识形态内涵。

（一）微文字

在前大众传媒时代，有结绳记事的符号传播；在口头传播时代，有语言和文字符号传播。有学者将语言与文字定义为铭刻型媒介，但言语具有易逝性。"书写作为一种交流方式对人类至关重要。在当今数字时代，书写作为我们日常互动的手段又重新兴起。"② 当下，随着技术的发展，产生了众多信息化表达新媒介。"微媒介"中的微信、微博，作为目前用户承载体量较大的社交媒体，在文字符号的使用方面呈现出明显的"碎片化"传播特征。这种碎片化的微文字符号在青少年群体网络社交互动中不断被丰富和发展。

---

① 宋红岩. 微媒介与人的数字化生存方式重构 [D]. 哈尔滨：哈尔滨师范大学，2020.
② 约翰·杜海姆·彼得斯. 奇云：媒介即存有 [M]. 邓建国，译. 上海：复旦大学出版社，2020.

根据罗伯特·洛根的观点，"新媒介"是指一种双向传播的互动媒介，使用计算机等数字化工具，与旧媒介如电话、广播和电视等没有计算功能的媒介形成鲜明对比，其特别强调了数字媒介的互动性。[①] 微博源自微型博客（microblog），是中国社交媒体中一个基于用户之间的关注链接关系，提供信息分享、传播和获取的平台。2006年美国Twitter社交软件推出了微博客服务，并快速风靡全球，自此开启了微博时代。2009年新浪正式推出微博，2010年被称为中国微博元年。微博倡导"一个140个字的交流平台，一场140个字的信息革命"，强调微文字和微传播。简单方便的操作使微博迅速扩大受众群体，成为重要的网络媒体场域。根据微博发布的2022年一季度财报，截至一季度末，微博月活跃用户数达到5.82亿，日活跃用户数达到2.52亿。[②] 博客产生阶段适逢中国正式大范围接入互联网，但由于博客的长文功能对用户的文字撰写能力有一定要求，因此限制了用户群体的扩张。2016年11月，微博宣布取消字数限制，但这并没有对用户的文字习惯产生较大影响，用户仍然保持碎片化信息的传播与接受习惯。

微博的微文字传播功能，适合用户传输简短讯息、实时分享简短文字，如个人心情、感悟、日常状态，并配以照片、视频，因此"说出自己"也成为微博的标语。对青少年群体而言，微博广泛聚焦公众热点事件，其既是重要的网络舆论平台，也是青少年群体接收社会信息、娱乐信息，了解新闻与热点事件的重要渠道。"碎片化的信息能完成对某个事件的完整报道和传播，也能够记录一个普通人生活中的所有点滴，微博既满足了广泛受众的自我展示需要，同时也符合大数据时代快节奏的需求。"[③] 青少年群体作为互联网"原住民"，长期浸染于微文字的传播环境中，如发布QQ动态、发朋友圈、发弹幕等。这些微文字具有青少年群体的表达特征，带有恶搞、娱乐化、情绪化色彩。青少年群体主要借助微文字表达自我情感与情绪，因此可以使用网络舆情系统的情感分词、情绪提取数据库进行感知，通过大数据技术了解青少年网络意识形态认知状况。需要注意的是，青少年群体思维活跃，热衷于创造新鲜事物，一些特殊的分词方式也给网络意识形态引导工作带来一定挑战。如当下青少年群体倾向于使用汉语拼音首字母缩写代替原本文字，如

---

① 罗伯特·洛根. 理解新媒介：延伸麦克卢汉 [M]. 何道宽，译. 上海：复旦大学出版社，2016.
② 微博2022年一季度财报 [EB/OL]. http://finance.ce.cn/stock/gsgdbd/202206/02/t20220602_37702067.shtml.
③ 宋红岩. 微媒介与人的数字化生存方式重构 [D]. 哈尔滨：哈尔滨师范大学，2020.

yysy＝有一说一、yyds＝永远的神、xswl＝笑死我了，这些"00后黑话"是在一种青少年群体中流行的网络用语，是碎片化文字更微小化的表达形式。

(二) 微图像

互联网信息传播在图像上同样呈现出微图像的特点。通过拟象化方式，青少年群体在网络世界进行符号互动与自我表达，借助自拍、表情包、PLOG、livephoto等图像模式建构起独特的自我形象。

"以自拍图片为主，图文结合的文本叙事是当前新媒体传播最为普遍的文本形式……图像话语正在建立新的身份认同、文化主题和社会影响力。这类图像的使用无论是在传递信息、表达身份认同或是强调某种价值观念上都显示出较大的差异性。"[1] 在社交媒体中，青少年群体通过表演建构自我形象，通过互动形成圈层化人际关系网。发自拍作为一种微图像传播，其所延伸出的点赞、评论行为对青少年群体交往互动有着重要作用。"无点赞，不社交"成为部分青少年群体的交友宣言。有研究认为自拍是一种亚文化，认为其构成"姿态、嘲笑、拒绝"的风格化表征，无论是恶搞自拍还是对外貌美学的极尽追求，其本质都是在建构身体乌托邦，通过微图像的展示与迅速传播，短暂摆脱孤独与焦虑的现实生活，自拍是一种短暂实现自我认同和社会认同的重要载体，"自拍既是一种自我呈现的技术演进，又是一种情感劳动的社会嵌入"[2]。其中，自拍图像的社交展示存在青少年认知价值隐忧，如通过自拍"炫富"、过度的自我凝视与他者凝视等。

除了自拍、纪实性照片外，表情包在青少年群体的圈层传播中同样具有重要意义，并且已成为当下青少年群体的社交象征符码。表情包是以搞笑无厘头风格的图片结合文字来表达信息的一种图像符号，是网络表情图像的变体。表情包的恶搞风格是一种多模态话语传播模型，它包含图像、文字、动态短视频，被青少年群体赋予了独特意义，从而形成圈层区隔。

解码表情包为借助大数据引导网络意识形态提供了新的思路，通过人工智能捕捉表情包背后的情绪意涵，能够有效定位传播者心理情绪标签，从而进行相应的意识形态引导。正如彭兰所指出的，网络表情包不仅仅是一种表达情绪、情感的工具，还承载着社会热点、群体文化以及个人心境、情境等

---

[1] 陈娟. 社交媒体自我形象的建构与传播：以手机自拍的图像话语表达为例 [J]. 当代传播, 2016 (4)：92-94.

[2] 文芊芊. 网络时代的青少年自拍亚文化研究 [D]. 长沙：湖南师范大学, 2020.

不同层面的规则和密码。在表情包的生产、使用、编码和解码等过程中，它们可以被视为政治立场和行动的标记。① 因此，在大数据意识形态引导中，除了要关注文字信息，还应关注到图像情绪，尤其注重对立场与行动趋势上的判断。这需要在大数据库中建立相应的图像模式，同步更新图像内容，提高图像语义识别精准度。2019 年，美国科罗拉多大学和杜克大学的研究人员开发了一种神经网络模型 EmoNet，该模型能够准确地将图像与 11 种不同的情绪类别进行配对，这种识别技术为表情包情绪的识别提供了可能性。但是表情包的意涵并不仅局限于表达情感的面部五官，而且对图像的深层情感处理与文字处理提出非常大的挑战，如在一些具有反讽意义的图像中，人工智能感知情绪能力还需进一步提升。

（三）微视频

随着媒介摄录技术的发展，视频化的媒介传播目前同样呈现"微"视频的传播特点，青少年群体大范围地使用短视频记录生活、进行社交。2013 年被称为短视频元年，秒拍、美拍、小咖秀、一条、二更、梨视频、抖音、快手、火山等短视频平台层出不穷。目前以抖音为首的短视频平台已成为仅次于微信的第二大社交平台，并且当下各大互联网应用都加入了短视频功能，包括微信的微视频，网络视频平台的微视频、购物软件的微视频、微博微视频等，这说明短视频传播已成为重要的网络传播方式。在短视频平台中，青少年群体通过发布短视频、点赞、评论、分享、私聊与他人社交互动。根据 CNNIC 发布的第 51 次《中国互联网络信息中心报告》，2022 年 12 月短视频用户规模为 10.12 亿，较 2021 年 12 月增长 7770 万，占网民整体的 94.8%。② 从短视频的内容题材来看，搞笑类题材是未成年网民最常看的内容，占比 66.4%；休闲类题材占比 49.7%，兴趣类题材占比 46.6%；学习类题材占比为 39.6%，略高于游戏类题材（38.3%）（见图 3-3）。③

---

① 彭兰. 表情包：密码、标签与面具 [J]. 西安交通大学学报（社会科学版），2019（1）：104-110, 153.
② 中国互联网络信息中心. 第 51 次中国互联网络发展状况统计报告 [R]. 2022：48.
③ 中国互联网络信息中心. 2021 年全国未成年人互联网使用情况研究报告 [R]. 2022：35-36.

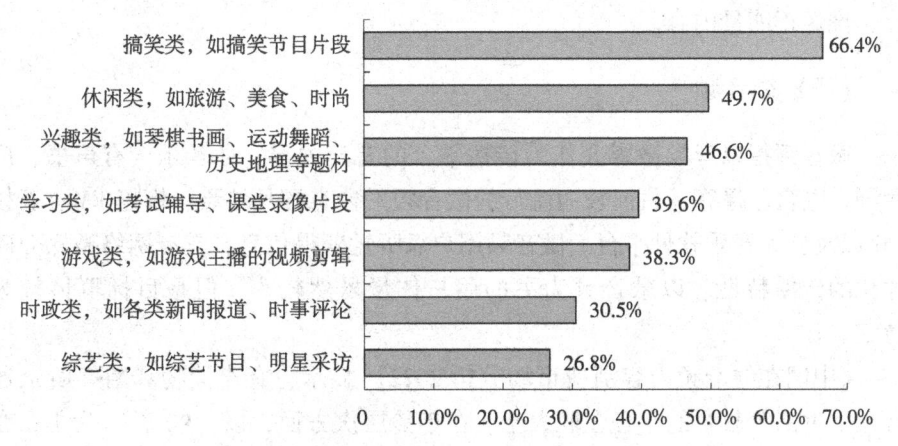

类型	百分比
搞笑类，如搞笑节目片段	66.4%
休闲类，如旅游、美食、时尚	49.7%
兴趣类，如琴棋书画、运动舞蹈、历史地理等题材	46.6%
学习类，如考试辅导、课堂录像片段	39.6%
游戏类，如游戏主播的视频剪辑	38.3%
时政类，如各类新闻报道、时事评论	30.5%
综艺类，如综艺节目、明星采访	26.8%

图 3-3　未成年用户短视频收看的内容题材

短视频平台的微视频传播为青少年群体带来了大量日常生活交往中的"梗"元素，这些"梗"甚至逐渐成为他们交流的日常"口语"，因此，把握短视频内容趋向才能更好地认识青少年网络意识形态。"短视频已成为一种媒介融合的实践语态、网络文化的当下图景、交互传播的应用场景、文化转型的技术镜像。"① 目前，个体积极参与短视频内容生产，带来全民短视频时代，短视频平台上充满了大量草根文化，同时也存在过度娱乐化、低俗化的特征，影响着青少年群体的价值认知。抖音在《2022抖音未成年人保护数据报告》中强调，自修订版《中华人民共和国未成年人保护法》实施以来，抖音升级了青少年模式、努力建设优质内容池、加大了平台健康治理的工作力度，如为14岁以下用户设置青少年模式、根据不同用户群体推送优质内容池、建立"事前预防—事中拦截—事后退款"的未成年消费保护机制，被称为"史上最严格的短视频平台未成年人保护机制"②。

抖音平台对未成年人保护机制的不断完善启发我们要加强平台治理，从而提高意识形态的引导效果。在意识形态引导工作中可以借鉴抖音等短视频平台去中心化的智能算法推荐内容和"机器算法+人工双重审核"策略，如面对青少年群体中流行的"丧文化"，可以根据青少年群体所发布的表达内容、公共界面互动的语言情绪建立相应的数据库，在关键节点进行适时的内容引

---

① 宋红岩. 微媒介与人的数字化生存方式重构 [D]. 哈尔滨：哈尔滨师范大学，2020.
② 何塞.《2022抖音未成年人保护数据报告》发布，97%未成年人充值24小时内退款 [EB/OL]. （2022-05-30）[2022-10-02]. https://www.cnii.com.cn/rmydb/202205/t20220530_384490.html.

导，推送正能量内容。

(四) 微音频

微音频指以音频微媒介作为传播平台的有声内容，如音乐、有声书、广播剧、电台、播客，目前较为流行的微音频平台有喜马拉雅、蜻蜓FM、荔枝FM以及各大音乐软件平台。微音频用户靠听觉获得信息，具有网络微媒介碎片化的传播特性。以微音频为主的用户体量虽然较小，但是目标群体较为稳定。

《中国在线音频内容消费市场分析2022》显示，有声读物和播客听众通常是受过高等教育的年轻在职人士。在年龄层次方面，以"90后"为主；在城市级别方面，超一线和一线城市用户比例将近60%；在消费能力方面，中高水平以上消费人群是当下的主流用户，占比高达70%。[①] 从数据中可以看出，微音频用户群体中大部分是青少年群体，虽然体量较小，但仍不可忽视。喜马拉雅App在2020年修改了青少年保护模式，增加了禁止未成年人使用私信、评论、圈子等社交功能，实现以内容防控为基础到社交、互动、影视信息的全方位防护覆盖。需要注意的是，对微音频的用户群体进行意识形态引导，除了在内容上发力，还应注重微音频应用场景。微音频的应用具有延伸性，如可以通过汽车、移动设备、智能家居、智能穿戴等设备实现微音频播放。在具体内容分发场景上，可以对音频生态体系进行大数据分析，加强车载设备、人居场景等物联网意识形态治理。

(五) 微网游

网络游戏是最受青少年群体欢迎的网络娱乐项目之一。近年来，以休闲为主、操作较为简单的互动微网游逐渐兴起。微网游种类较多、形式多样，非常受青少年群体喜爱，如王者荣耀、和平精英、第五人格、我的世界等。在具体的类别中，微网游也分为战术竞技游戏、角色扮演游戏、益智游戏。微网游不断发展成更"小而精"的"小程序手游"，如H5网页互动小游戏和流行游戏小程序。当下，游戏同样是青少年群体的重要表达方式，一些青少年群体的流行用语很多出自网络游戏，因此应注重对网络游戏中青少年群体的意识形态引导。

---

① 胡钰鑫. 2022年中国在线音频内容消费市场分析 [EB/OL]. (2022-01-24) [2022-10-02]. https://www.analysys.cn/article/detail/20020363.

流行手机游戏王者荣耀是传统电脑端游戏英雄联盟与 DOTA 的简化版，操作较为简单，设备较为常见，由于过于火热被称为"现象级手游"。以王者荣耀为例，在青少年保护方面，在《关于防止未成年人沉迷网络游戏的通知》规定的基础上，游戏平台不断加大对未成年人群体的保护力度。如限制游戏时长，王者荣耀禁止未成年用户在每日 22 时至次日 8 时玩游戏，并且在国家法定节假日对未成年人玩游戏时间进行限制，每日限玩 2 小时，非节假日每日限玩 1 小时。在未成年人用户消费方面，限制游戏充值用户的年龄，未满 12 周岁的用户无法在王者荣耀进行游戏充值；12 周岁（含）以上未满 16 周岁的用户，单次充值上限 50 元人民币，每月充值上限 200 元人民币；16 周岁（含）以上未成年用户，单次充值上限 100 元人民币，每月充值上限 400 元人民币。

网络游戏是一种复合型网络媒介产品，其既具有商品属性，又具有独特的文化属性，承载着各种意识形态内容，因此应加强网络游戏文化内容的监督与意识形态引导，维护我国意识形态文化安全。在互联网网络游戏产业的发展中，美国、日本、韩国等资本主义国家发展较快，中国发展起步较晚，因此游戏产业中的意识形态具有资本主义意识形态渗透的特征，如有国家利用游戏技术优势进行价值渗透。在网络游戏意识形态风险方面，有研究发现网络游戏具有威胁国家文化安全的隐患：在政治范畴，存在蓄意忽视国家主权的政治威胁，如游戏中的世界地图将我国大陆与台湾地区划分为两个国家；在价值观范畴，存在西方价值观入侵的文化威胁，如西方宗教观念经常出现在游戏中；在历史范畴，存在对歪曲历史事实的文化威胁；在身心健康的范畴，存在不良行为示范的文化威胁；在消费观念的范畴，存在引导不良消费观念的文化威胁。这种文化扭曲会潜移默化地影响游戏玩家的价值认知、思维判断、行为模式，影响玩家的人生观、世界观。[①] 因此，应注意互联网游戏中的意识形态危机，对西方国家在技术方面对网络游戏用户的霸权控制，我们也应该充分利用先进技术进行反意识形态垄断。当下，网络游戏的防沉迷实名认证系统的信息化建设已成为重要的国家科技创新项目，并有效建立了未成年人网络游戏电子身份认证体系。当下，应整合游戏公司在大数据方面的技术优势，努力建立国家级宏观管控的网络游戏大数据分析系统，使其成为一种新型的网络基础设施，为应用大数据引导青少年网络意识形态提供有效途径。

---

① 邹珏帆. 网络游戏中存在的国家文化安全威胁及应对策略［D］. 重庆：西南政法大学，2018.

第二节　内容分析：青少年主体的虚拟在场与社会在场

了解当代青少年群体作为网络"原住民"，在网络社会的传播内容具有怎样的特点，这些内容与青少年群体的网络生存具有怎样的关系，以及青少年群体的网络政治生活与经济生活、文化生活的网络话语参与特点及规律是什么，在此基础上有助于对青少年网络意识形态进行针对性引导。因此，本节将从青少年群体对网络热点事件的关注特征中感知青少年主体的虚拟在场与社会在场。

一、研究设计

（一）研究对象：青少年群体

首先确定青少年群体的年龄范围，一般认为，青少年包括青年和少年两个阶段，而对其年龄界定尚无统一标准。联合国界定青少年年龄为 15~24 岁，世界卫生组织界定为 14~44 岁，联合国教科文组织界定为 14~34 岁，国家统计局界定为 15~34 岁，公安部门界定为 13~25 岁，共青团则界定为 14~28 岁。考虑到我国具体国情和风俗习惯，应将青少年年龄界定为 14~28 岁最为合适。

（二）媒介选择：微博

本节的媒介平台以微博为主。《微博 2020 用户发展报告》显示，微博有超 2400 万月活跃大学生用户，在微博用户群体中"90 后"和"00 后"占近 80%，[①] 这部分年龄阶段的群体正是本研究的目标群体，并且微博作为一对多的广流量社交媒介平台，其数据较为公开，方便进行相应的数据分析。

（三）话题选择：2020—2021 年微博热搜榜单内容

微博热搜榜单即热门话题搜索排行榜，具体指在一定时间段内平台用户搜索量和搜索有效人数达到一定热度才可以上榜的一种平台资讯内容展示功能。简言之，热搜榜一定程度上代表着大部分用户所关注的内容。当下，新浪微博实时热搜榜的更新频率为每十分钟一次，对短时间内平台内容搜索量

---

① 新浪微博数据中心. 微博 2020 用户发展报告 [R/OL]. (2021-03-12) [2022-10-02]. https://data.weibo.com/report/reportDetail?id=456.

进行排序形成"热搜"。除了搜索热度,微博热搜榜单还存在相应监测机制,参与搜索的用户质量也是搜索参数的一部分。

(四) 研究过程

首先使用 Python 工具爬取 2021 年微博热搜数据,共获 111484 个样本,其次剔除重复数据,最终得到有效数据 10879 个样本,最后根据数据关键词使用 Pyecharts 进行可视化分析。

从 2021 年度微博热搜的关注话题可以明显看出(见图 3-4),青少年群体对社会事件、国家事件、娱乐八卦事件、体育竞技事件,民生类话题都有所关注,关注范围十分广泛。

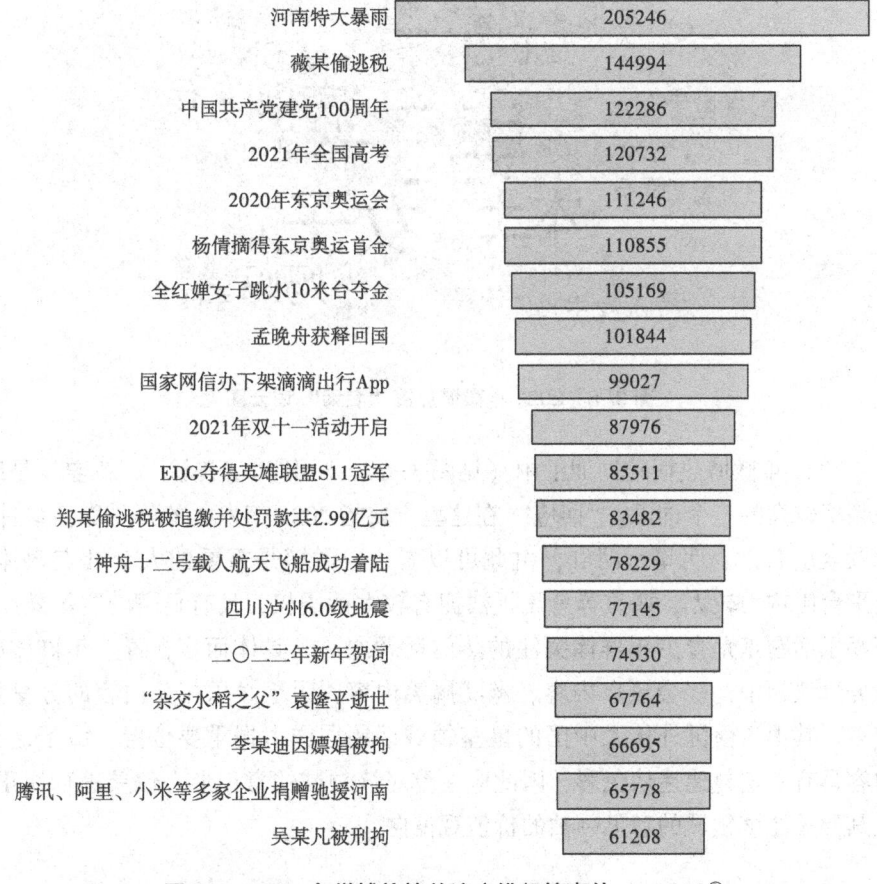

事件	热度
河南特大暴雨	205246
薇某偷逃税	144994
中国共产党建党100周年	122286
2021年全国高考	120732
2020年东京奥运会	111246
杨倩摘得东京奥运首金	110855
全红婵女子跳水10米台夺金	105169
孟晚舟获释回国	101844
国家网信办下架滴滴出行App	99027
2021年双十一活动开启	87976
EDG夺得英雄联盟S11冠军	85511
郑某偷逃税被追缴并处罚款共2.99亿元	83482
神舟十二号载人航天飞船成功着陆	78229
四川泸州6.0级地震	77145
二〇二二年新年贺词	74530
"杂交水稻之父"袁隆平逝世	67764
李某迪因嫖娼被拘	66695
腾讯、阿里、小米等多家企业捐赠驰援河南	65778
吴某凡被刑拘	61208

图 3-4 2021 年微博热搜关注度排行榜事件(top19)①

---

① 数据来源:知微数据与微博热搜数据。

从微博热搜词云图（见图3-5）中感知到，男子、女子、新冠等名词作为高频词出现在2021微博热搜中。近年来，青少年群体对男女性别议题的讨论较多，如"货拉拉跳车事件""滴滴司机事件"及"杨笠脱口秀"等涉及性别议题的资讯经常引发舆论。"性别平等"成为青少年群体关注的重要议题之一。从相关议题舆情事件受众分析中发现微博用户中受教育程度较高、消费力较强的女性群体更注重性别意识话题。此外，从"新冠""病例"等名词可以看出，2021年抗疫主题依旧是青少年群体关注的重要话题。

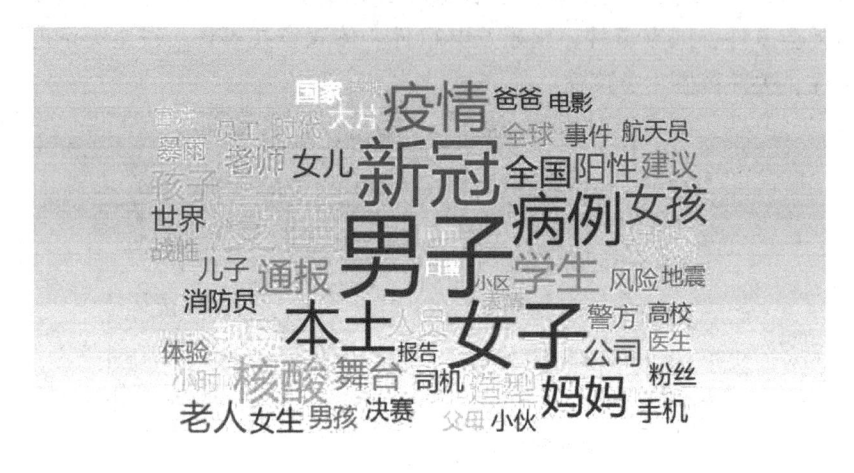

图3-5　2021年微博热搜"名词"词云图

2021年微博热搜动词词汇中（见图3-6），"回应""确诊""新增"是出现频率较高的三个词汇。"回应"在这里主要指2021年发生的娱乐舆情事件，涉及众多名人、明星、网红，由此可以看出，微博是重要的大众社交媒体，其平台影响力较大，明星等意见领袖拥有较大话语权，具有显著的明星效应。而娱乐话题正是青少年群体关注的热门话题之一。具体而言，青少年群体微博分享议题中，社会热点内容、幽默搞笑内容、明星娱乐相关内容的分享量较多。其中，由国外传入中国的星座领域话题同样占据重要位置，由于这类内容具有一定封建迷信色彩，因此应注重对该领域的意识形态偏差进行纠正，尤其要关注该领域的意见领袖的价值观偏向。

图 3-6　2021 年微博热搜"动词"词云图

二、具体分析

(一) 青少年主体的虚拟在场

"在场"作为海德格尔经常使用的哲学概念,是对存在研究的深化。信息时代下,青少年群体以信息化的媒介在场形式在互联网中实现社会生存,并且依托个体意识实现青少年主体的虚拟在场,这种虚拟在场主要体现为青少年群体通过社交媒体实现社会网络和身体的虚拟在场,并以虚拟的、多样化的身份参与到网络互动中,实现青少年群体的"在场、显现、展现、解蔽、敞开、此在"等显现意义。

"在场既是一种状态,也是一种关系:在场就是能够对其他在场者的作用或'刺激'做出应对,以及以自身的施动引起其他在场者的应对:一种交往性的、主体间性的实在关系。"① 相较于网络媒介中老年群体用户,青少年群体在网络社会中的在场状态呈现出常态化的虚拟在场。2021 年,我国大学生群体当中,45.8%的人日均使用手机时长为 3~6 小时,有 26.4%的人日均使用手机时长为 6~8 小时,② 长期使用移动电子设备的青少年群体甚至出现

---

① 赵婉琦,李晗. 国家和社会共同在场:公共卫生事件下社会动员机制研究 [J]. 中国卫生法制,2022 (1):30-35.
② 艾媒咨询. 互联网行业数据分析:2021 中国 45.8% 大学生日均使用手机时长为 3~6 小时 [EB/OL]. (2021-10-20) [2022-10-02]. https://www.iimedia.cn/c1061/81551.html.

"手机依赖症"。

网络社会在场已成为青少年群体的一种生存状态，青少年群体与网络社会构成显现存在的媒介关系，在"场内"呈现"观察者"和"应对者"的身份，彼此之间相互证明，互为在场。青少年群体在感兴趣的网络媒介平台中互动，以互动的形式完成网络社会的虚拟在场，并且这种虚拟在场隐含了各自的社会存在信息，从而实现了网络社会场域虚拟身份的"交互性"。信息化在场伴随着符号、图像等媒介形式，如在网络场域中，青少年群体通过文字、动画、表情包、视频表达观点，参与到网络社会舆论事件的讨论中。"媒介即人的延伸"，虽然个体处于真实生活中的不同情景，但互联网可以将身处各地的人们迅速聚集起来，产生聚合效应，人们共同关注某件事情，甚至作为圈层内的意见领袖参与其中。"文本使作者出场"[①] 可以很好地概括当下青少年群体的虚拟在场方式，但学者肖峰认为人的信息化在场还存在半在场的状态，这种状态是基于单向的信息化在场，缺乏互动性。这种特殊的网络在场状态同样具有网络社会在场的"虚拟性"，相较于互动性较强的个体，单向接受信息的个体的互联网痕迹较少，这为青少年网络意识形态引导提出较大的技术挑战；不过可以通过公开的信息记录判断其意识形态偏向。

青少年群体通过网络虚拟身份表达自我，这种虚拟身份的网络在场成为目前重要的互联网治理议题。当下，我国互联网治理呈现去匿名化趋势。北京、上海、广州、深圳等各个地方全面实施"后台实名、前台自愿"的网络平台用户实名制政策。2022年4月开始，部分互联网社交平台逐步开启"用户IP地址显示功能"。这种信息认证及显示机制既保护了青少年群体隐私，也有助于完善青少年群体的上网保护机制。

(二) 青少年主体的社会在场

青少年群体的网络社会在场不仅是时间、空间上的个体在场，同时也是个人真实社会网络的社会在场。网民在网络空间行使公民权利，履行其表达权、知情权、参与权和监督权，参与到社会公共事务的讨论中，除个人兴趣爱好话题外，这部分群体对社会热点事件也非常关注，尤其是涉及青少年群体的，如两会中的青年热点、大学生就业等相关议题。在网络社会中，青少年群体的政治在场主要体现为通过社交媒体参与社会公共事务，积极与官方

---

① 赵婉琦，李晗. 国家和社会共同在场：公共卫生事件下社会动员机制研究 [J]. 中国卫生法制，2022 (1)：30-35.

媒体探讨社会公平等议题，热衷于构建公平、公正的社会。

互联网技术的发展开启了国家数字治理的全新时代。政务微博和政务微信成为重要的公民政治生活、社会生活参与平台，社交媒体成为政民互动的有效渠道。青少年群体通过互联网平台参政议政，在社会公共治理上，表现出群体性特征。群体的政治意见表达可以推动政治民主进程，但也存在潜在的思想文化危机。特别是在青少年群体的网络生活中，出现了明显的民粹主义倾向，同时也受到"饭圈"文化越来越多的影响。"饭圈"文化是指"粉丝团"的文化，属于一种追星文化。在中国，追星的人群主要是十几岁到二十几岁的青少年，因此，"饭圈"文化也就是一种青少年亚文化现象。[1] 青少年"饭圈"群体之间经常发生网络舆论战，严重影响了网络环境的安全性。2020 年 8 月 25 日，教育部等六部门印发《关于联合开展未成年人网络环境专项治理行动的通知》，强调加大对"饭圈""黑界""祖安文化"等涉及未成年人不良网络社交行为和现象的治理力度。

互联网虽提供了平等、自由、开放的网络讨论空间，但是这个场域并非哈贝马斯和哈伦特所指的"公共领域"，公共领域即"这个范围是国家所不能触及的私人或民间活动的范围，是'政治权力'之外，作为民主政治基本条件的公民自由讨论公共事务、参与政治的活动空间"[2]。"互联网非法外之地"，虽然我国互联网场域提供了自由平等的对话空间，但网络空间的自由依旧是在法律限度内的，是相对的自由，同时在青少年群体的网络社会交往中，依旧存在话语权的高低问题。其中，青少年群体网络空间的话语权与现实生活的话语权存在关联，但并不是绝对的正相关关系，而是一种重构。微媒介时代，青少年个体拥有不同的垂直领域爱好，在多个平台都形成了相应的兴趣圈层，并且在不同圈层中其可能被赋予不同的意见领袖身份。因此，网络身份的话语权与现实话语权并不完全对等，这也是青少年个体社会身份在网络社会区隔下的特点。

由此可知，作为互联网"原住民"，青少年群体在网络社会中无论是社会身份、媒介习惯、话语表征，还是参与社会事务的方式都具有鲜明的时代特色。

---

[1] 吕鹏，张原. 青少年"饭圈文化"的社会学视角解读 [J]. 中国青年研究，2019（5）：64-72.

[2] 常若云. 公民社会参与在治理腐败中的功能及实现 [J]. 中共郑州市委党校学报，2011（4）：79-82.

第三节 安全分析：青少年网络主流意识形态的危机

青少年对网络主流意识形态的认同与国家政治安全和社会稳定紧密关联。但是，目前我国青少年对网络主流意识形态认同存在着形式化认同、教条化认同、边缘化认同等问题。因此，需要深入挖掘这些问题及其成因，以探寻青少年网络意识形态引导的最佳路径。

一、青少年网络主流意识形态形式化危机

（一）互联网话语主体出现价值观迷失

话语主体是整个话语表述活动的物质承担者，从广义角度分析，话语主体指的是话语活动过程中话语表述活动或者动机的主体。从网络社会角度分析，话语主体是意见首领、普通个体，是话语传承者与话语对象。由于网络平台的门槛较低，申请注册较为简单，在程序审核的具体标准方面也存在较多的漏洞，网民素质良莠不齐，有些网民在商业利益的驱动下会误导青少年，传播不良的意识形态，危害青少年身心健康。在网络社会中，存在部分影响社会主义事业发展的人员，他们借助网络随意散播谣言，发布低俗、庸俗、媚俗的信息，影响青少年身心健康，误导青少年价值观。

网络的开放性、低门槛性等特性使得网络群体内部呈现出多层次化的结构，网民缺乏统一的价值准则与行为操守，与此同时，网络内容审核、监察等多方面存在"木桶效应"，制约了新时代中国主流价值观在网络平台中的传播效果，影响了青少年正确价值观的培养。与此同时，部分自媒体在流量裹挟下丧失道德操守与职业准则，如户外主播"作秀"、网络大V为博眼球发表错误言论等，流量价值的华丽外衣遮蔽了社会主义崇高的价值原则、理想品质。这种基于工具理性的非理性行为，极大地影响了青少年正确的价值观、世界观、人生观的形成以及对主流意识形态的认同，因而容易出现价值观迷失危机。

（二）主流话语内容存在价值缺失

话语内容是话语权实现的核心，决定着话语的影响力及效仿程度。互联网因其大众化和通俗化而有着广泛的受众基础，但如果过度大众化与通俗化，

便会出现低俗化、媚俗化及泛娱乐化问题。尤其是当前泛娱乐化思潮在互联网上方兴未艾，主流媒体为了赢得用户，在语态方面也转向亲民、娱乐的方向，存在主流意识形态宣传泛娱乐化的风险，损害中国主流价值观的内在品质，影响青少年对主流意识形态的信仰。

泛娱乐化指的是网络媒体过度强调媒体信息的娱乐性，通过格调不高的噱头吸引群众，使其内在的价值品质缺失。虽然娱乐化是网络媒体的一大优势，也符合群众生活发展的需求，对于传播社会主义价值理想，培育与践行当代中国主流价值观具有较强的推动意义，但是，如果无法掌握通俗与娱乐的尺度，过度和越界的娱乐化会潜移默化地影响青少年群体的意识形态，麻痹个体的精神追求，导致个体丧失道德追求与社会主义理想信念。比如，"选秀造星"类网综以颜值为唯一评判标准，社教类节目也增加轻薄与浮夸的娱乐元素等，青少年群体被裹挟在娱乐化浪潮中。当下主流媒体在泛娱乐化的网络信息之中，逐渐丧失部分话语权，丢失部分网络话语阵地。公众话语以娱乐的方式展现，并有逐渐成为一种文化精神的风险，而有些政治、宗教、新闻、教育等内容也逐渐沦为娱乐的附庸，压缩了当代主流价值观的生存空间，导致青少年主流意识培养受到消极影响。

尼尔·波兹曼在《娱乐至死》中提出"人类将毁于我们所热爱的事物"[1]，正如当今的青少年的价值观正受到泛娱乐化思想的侵蚀。由于部分主体价值缺失与监管不到位，当今热门的网络直播平台中充斥着一些低俗、媚俗以及庸俗的直播内容，"喊麦""PK"以及"口头谩骂"等行为屡禁不止。部分青少年群体深受这些扭曲内容的荼毒，逐渐丧失了对网络信息内容的价值判断力，甚至被一些低俗的价值观念同化，以网络短视频直播等情境中的价值标准来评判现实，导致道德的堕落及自我意识的丧失。

二、青少年网络主流意识形态教条化危机

（一）青少年网络意识形态教育研究薄弱

尽管学术界对青少年网络安全教育问题越来越关注，特别是在网络意识形态教育方面，但仍未形成系统且完善的理论体系。与网络意识形态教育本身的重要性和深刻性相比，还存在欠缺之处。这也成为影响青少年群体网络意识形态培养效果的深层原因。以爱国主义教育研究为例，爱国主义教育作

---

[1] 尼尔·波兹曼. 娱乐至死 [M]. 章艳, 译. 桂林：广西师范大学出版社, 2009.

为意识形态教育最为基础的内容，却存在理论引导相对欠缺的问题。爱国主义不仅是处理个人与国家关系问题的基本道德准则，也是政治原则。然而，在当前的爱国主义教育方面，仍然存在一些问题。其中之一是过于关注朴素情感而忽略爱国主义的理性认识；另一个问题是重视特殊意义的爱国主义教育内容，而忽略了与其他意识形态的比较分析，这导致爱国主义教育中的理论研究相对薄弱，在意识形态工作中缺乏有效的理论指导。

(二) 青少年网络意识形态教育内容缺乏深度

目前，随着青少年网络意识形态教育地位与作用的不断提升，其内容也不断丰富，包括青少年的理想信念、精神品格、责任担当以及纪律法律等多方面的内容。然而，这些教育内容要真正为青年所理解、认同、接受，内化于心、外化于行，仍然存在一定的不足。

首先，教育内容层次结构的研究不足，导致真理性内容被简化呈现。目前，青少年网络意识形态教育主要是抽象和概括性描述，还未形成适合青少年群体实际的完整、独立且内涵明确的意识形态教学内容体系。在教育实践中，仍然存在一些陈旧和落后的内容，其设置往往缺乏准确性，变动也较大，这未能真正突出意识形态教育的核心要点。与此同时，在宣传网络安全等理论知识时，还需要进一步完善基础意识形态问题及素养教育内容。一些教育宣讲人员存在灌输式教学和生硬解释的问题，导致真理性内容被过分简化，无法灵活运用和转化为客观实用的道理，这在复杂世界中会出现解释不通或解释错误的情况，从而影响青少年网络意识形态教育的质量。其次，教育内容与现实实践存在脱节，使得真理性内容虚化与固化。目前，社会主义现代化伟大实践对青少年网络意识形态教育提出了新的要求，迫切需要教育内容与时代接轨，与青少年的思想实际同步。尽管教育主管部门和理论界都积极倡导教学质量的提高和内容更新，但在工作中仍存在理论脱离实际的现状。具体表现为宣讲教育过程中固守教材体系，与我国经济社会发展、国际情势变化和青少年思想困惑缺乏密切联系，使真理性内容被过分简化、离散化，无法充分展示青少年网络意识形态教育内容的真正魅力。这导致有些青少年缺乏学习和接受主流意识形态的积极性，甚至出现抵触情绪。将理论过度简化后的宣讲，很难与广大青少年的网络意识形态思想结合，难以让他们产生心理共鸣，从而导致教育内容缺乏可信度和认可度，进而影响青少年网络意识形态思想教育的效果。

(三) 青少年网络意识形态教育途径有待优化

多年以来，我国青少年网络意识形态教育运用多样化的途径，取得了良好的成效。但是由于传统宣讲很难与时代的发展相结合，教学效果未能达到理想状态。首先，宣讲教育缺乏有效沟通，忽视青少年的主体地位。目前青少年网络意识形态教育和青少年思想政治课堂教学，主要运用说教方式，这种照本宣科的教学方式使得青少年互动交流较少，容易引起有些青少年对宣讲活动的厌倦与抵触情绪，导致网络意识形态教育效果不佳。其次，社会实践教学存在诸多困境。相较于利用课堂宣讲的传统方式，社会实践的教学方式更具趣味性与体验感，比如带领学生观看爱国主义影片、做相关专题活动等，这些方式更具有震撼力与吸引力，可以增强青少年政治忠诚教育的实效性。但是由于组织、经费及安全问题，现阶段开展网络意识形态社会实践教育还存在较大的难度。最后，网络育人资源的开发和利用还存在不足之处。利用网络新媒体开展青少年网络意识形态教育是符合时代特色以及青少年心理偏好的。我国已经建立了相当规模的网络体系，各党校，大、中、小学，科研机构以及旅游景区等已建立了红色网络，充分利用网络新媒体的意识形态教育功能，但仍需要进一步完善。传统媒体与网络新媒体尚未实现有机融合，缺乏有效的互动。传统媒体如校园广播主要报道日常工作，未能与校园网深入融合成为新媒体意识形态领域的教育资源。另外，网站的吸引力不足，虽然共青团等负责青少年网络意识形态培养的部门建立了相应的网站，以专题形式涉及了青少年工作、马克思主义理论教育等，但内容主要集中在规章制度、活动通知以及消息报道等方面，缺乏与网络意识形态相关的教育内容，仍需进一步整合和深化。同时，网站的互动性不足，供师生参与讨论、发表意见、进行沟通的平台较少，使得有些青少年学生对这类教育网站的兴趣较低。

现阶段我国已经构建了较为基础的网络意识形态教育网站，各类学校、图书馆以及新闻网站等都不断尝试突出网络思想教育、爱国主义教育等内容。但是由于各级党校、学校机构、图书馆等之间的联系不足，内容传播形式有限，先进经验未广泛推广，影响了各相关机构资源的优势互补。因此，亟须建立健全网络意识形态教育体系。

三、青少年网络主流意识形态边缘化危机

伴随着大数据技术在各行各业的应用，意识形态传播领域突破了时间与

空间的限制，使得历史虚无主义等社会思潮滋生，青少年网络主流意识形态出现边缘化危机。例如，西方敌对势力否定中国社会主义道路与社会主义制度，企图用资本主义来撼动社会主义的地位，削弱社会主义意识形态的影响。这些不良信息会给部分青少年群体带来错误的意识形态认知，影响其价值选择和行为选择，继而危害社会稳定。

（一）存在红色文化信仰危机

受外来文化影响，部分青少年对红色文化的认知程度不高，从而导致红色文化信仰危机。造成这种危机的原因主要有三个方面：其一，存在红色文化传播误区，导致红色文化在发展过程中偏离了正轨，一些否定历史或虚无历史的价值观冲击了青少年的价值观念。互联网信息环境复杂多变，缺乏明确的网络监管，导致互联网平台之中出现了一些与红色文化信仰相悖离的言论，扰乱了红色文化传播秩序。其二，红色文化网站的思想政治教育与舆论导向功能发挥不充分。随着青少年对红色文化的要求及认知层次不断提高，各红色文化机构在传播过程中对于青少年的教育不够重视，其感染力与号召力都受到了一定程度的影响，继而导致青少年在主流意识形态领域的学习劲头不高、学习深度不够。其三，部分青少年对于红色文化的接受程度不高。尽管青少年群体是传承和保护红色文化的主体，但由于互联网平台信息冗杂多样的特点，红色文化并未深入部分青少年的视野，导致其对红色文化了解不足、认识水平较低。由此可见，红色文化信仰危机是青少年网络意识形态领域的重要问题，亟待提高关注度，寻找有力的解决路径。

（二）西方国家意识形态渗透问题严峻

习近平总书记在中央网络安全和信息化领导小组第一次会议上强调："网络安全和信息化是一体之两翼、驱动之双轮，必须统一谋划、统一部署、统一推进、统一实施。我们建设网络强国，在全面加强信息化建设、确保信息基础设施安全的同时，必须高度重视构建网络社会治理体系、确保网络意识形态安全，不断增强网络安全保障能力。"在全球化进程中，互联网已经成为西方国家渗透、鼓吹其意识形态的主要工具。首先，一些西方国家通过抨击我国互联网的管控制度，声称其违反了民主和自由的原则，并试图向我国不断渗透网络自由的观念。例如，美国曾借"谷歌退出中国"事件，批判我国政府的网络治理措施，并借助国际舆论对我国政府施加压力，试图通过各种手段减少我国政府对互联网的管控，以此进一步渗透资产阶级思想。其次，西方势力通过散布谣言和渲染我国热点敏感事件，干涉我国的民族和宗教事务，煽动并夸大我国的社会矛盾，蓄意引起群众的不满情绪。尤其是近年来，西方敌对势力在边疆地区开展破坏社会稳定的活动，传播不实消息、抹黑中国形象，意图以此压制中国的崛起。最后，西方的不法分子试图通过滥用合法身份和热点传播方式增强其影响力，进一步扩大我国负面舆情的传播。此外，还通过建设中文网络与网页、加强技术研发、开发攻击渠道等手段，不断利用网络技术渗透我们的思想。比如，一些媒体在被境外势力收购之后，成为他们渗透话语的工具，篡改了日军侵华历史，破坏了部分青少年爱国主义思想及正确价值观的培育体系。除此之外，西方资本主义国家还通过创新性与隐蔽性的价值观传播方式实现意识形态渗透，例如，借助好莱坞大片、动漫、餐饮娱乐等展开经济掠夺，美化西方文化，想瓦解青少年理想信念。当代中国在意识形态斗争领域方面可谓内忧外患，青少年网络意识形态引导工作存在大量困境。

第四章

大数据时代青少年网络意识形态的跨媒体传播及其风险

网络技术发展至今，大数据技术被广泛运用，不同平台之间的数据共享和数据互动构成了大数据时代全新的信息跨媒体传播或全媒体传播机制。互联网是青少年群体分享、互动和交流的重要平台，在这一背景下，青少年网络意识形态形成数字化、网络化的交互式传播，呈现出新的特点与风险。

第一节 青少年网络意识形态的跨媒体传播机制

青少年网络意识形态的跨媒体传播机制，既有大数据时代网络信息跨媒体传播的普遍性，又与青少年这一群体的特殊性存在较大关联。当下互联网发展的主要趋势是去中心化和扁平化，这意味着互联网为用户营造了一个"人人皆可发言"的场景，但事实上其中仍然存在着流量集中的头部资源，可以说"与其他组织和交流模式相比，网络并没有更加平等、民主、开放、自由、亲切、不需要条件或减少人们的社会联系"[①]。因此，用户的网络意识形态不可避免地受到这些头部资源的影响，但与传统媒体不同的是，网络平台并不是单向性地输出信息，相反用户能够在网络上通过互动、交流的方式对信息予以反馈，这种"头部信息+用户反馈"的形态正是大数据时代用户网络意识形态跨媒体传播的主要模式。

---

① 简·梵·迪克. 网络社会：新媒体的社会层面 [M]. 2版. 蔡静, 译. 清华大学出版社, 2014.

一、青少年群体的网络使用动机

被称为"Z世代"（1995—2009年出生的一代人）的青少年是当下互联网的"原住民"，并成为互联网生态中的重要主体。从青少年用户的主体行动来看，青少年互联网使用受年龄、社会角色等因素的影响，主要偏向教育学习、交流活动和游戏娱乐，且对网络平台的依赖越来越强。

在教育学习方面，在新冠疫情期间，网课成为青少年网络生活和学习生活的重要形式。据2022年第11次中国未成年人互联网运用状况调查结果显示，城市、乡镇、农村青少年进行网络课堂学习的比例是15.7%、13.0%、11.49%。[1] 除了直接将传统课堂教学内容转移到网络平台外，教育部还明确提出教师应当正确引导、积极鼓励学生接受网络信息技术的帮助、发展积极主动学习的能力和态度，进而诞生了微课、慕课、云课堂、智慧树等多个新型的网络学习资源平台。网络学习平台能够整合网络信息资源，学生可根据自己的实际情况进行自主学习，能够对教学及教学内容进行延伸和辅助，已经成为当下青少年学习生活的一个重要补充手段。[2] 除了知识学习之外，以学习强国App、青年大学习、校园官方公众号等为首的思想学习平台承担了传播主流意识形态的主要任务，在青少年的学习生活和日常生活中也扮演着重要的角色。

在交流活动方面，从十余年前的人人网（校内网）、QQ空间到豆瓣小组、微信朋友圈等，大量以人际交流为主的社交媒体应用或互联网平台在青少年的人际交往中扮演着重要角色。与此同时，微博、小红书等带有社交性质的开放性网络平台不仅成为青少年交友交流活动的主要阵地，还成为青少年自我认知、自我展示的重要平台，影响着青少年的成长与发展。值得注意的是，在青少年使用社交媒体的过程中，存在被动使用和主动使用两种情况，研究指出被动性社交媒体使用会对青少年的认知和心理健康产生影响。[3] 因此，网络主流意识形态引导工作应重点关注青少年在社交媒体使用过程中受到的影响。

---

[1] 方勇，季为民，沈杰，等. 青少年蓝皮书：中国未成年人互联网运用报告（2022）[M]. 北京：社会科学文献出版社，2022.

[2] SHIEH, DAVID. These lectures are gone in 60 seconds [J]. The Chronicle of Higher Education, 2009 (26): 1-13.

[3] 代宝，杨泽国，张鹏金. 被动性社交媒体使用对青少年心理影响的研究进展 [J]. 中国学校卫生，2022 (5)：690-695.

在游戏娱乐方面，互联网上大量的视频、音频、网络小说和游戏等为青少年提供了丰富的娱乐休闲内容，同时也相应地形成了追星、饭圈、水军、职业玩家等多种互联网语境下的群体圈层，而青少年则是这些群体行为的主要参与者。需要注意到，在娱乐游戏平台背后，资本与大数据、算法技术相勾连，旨在推动消费主义，将信息获取者转化为产品用户，因此互联网平台上的内容存在泛娱乐化倾向。阿多诺和霍克海默将这种信息生产称为"文化工业"，麦克唐纳认为先进技术使生产足够数量的廉价产品来满足市场成为可能，这种信息传播的驱动力来自商业利益。[1] 对青少年而言，这种泛娱乐化倾向的内容具有较强的吸引力，《中国未成年人互联网运用报告（2021）》显示，使用网络付费充值功能呈现低龄化趋势，2019年国家互联网信息办公室推动主流短视频平台上线"青少年防沉迷系统"，也称"青少年模式"，[2] 正是针对青少年网络应用泛娱乐化采取的措施。

二、青少年网络活动的传播方式

互联网平台具有共享性和互动性，信息的"上传"和"下载"构成互联网信息及其传播的条件，"人的时间和行为越来越紧密地被整合到电子交换的参数中。"[3] 参与度成为数字化时代平台的生存之本，互联网平台的发展离不开基数庞大的用户群体。

数字化时代，信息的传播与商业、文化、经济紧密结合，同时高度关注用户的参与度。2012年，清华大学新闻与传播学院发布了《移动互联网蓝皮书：中国移动互联网发展报告（2012）》，[4] 报告指出，智能终端的普及和移动互联网的建设极大地改变了人们的社会生活，重新配置了社会资源。报告特别强调了移动互联网对人际交往的重大影响，指出移动社交平台的发展令人际关系的拓展、联络变得极为便捷。与此同时，人们的社交活动和人际关系也日益依赖于移动社交平台，而青少年正是这种网络信息传播活动的主要

---

[1] 马泰·卡林内斯库. 现代性的五副面孔：现代主义、先锋派、颓废、媚俗艺术、后现代主义[M]. 顾爱彬，李瑞华，译. 北京：商务印书馆，2002.

[2] 吴清，李正豪.《青少年蓝皮书：中国未成年人互联网运用报告（2021）》：赓续网络强国重任 建设适宜未成年人成长的互联网生态[EB/OL].（2021-10-01）[2022-10-02]. https://cj.sina.com.cn/articles/view/1650111241/625ab30902000zbb5.

[3] 乔纳森·克拉里. 24/7：晚期资本主义与睡眠的终结[M]. 许多，沈清，译. 北京：中信出版社，2015.

[4] 唐胜宏，官建文，许丹丹. 中国移动互联网发展报告（2012）[M]. 北京：社会科学文献出版社，2012.

第四章　大数据时代青少年网络意识形态的跨媒体传播及其风险

参与者。

根据互动程度，青少年网络传播活动基本可以分为以下三类：

（1）单向传播：单向操作与算法反馈

所谓单向传播，即青少年作为网络信息的发布者、观看者或下载者，只单向地完成传递或接收信息的一个步骤。这是一个网络信息传播中最简单的过程，在互联网平台提供的操作上主要表现为关注、被关注、支持、点赞、"踩"等单向性行为。

在传统互联网平台上，无法通过单向传播的网络活动获取用户多样化的信息数据；但在大数据时代，用户的单向性行为可以和平台形成互动，这种互动是通过大数据和算法技术实现的。换言之，即使是单向性的传播也能够为平台提供用户侧写，如用户的年龄、性别、生活区域等都可以成为初步定位用户画像轮廓的基础。青少年用户在互联网平台上注册时填写的年龄和性别信息是其互联网用户画像卡片的基础分类，每次点击、对内容的选择性观看以及用户对信息内容的关注、点赞等，都构成了其在互联网平台上留下的"足迹"。相对于其他年龄层的互联网用户，青少年用户接触网络更早、在互联网平台上留下的"足迹"更加清晰。关于互联网平台基于大数据进行的新闻传播算法处理，《一种基于大数据处理的新闻传播方法》指出首先需要收集用户在互联网公共平台留下的"足迹"，统计用户在互联网平台点击和搜索频率较高的关键词并予以归类；其次要在大量的新闻信息中爬取出能够对应和铆合的内容，形成信息需求的嵌套匹配；最后通过综合评估的方式修订或补充相关信息，实现精准推送。[①]从这一角度来看，青少年用户在网络上留下的"痕迹"决定了互联网平台对用户的"测评"结果，事实上，在《中国未成年人互联网运用报告（2021）》中已经提到"广告是为所有年龄层的未成年人带来最大风险的主要来源"[②]，而这些广告恰好是根据青少年用户在网络平台上的活动"痕迹"生成与推送的。

（2）双向传播：关系建立与好友互动

钱伯斯在《社交媒体与人际关系：在线亲密关系和网络化友谊》中指出，青少年"天生数字化"的特征自然化了青少年与新媒体的联系，这些"数字

[①] 王微，梅晓春，孙立文. 一种基于大数据处理的新闻传播方法 [P]. 河南省：CN112328861A，2021-02-05.

[②] 吴清，李正豪.《青少年蓝皮书：中国未成年人互联网运用报告（2021）》：赓续网络强国重任 建设适宜未成年人成长的互联网生态 [EB/OL].（2021-10-01）[2022-10-02]. https://cj.sina.com.cn/articles/view/1650111241/625ab30902000zbb5.

原住民"比"数字移民"更容易接受网络社交媒体及其交友方式。① 从技术层面来说，移动互联网端的迅速普及和发展已经深入影响了人们的生活方式与思维方式，也逐渐模糊了虚拟社交与现实社交的边界，极大地提高了人与人之间信息交流的效率。

为了实现移动互联网端的社交活动，社交平台要求用户提供年龄、性别、地区甚至性格、爱好等信息，平台根据这些内容对用户进行形象侧写和关系连接。经研究表明，大部分移动互联网端的社交平台都"支持维护已有的社交网络"，但社交平台与线下社交的一大区别就在于互联网移动平台会根据共同的兴趣、政治观点或活动帮助陌生人建立联系。② 因此，移动互联网端社交平台的兴起与发展使"用户标签化"与"虚拟社交"紧密联合在了一起；另外，对青少年而言，网络社交媒体提供的数据标签也是其自我展示和自我认知的方式。

从移动互联网端用户社交行为的特征来看，其社交平台综合了线下"真实世界"和互联网"虚拟世界"的部分社交元素。总体来看，移动互联网端社交平台除了为多媒体资料实时传递和用户交互行为提供技术支持，还允许用户设立互联网虚拟人格、形成好友圈以及独特的文化。移动互联网端社交平台也基于这些全新的社会文化发展出一套属于自己的语言交互体系和逻辑，包括emoji（表情包）、点赞、评论、"踩一脚"、屏蔽等各种与传统社交语言、文化不同的独立文化逻辑，为"数字原住民"提供了更为丰富的交流符号。

（3）多维度传播：编织关系网络和形成圈层文化

在青少年网络活动中，多维度传播亦即形成复杂的关系网络，既是其互动行为的最终体现，也是青少年跨媒体传播的结果。随着移动互联网的普及，社交网络从电脑端转移到移动设备端，信息交流的时效性大大增强，社交活动的地域范围也得到拓展。无论是国外的MySpace、Facebook、Twitter、ins、Bebo，还是国内的微信、微博、知乎、豆瓣、Soul，这些社交平台多是由即时通讯服务工具、社区网站、论坛工具、博客服务等发展而来的，但其最终形态都呈现为用户多媒体交流的社交平台。青少年"游牧"于这些平台上，能

---

① CHAMBERS D. Social media and personal relationships: Online intimacies and networked friendship [M]. Springer, 2013.

② BOYD D M, ELLISON N B. Social network sites: Definition, history, and scholarship [J]. Journal of computer-mediated Communication, 2007 (1): 210-230.

够交叉获取信息并完成信息的跨平台传递，更重要的是，平台间的用户数据共享为青少年跨媒体交流提供了基础。

从表面上看，青少年通过互联网平台拓展了人际关系；从深层次看，大数据时代的信息推送机制已成为背后看不见的"手"，影响着青少年人际关系网络的泛化编织。相较于传统线下交往逻辑，线上交往更倾向于随机或链式的交互，人们往往因兴趣而结为趣缘群体，从而形成圈层文化。但在大数据的语境下，由于跨媒体传播机制与用户偏好协同构成的圈层文化是"非自由的""非自然的"，[1]无论是单向传播还是双向传播，抑或是多维度传播都会受到社交媒体平台的制约和规训，对青少年的认知和行为产生不利影响。

三、青少年网络意识形态跨媒体传播的语言

随着数字时代新媒体的兴起，越来越多的新型平台如网站、论坛、博客、微博等应运而生。这些平台具备多媒体内容的高度兼容性，可以适应移动互联网端的信息传播与接收需求，通过文字、声音、图像、视频等多元符号提供高效的信息传播服务，以满足用户的需求。[2]在这些互联网信息平台的交互式发展中，逐渐兴起一种独特的互联网专用语言交流模式，其是"游离于主流现实语言环境以外的变异语言形式"[3]。这种语言形式首先从个别词汇、句子开始，逐步发展为一整套语言体系，具有其独特的语词、语法甚至语音体系，也就是网络用语。对作为"数字原住民"的青少年而言，网络用语与日常用语同样是生活中重要的、不可或缺的一部分。

（一）青少年跨媒体传播的网络语言形态

从广义上来说，网络用语是与网络有关的一切语言词汇，是在网络上用于交流的各种符号。互联网时代的媒介传播呈现出内容碎片化、话题性强、互动性强的特征，这种交互性特征导致了互联网语言"去中心化的、多元话语的网络舆论传播模式"[4]。青少年的网络交流活动形式多种多样，其中包括以视频弹幕为代表的批注性互动、以短视频为代表的多元传播互动以及以微

---

[1] 朱田园. 当代审美文化圈层固化现象研究［J］. 文学教育（上），2021（1）：145-147.
[2] 吴果中，聂素丽. 论新媒体语境下红色文化传播网络的建构［J］. 湖南行政学院学报，2015（3）：31-34.
[3] 李立新. 网络语言研究［D］. 西安：陕西师范大学，2007.
[4] 陈晓伟，董烁. 嬗变、冲突与重构：新媒体视域下的网络舆论［J］. 中国编辑，2021（5）：34-38.

博、微信等平台为代表的社交互动。这些形式都是互联网交互文本的主要方式。以视频弹幕为例,以青少年为主要目标用户群体的哔哩哔哩(Bilibili)动画平台将弹幕和改编作为平台的主要信息元素。对青少年网络用户而言,视频弹幕可以说是一种跨媒体平台网络语言的有趣体现:视频弹幕是一种基于同一平台、同一视频文本,在不同时空的用户之间直接交流和表达情感的方式。弹幕通过互动、对答、重复的方式呈现出观众的情感和思想的联系,这些联系被用来形成在社交媒体上流行的网络文化"梗",这些"梗"可脱离视频文本直接传播,[①]甚至衍生出一系列的流行文化,增加影视戏剧作品的附加文化意义。互联网的跨媒体话语建构还具有"话语赋权"的意义,[②]并衍生出更多创造性的内容,例如动图、表情包等——如从电视剧《神探狄仁杰》中衍生出"元芳,你怎么看"这句台词,并围绕这一完全诞生于互联网跨媒体传播语境下的新语言词汇衍生出新的热门话题。

(二)青少年网络语言泛化及其负面影响

青少年在网络语言的形成和应用上,展现出了极强的语言延展与创造能力,但大数据时代网络世界与现实生活的界限极为模糊,这也就导致了从网络交流中诞生的网络用语逐渐反客为主,进入现实生活。对年龄较小的青少年网络用户而言,网络用语及其泛化使用对其语言习得和语言体系的建构形成了一定的威胁,且网络用语中蕴含的不良价值观也会对青少年群体产生不利影响。

网络语言泛化的直接影响对象是7~16岁的中小学生,这正是儿童建立健全语言体系、获得并完善语言表达能力、习得文字阅读理解能力的重要年龄区间。而网络用语无孔不入,极大地影响了中小学生的语言体系建构,参与了中小学生的语言习得过程,并且最终反映为中小学生日常用语习惯发生改变、对传统正规语言体系习得出现困难、对经典文本的阅读理解出现偏差、在作文写作时出现用词、用语不规范的情况。对中小学生之外的青少年互联网用户而言,网络用语中的缺省造词法、叠词滥用和不文明用语也对其日常话语体系的建构形成一种入侵。所谓缺省造词法,是指将原先应当属于一句话甚至多句话的内容分别提炼出一个字,形成网络上的"新词汇",譬如"人艰不拆""能好怎"等。这种词汇在传统的汉语语言体系中是不存在的,且这

---

① 王艺轩. 综艺流行语"梗"文化传播模式探析 [J]. 传媒论坛,2021 (5): 126-127.
② 赵志勋. 短视频提升传统媒体传播力路径建构 [J]. 中国出版,2020 (24): 36-38.

些字符的排列无法构成真正有意义的词汇，但由于网络用语极易激起热点并被广泛传播，因此从一个词的诞生到普遍使用，比过去一个新词汇的诞生周期要短得多。

叠词滥用则是在网络用语中为了表达强烈情感或表达有趣、可爱的态度时，刻意将日常用语中的单字词汇转变为叠词，或者将一个双字词汇转变为单字叠词，譬如以"吃饭饭"来代替"吃饭""买什么东东"来代替"买什么东西"。叠词本来是儿童口语中较为喜欢使用的词汇，在日常生活中叠词滥用容易加剧青少年审美低龄化的特质，影响理性与缜密逻辑的形成与应用。

另外，网络语言中的不文明用语与普通人日常生活中的"脏话"也有一定的区别：从社会语言学的角度上来说，脏话是一种客观存在的文化元素，但普通人在社会文明的规训下会尽量避免使用这些词汇；在网络用语中，由于明显的脏话通常会被过滤或者打码，因此网民通常会采用"谐音变形"的方式，仅保留原先的近似读音，使得原先一看便知的脏话变成看似无害甚至幽默的文字，譬如，网络中流传甚广的"药店碧莲""去年买了个表"等，这些粗俗、恶劣的语言隐藏在看似无害的普通文字之下，使得"说脏话"在青少年网络用户的日常用语体系中成为一种无所谓的甚至是展现幽默感的方式，对日常的话语表达和价值观形成危害。

四、青少年网络意识形态跨媒体传播特征

（一）圈层化传播

"Z世代"被视为伴随移动数字化时代的崛起而成长的一代，在文化消费上具有个性化、去中心化、圈层化的亚文化特征。[①] 作为互联网"原住民"，青少年在互联网平台的追星、追剧、关注二次元等活动常常形成以互联网社交平台为依托的圈层，这些亚文化圈层的"圈内人"往往会通过语言游戏的方式创造出一个自足的、自我阐释的内在交流系统，这一交流系统通常以语言的谐音、缩写，图像的符号化等方式维持，这种较高的语言交流门槛满足了小众圈层"圈地自萌"的需求。[②] 目前互联网中的"饭圈"文化、"腐女"文化、"二次元"文化甚至汉服文化等都是较为封闭的亚文化圈层的代表。以

---

① 丁合蓉，董子涵. Z世代青年亚文化消费表征与动因探析 [J]. 中国报业，2021（16）：110-111.

② 陈龙，李超. 网络社会的"新部落"：后亚文化圈层研究 [J]. 传媒观察，2021（6）：5-12.

二次元文化为例,这种小众亚文化本身是一种与主流文化对立的、圈层化的结果,为了保持圈层化的特征,核心粉丝成员通常会设定一种仅在某一语境中生效的"二级语言系统",形成较高的圈层语言门槛,最终形成圈层壁垒。

青少年网络活动的圈层化折射出青少年既追求个性,又渴望交流的心理。互联网为青少年提供了情感投射与自我容纳的空间,为各种亚文化的繁荣发展提供了肥沃的土壤,趣缘群体在圈层化传播中进一步强化了亚文化的圈层壁垒。对亚文化圈层的核心粉丝而言,亚文化的"出圈""破圈"既令他们感到骄傲,也令他们对异质性粉丝的涌入感到担忧——当一个亚文化群体决定"圈地自萌"的时候,也就是对其他群体发出的小心翼翼的警告——我的观点仅限于这个文化圈层内部,与他人无关,甚至与社会普遍的常识、道德乃至法律均无关,这一观点不会用于圈层外的其他人,也绝不强迫其他人分享这一观点。与此同时,其他人几乎不会涉足和评价已经形成文化圈层的亚文化群体,否则可能会遭到严重的攻击。

(二) 自我意识凸显

在网络社会中,海量的信息以音频、视频等多媒体形式飞速传播,通过各种传播渠道涌入用户视野。青少年在网络跨媒体互动中,倾向于利用互联网生态凸显和展现自我意识,这使得青少年更容易接受互联网提供的虚拟事物与抽象概念。米歇尔·德塞尔托将文化活动的接收者视为"偷猎者",认为接收者与创作者之间存在不对等的身份关系,两者之间意识形态的传递与抵抗是拉锯式的。德塞尔托的文化权力逻辑受福柯的影响,他认为文化活动的发起者和创作者是具有语言和意识形态传播权力的一方,但接收者可以通过独立思考进行抵抗。[1] 在互联网的跨媒体互动中,青少年是互联网虚拟信息的主要接收者,但这并不意味着青少年不具备独立思考、自我认知和建构的能力,相反,他们是具有一定的自我意识的。

符号学认为符号与现实之间即能指与所指,人在文化中赋予某些事物以抽象意义,继而这件事物便成为带有特殊内涵的"符号",并承载着某种文化或思维。在网络传播中,青少年利用主观能动性对网络平台虚拟内容进行解码和建构,凸显了自我意识。赵毅衡先生在《哲学符号学》中进一步分析了艺术和游戏在人类文化中的"次生实践化",认为"范畴、筹划、艺术、游戏、幻想、梦境"等系列符号"没有任何一部分能脱离人的实践世界,却与

---

[1] 埃里克·麦格雷. 传播理论史:一种社会学的视角 [M]. 北京:中国传媒大学出版社,2009.

实践世界渐行渐远"①。因此，在抽象的互联网世界中重建符号文化是完全可行的。青少年作为网络平台的"原住民"，既不断通过镜像建构自己，又不断寻找自身参照的符号形象，从而构建起新的互联网文明和生态。当前，信息发布的门槛降低，大量技术软件的更新迭代又降低了信息制作的门槛，因此青少年不仅能够利用网络观看和参与娱乐游戏活动，还能通过"观看、解读和重塑"动漫等亚文化作品发挥想象，借助同人、戏仿、UGC（User Generated Content）等方式真正参与到互联网信息的重建、模仿、复述和再分享的过程中。青少年对互联网信息的参与和创作正体现了大数据时代网络用户活动的"参与式转向"，托夫勒（Toffler）曾用"第三次浪潮"和"prosumer（生产者+消费者）"等词描述这一新现象。②阿比盖尔·德·克斯尼克（Abigail De Kosnik）在《自由劳动的狂热》中将这种既是互联网信息的消费者又是创造者和参与者的群体称为"粉丝劳工"或"数字劳工"，并指出在互联网娱乐性的影响下，"数字劳工"在情感因素的驱动下自愿进行劳动。③

除了通过直接的建构行为，青少年群体的自我意识还体现在对算法的察觉和干预。在大数据时代，用户的行为活动，即使仅是单向的信息接收行为同样能对互联网信息传播机制起到反馈作用。互联网媒体的信息生产可以是营利性的，也可以是非营利性的自我满足（例如对转发和点赞量的追求），抑或是对生活中事件分享的需要，④而用户则以观看作为回应，为了获得总观看的回应，信息发布者就需要服从用户和算法的协同过滤（collaborative filtering）。与"数字移民"相比，作为"数字原住民"的青少年网络用户不仅是这种信息反馈的参与者，他们还能意识到自己的参与对媒体信息结构的改变和影响，萌生出算法意识，"组织和实施以数据归类与数据干预为代表的获得式抵抗战术或以数据隐藏和数据阻断为代表的防御式抵抗战术"，⑤这种自我意识是青少年网络意识形态跨媒体互动的特点之一。

---

① 赵毅衡. 哲学符号学：意义世界的形成 [M]. 成都：四川大学出版社，2017.
② TOFFLER A. Previews and premises [M]. Black Rose Books Limited, 1984.
③ DE KOSNIK A. Fandom as free labor [M] //Digital labor. Routledge, 2012: 106-119.
④ BOWMAN, SHAYNE, CHRIS WILLIS. We media: How audiences are shaping the future of news and information [M]. The Media Center at the American Press Lnstitute, 2003.
⑤ 洪杰文，陈崧伟. 意识激发与规则想象：用户抵抗算法的战术依归与实践路径 [J]. 新闻传播与研究，2022（8）：38-56，126-127.

第二节 青少年网络意识形态跨媒体传播的风险

人与技术的关系是技术伦理学的核心命题。大数据的广泛应用为互联网的迅速发展提供了强有力的支撑，但收集网络用户信息、对网络用户活动行为痕迹进行"数据侧写"的大数据算法始终存在数字伦理隐忧。一方面，互联网的信息收集令大量的个人数据信息，尤其是指纹、人脸，甚至是DNA等不可变更的身体数据信息以大数据的形式被无限度传播，而与此同时"工业秩序全面转向信息时代的数据秩序"尚未建立，"大数据时代的隐私问题"，以及在这个问题上方盘旋的数据世界对人的思维自由的剥夺的幽灵成为互联网时代大数据的巨大风险。[①] 另一方面，随着互联网对大数据的依赖和技术的持续发展，当下互联网跨媒体信息传播呈现出"智能化趋势"，打破了真实世界和虚拟世界的界限，容易导致情绪风险和传播失当、失范等其他风险。

一、青少年网络意识形态跨媒体传播的信息安全风险

大数据时代的个人信息、个人隐私安全风险已经成为数据时代"数字公民"共同的隐忧，而作为"数字原住民"的青少年由于触网更早、对个人隐私问题和选择权的自我意识相对淡薄，其个人隐私泄露问题、网络信息骚扰与诈骗更为严重。与此同时，大数据编织的信息茧房对青少年思想的影响以及个人自由权的让渡与丧失同样也是数字伦理需要关注的问题。

（一）隐私泄露

隐私泄露是数字时代人们向快速、便捷和更加精准的个性化服务妥协的必然结果。基于盈利目标，由资本推动的互联网平台重视用户的数量和忠诚度，在诸多平台竞争中，如何聚拢乃至留住用户是资本最关心的问题，也是互联网数字平台最需要解决的问题。在海量信息的时代，想延长用户在App中或页面上停留的时间，就要尽可能多地提供符合用户偏好的内容。具体而

---

① 李伦. "楚门效应"：数据巨机器的"意识形态"：数据主义与基于权利的数据伦理 [J]. 探索与争鸣，2018（5）：29-31.

言，就是通过大数据收集"用户的兴趣、信息痕迹和信息素养"，[①]如记录使用移动设备中特定信息画面停留时间，以此判断用户对商品及相关内容的关注度，继而实现精准推送，数据成为信息推送的最基本依据。另外，资本对市场的掌控与推动促成了多个互联网平台的跨媒体合作，同一用户因其手机、身份证等固定信息被锚定身份，而 App 则根据用户关键词搜索的记录、浏览较多或停留时间较长的视频类目、点赞视频数据、评论数据，甚至通讯录等信息来圈定和标签化用户，最终导致用户生活在各类 App 的数字监控之下。

为了不断增强服务的个性化和精准化，互联网数字平台不断扩大用户信息收集范围。随着移动互联网端 App 功能的更新升级，用户除了提供姓名、电话号码、性别、身份证号等基础个人信息之外，向其开放授权的信息也越来越多，大部分软件都要求用户开启通讯录、地理信息定位、相册等多项涉及个人隐私的信息权限。

对青少年网络用户而言，这种隐私的泄露问题更加普遍，其危害也更加深远：青少年大多属于无民事行为能力人，对隐私信息泄露危害性的了解以及对自身隐私信息的保护能力不足。与此同时，青少年不仅是网络时代的"数字原住民"，还是未来的"数字化公民"，甚至可能参与元宇宙话语中以纯粹信息流构建的世界。研究显示，触网较晚的中老年"数字移民"对于互联网平台对个人隐私信息的披露呈现更明显的紧张关系，而青少年对于网络隐私的应对行为更趋向于一种风险收益评估方法——当收益明显高于风险的时候，青少年网络用户便不那么在意个人隐私信息的提供；反之，当收益相对较低的时候，青少年也会对个人隐私的内容予以一定的关注。[②]无论是"数字公民"还是元宇宙时代的"后人类"，数字化、信息化的世界本质上是由程序、代码的信息流构成的，因此掌握和传播信息的权力也即信息权和话语权，就成为数字社会或元宇宙中最重要的权力。对青少年而言，在不了解个人隐私泄露的未来风险的情况下就过早地泄露了个人隐私信息，实际上是在其未来的生活发展中埋下了重重隐患。

(二) 信息骚扰与诈骗风险

由于个人隐私信息的泄露，大量的信息骚扰与信息诈骗在青少年网络用

[①] 张海. 基于扎根理论的网络用户信息茧房形成机制的质性研究 [J]. 情报杂志，2021 (3)：168-174.

[②] JOINSON A N, PAINE C B. Self-disclosure, privacy and the Internet [J]. The Oxford handbook of Internet psychology，2007：237-252.

户周围形成重重陷阱：根据《全国移动 App 风险监测评估报告》（2021 年 3 季度版），70% 以上的 App 存在漏洞风险；56.87% 的应用存在"违规收集个人信息"的情况；55.60% 的应用存在"超范围收集个人信息"的违规情况；19.16% 的应用存在"App 强制、频繁、过度索取权限"的违规情况。① 恶意软件通过获取或盗取互联网用户的个人身份信息对用户进行信息骚扰和诈骗，其中青少年网络用户社会生活涉足尚浅，更容易成为恶意软件侵袭、骚扰和伤害的重灾区。

根据中国刑事警察学院的受害人特征分析研究，受害人中青少年占总人数的 35%。从典型网络诈骗的类型来看，"假冒身份类型"诈骗中青少年占比超 43%，主要是因为受害人社会阅历较浅、容易轻信他人；"网络交友类"诈骗中受害青少年多为女性，其中婚恋交友是电信诈骗受害的主要因素；"网络贷款类"诈骗的受害者集中在 44 岁以下、中低文化程度的成年男性，但"校园贷""裸贷白条"等受害群体主要是青少年网络用户；"虚假交易投资类"诈骗的主要受害者中青少年占比同样较大，因为相对中老年一代的"数字移民"而言，作为"数字原住民"的青少年更容易接受网络投资一类的新事物，这也就增加了青少年受到网络诈骗、威胁的可能性。②

（三）自由权丧失风险

相比于隐私信息的泄露和信息泄露导致的骚扰与诈骗，大数据时代的网络对用户个人自由权的侵蚀更具有隐匿性。

美国哈佛大学法学教授凯斯·桑斯坦在《网络共和国：网络社会中的民主问题》和《信息乌托邦》中提出了"信息茧房"的概念，并认为现代人在大量信息的裹挟中通过自我偏好的选择将自身限制在狭小的范围之内，从而导致信息闭塞和观点偏激。③ 青少年网络用户作为"数字原住民"，其信息获取从一开始就较为依赖互联网，无论是新闻观点还是思想都受到数字时代的互联网信息的较大影响。大数据时代的"信息茧房"容易形成青少年的认知

---

① 移动互联网系统与应用安全国家工程实验室，北京智游网安科技有限公司. 全国移动 App 风险监测评估报告（2021 年 3 季度版）. [EB/OL]. (2021-10-23) [2022-10-02]. https://www.sohu.com/a/497293573_255316.

② 罗文华，张耀文. 基于贝叶斯网络的电信网络诈骗受害人特征分析 [J]. 信息网络安全，2021（12）：25-30.

③ 凯斯·桑斯坦. 网络共和国：网络社会中的民主问题 [M]. 黄维明，译. 上海：上海人民出版社，2003.

第四章　大数据时代青少年网络意识形态的跨媒体传播及其风险

风险，使其丧失信息自由选择权。青少年在成长过程中应当且需要接受以主流价值观为基础的多元价值观，而"信息茧房"则降低了这种交流的有效性，为青少年网络用户建立起巨大的信息壁垒和思维壁垒；网络平台提供的圈层文化虽然能让青少年找到具有共同语言的交流者，但也同时将不同意见者排斥在圈层之外，进而隔绝了人与人之间信息与经验分享的可能性，① 最终形成网络"巴尔干"。在观点冲突发生时，网络圈层化导致的高聚合度的"群体极性"和"虚拟串联"会加剧观点碰撞，产生恶劣影响。

从心理学的角度来看，人类思维能够处理和思考的事件是有限的，信息大爆炸也带来了选择困难和接受焦虑。从信息提供的角度来看，互联网确实提供了比传统信息媒介（如报纸、书本）更加丰富的信息，但人类的有限理性也越来越无法应付互联网上的海量信息，因此人们通过忽略与自己不同的观点来解决认知失调。② 在这一情况下，由资本作为底层逻辑、大数据作为技术依托的网络平台势必需要对推送给用户的信息进行"预筛选"，即筛选出可能增加用户对信息平台黏着度的内容。在这种情况下，即使信息本身是海量的，但用户的自由选择权被算法垄断，表面上的自主自为其实是一种虚假的自由。信息爆炸本身是后工业时代的产物，此时，新闻及与新闻相关的文化产品从"信息"沦落为"商品"，其中的异质部分被商业化所取代，成为"单向度的文化"。尽管这些新闻被包装成丰富多彩的形态，但表面上的差异无法掩盖其内核的单调。不断接收信息的大众被赋予了虚假的选择权，事实上被塑造成了只会认同和肯定，不会批判与否定的"单向度的人"。③ 根据2020年抖音用户画像分析，80后用户对汽车、母婴、美食类信息偏好度高；90后对影视、母婴、美食类信息偏好度高；95后对游戏、电子产品、穿搭类信息偏好度高；00后对游戏、电子产品、时尚穿搭类信息偏好度高。④ 从这些信息可以看出，用户的偏好选择实际上与大众文化的期待与群体性从众行为有着紧密的关联，用户在被提供的海量信息面前实际上已经被剥夺了独立思

---

① 凯斯·桑斯坦. 网络共和国：网络社会中的民主问题 [M]. 黄维明，译. 上海：上海人民出版社，2003.
② GOSSART, CÉDRIC. Can digital technologies threaten democracy by creating information cocoons? [M] //Transforming politics and policy in the digital age. IGI Global，2014：145-154.
③ 赫伯特·马尔库塞. 单向度的人：发达工业社会意识形态研究 [M]. 刘继，译. 上海：上海译文出版社，2006.
④ 巨量算数. 2020年抖音用户画像报告. [EB/OL]. (2020-03-18) [2022-10-02]. http://zatime.com/5868.html.

考的能力，如此一来，"好奇心不过是孩子所产生的幻觉"①，而用户偏好选择实际上也是在有限范围内的选择自由。

大数据、算法、智能推送等各类技术正重塑着互联网的信息传播，对成长于这一语境的青少年网络用户而言，信息获取呈现严重碎片化的特点，碎片化的信息看似提高了信息摄取的效率，却失去了自由选择和信息搭载的意义。

二、青少年网络意识形态跨媒体传播的情感风险

大数据时代的网络信息，尤其是网络社交行为容易激发青少年易怒、焦虑、抑郁、社会失望等负面情绪，增加青少年网络用户的情感风险。国外一项针对1787名使用互联网社交媒体平台（包括Facebook、YouTube、Twitter、Google Plus、Instagram、Snapchat、Reddit、Tumblr、Pinterest、Vine和LinkedIn）的年轻用户的调查研究发现，平台使用数量最多（7个到11个）的人患抑郁和焦虑的风险是平台使用数量最少（0到2个平台）的人的三倍以上；②而另一项研究则指出网络社交可能会给用户带来较强的社交媒体倦怠感，研究者根据Maslach倦怠量表发现，参与互联网社交的用户容易产生矛盾心理、情绪衰竭和人格解体。③

在网络平台上人们更倾向于展现自己较为优秀和吸引人的一面，呈现出较强的"表演性"，且网络平台发布的信息对真实性并没有太高的要求，因此青少年用户往往会在网络社交平台上看到被"过度美化"的他人形象或履历，进而造成情绪焦虑。另外，相比线下面对面交流的语言评价，网络平台上缺少交往逻辑的束缚，人们更易对他人的形象给出贬低性的评价；另外研究也指出情绪不稳定程度更高的男性（尤其是年轻男性）可能会更频繁地使用社交媒体工具，④这更加导致了网络社交平台的评论较多地呈现"不友善"的倾向，这很容易对青少年网络用户的情绪造成负面影响，甚至影响其正常生活。

---

① 马克斯·霍克海默，西奥多·阿多诺. 启蒙辩证法：哲学断片 [M]. 渠敬东，曹卫东，译. 上海：上海人民出版社，2006.

② ZAGORSKI N. Using many social media platforms linked with depression, anxiety risk [J]. Psychiatric News, 2017 (2): 1.

③ HAN B. Social media burnout: Definition, measurement instrument, and why we care [J]. Journal of Computer Information Systems, 2018 (2): 122-130.

④ CORREA T, HINSLEY A W, DE ZUNIGA H G. Who interacts on the Web?: The intersection of users' personality and social media use [J]. Computers in human behavior, 2010 (2): 247-253.

三、青少年网络意识形态跨媒体传播的行为失范风险

数字时代的网络生活与现实生活之间的界限越来越模糊，网络世界对青少年意识形态和思想观念造成的影响很容易导向现实行为方式的越轨。[①] 青少年网络用户不仅可能成为跨媒体传播的风险受害者，同时也可能在有意或无意中成为施害者。调查显示，"网络暴力、网络色情信息、网络诈骗以及基于网络的各种形式的性骚扰"是青少年网络用户的主要风险因素，而这些风险的发生与青少年的生活环境和社会化进程有关。[②]

（一）传播不实言论

随着移动互联网端社交平台的迅速发展，基于社交平台的信息传播逐渐成为具有相当影响力的传播方式，在某些情况下，其信息的传播力和舆论影响力甚至会危及主流媒体的权威。进入自媒体时代后，信息传播的社交化实际上令信息生产和传播的门槛进一步降低，每个用户都可以成为信息的生产者、传播者、评论者，信息的修改和再传播成为无门槛的行为，信息的真实度受到极大挑战。[③] 青少年网络用户对于网络信息缺乏辨别能力，同时其行为更具有情绪性和冲动性，因此更容易成为不实网络信息的受害者、传播者甚至是制造者。从互联网发展现状来看，数字时代的不实言论往往与"虚假新闻""仇恨言论与极端主义"以及"骚扰与暴力"相互影响。[④]

对信息的接收者而言，在海量的信息中筛选、甄别每条新闻的真假几乎很难实现。而大数据技术则进一步放大了不实言论的危害性：当一个用户随机点开一条信息的时候，他/她有可能获得真实的或虚假的内容，而这个点击本身已经被大数据记载，并作为下次偏好选择的参照指数之一。也就是说，即使用户在不知情的情况下点击过一次搭载虚假或错误信息的链接，大数据运算下的推送机制也会推送更多的搭载近似虚假或错误信息的链接给这位用户。对青少年而言，由于缺乏社会经验和人生阅历，导致其可能缺失其他信

[①] 唐冰寒. 网络暴力对青少年越轨行为的影响：以风险社会理论为考察视角 [J]. 中国青年研究, 2015 (4): 44-47, 53.

[②] 田丰, 郭冉, 黄永亮, 等. 青少年网络风险影响因素调查分析 [J]. 中国人民公安大学学报（社会科学版）, 2018 (5): 1-9.

[③] 陈力双. 移动社交环境下的信息真实与传播伦理：从齐鲁晚报被造谣事件谈起 [J]. 青年记者, 2021 (14): 119-120.

[④] 常江, 杨惠涵. 基于数字平台的信息失范与治理：全球趋势与中国经验 [J]. 中国出版, 2022 (12): 3-10.

息作为参照标准,而大数据推送不断基于之前的点击推送同一个或近似的观念与信息,这对塑造青少年网络用户的认知与判断必然带来不利的影响。

(二) 诱导不良行为

在网络生活中,接触现实生活中不敢接触的内容(例如恐怖、暴力、色情等)虽然看上去风险较低,但这些信息往往带来潜移默化的影响,最终会以各种方式渗透到现实生活中,造成青少年暴力行为、违法犯罪、诈骗、自杀等现象的增加。

在网络生活中,青少年网络暴力问题较为突出。网络暴力会侵犯受害人的隐私权、名誉权及其他正当权利,使其面临暴力言论和恶意评价带来的社会舆论压迫,从而遭受生活、工作等多方面的困境。网络暴力的发生往往源于情感风暴裹挟群体的价值判断。[1] 从心理年龄来看,青少年的情绪波动较大,具有行为冲动、强趋同性和价值判断简单化的特征,而这种心理特征和情绪表现正是网络暴力滋生的主要源头。在网络平台上,这种基于趋同性和情绪化产生的群体性网络暴力事件经常表现为"饭圈出征"等亚文化圈层的群体性行为。以2020年的"227事件"为例,某流量明星粉丝与LGBT群体在网络上由于观点对立而引发骂战,这场骂战很快延伸到该流量明星广告代言的品牌,这一网络攻击性行为持续了近一年。这种圈层性的青少年网络暴力行为还出现在"汉服圈""Lo圈""二次元圈"等多种类似的亚文化圈层里,在群体性的价值评判导向中,个人的"理性"声音很难得到认可。

从外界影响因素来看,青少年接触网络暴力和色情信息均会对网络欺凌、被欺凌产生正向影响。[2] 有研究显示,三分之二的青少年喜欢玩暴力游戏,且玩暴力游戏与攻击行为呈正相关,与学业成绩呈负相关。[3] 在青少年的成长过程中,不可避免地会接触到社会新闻、电视节目、影视文学作品、电子游戏等,而这些影视、游戏文化中可能含有大量的暴力因素。以诞生于俄罗斯并蔓延至多个国家和地区的网络死亡游戏"蓝鲸"为例,游戏通过睡眠剥夺、精神压制、恐怖电影、消极音乐和自残任务等多种形式诱导青少年,并暗示参与者在游戏的第50天自杀,其主要受害人群是11~17岁的青少年网络用户

---

[1] 王静. 数字公民伦理:网络暴力治理的新路径 [J]. 华东政法大学学报, 2022 (4): 28-40.
[2] 周书环. 媒介接触风险和网络素养对青少年网络欺凌状况的影响研究 [J]. 新闻记者, 2020 (3): 58-70.
[3] ANDERSON C A, DILL K E. Video games and aggressive thoughts, feelings, and behavior in the laboratory and in life [J]. Journal of personality and social psychology, 2000, 78 (4): 772.

群体。与死亡游戏类似的还有诱导青少年参与违法犯罪行为的网络犯罪产业链,中国政法大学的罪案研究显示,网络已经成为未成年人犯罪的重要诱发因素,而网络犯罪也成为未成年人犯罪的新的增长点。[①] 这类自杀诱导、犯罪诱导等恶性行为在互联网的掩护下延展脉络广、隐蔽性强,对青少年跨媒体传播的现实行为风险产生了较大的影响。

---

① 陈国猛. 未成年人网络犯罪的结构分析与预防策略 [J]. 中国刑事法杂志, 2017 (2): 116-128.

第五章

大数据时代青少年网络意识形态偏差及其矫治

通过大数据技术对青少年网络意识形态进行精准引导,要求对不同青少年群体偏差行为进行深入感知,明确网络社会中的青少年网络意识形态具体偏差行径的划分,深入了解其表征与类型。

第一节 青少年网络意识形态偏差的表征与类型

青少年正处于主流意识形态认同建构的关键时期。囿于自身知识、经验及能力的不足,在自媒体平台诸多非主流意识形态、不良社会思潮传播渗透的多重作用下,青少年出现了对主流意识形态表面化认同、功利化认同、情绪化认同等一系列认知偏差与行为偏差。

一、青少年网络意识形态偏差的表征

(一) 网上偏差行为定义

偏差行为(deviant behavior),又称越轨行为、离轨行为,是指个体违反一定社会准则、价值观念或道德规范的行为。[1] 在学术界,诸多学者将偏差行为界定为消极行为、反常行为,这是一种偏离规范的行为,往往是个体无法

---

[1] 王园园. 生态系统视角下青少年偏差行为的个案矫正探索 [D]. 郑州:郑州大学, 2017.

适应社会而出现的不良反应。① 根据危害程度，可以分为初级偏差行为和次级偏差行为，前者危害性偏低，后者危害性较高，且会受到社会规范、风俗习惯，甚至法律法规的制裁。② 同时，也有学者认为偏差行为应分为一般偏差行为和严重偏差行为，前者仅违反道德、社会规范，后者则触碰了法律红线，需要依法予以处置。③

网上偏差行为是个体在网络空间中不能适应并且破坏了网络秩序的表现形式。④ 随着时代的发展，青少年社交从现实生活转移至网络，由于不涉及面对面接触，青少年道德水准会发生下降，更容易滋生偏差行为。⑤ 由于网络诸多特性导致网上偏差行为表现愈加明显，尤其是诸多青少年均表现出不适应网络生活，从而出现破坏网络秩序的行为。

（二）网上偏差行为表征

诸多学者都围绕网上偏差行为表征展开了研究，并取得了丰硕的研究成果。学界普遍认为网上偏差行为包括网上过激行为、网上欺骗行为、网上色情行为、网上滥用权力行为、网络恶意灌水行为、网络消极攻击行为、网络犯罪行为等。⑥ 的确如此，随着网络的不断发展，网上偏差行为表现形式越来越多样化，不同网上偏差行为产生的危害不同，但学者们普遍更关注网上过激行为，即发表不当网络言论。尤其是青少年群体，时常通过网络发表观点，并容易与其他观点发生冲突，进而演变为网络争吵、网络攻击、网络谩骂等形式，但无论何种网上过激行为，都存在对他人观点，甚至人身的攻击，是一种侮辱和伤害他人的行为。⑦

---

① DENEGRI-KNOTT J, TAYLOR J. The labeling game: a conceptual exploration of deviance on the internet [J]. Social science computer revies, 2005 (1): 93-107.
② 潘丽娟, 吴红梅. 工作场所偏差行为: 概念、测量、前因与后效 [J]. 中国人事科学, 2022 (2): 38-48.
③ 费梅苹. 发挥未成年人保护体系中的社会工作作用 [J]. 中国社会工作, 2021 (19): 1.
④ 雷雳, 李冬梅. 青少年网上偏差行为的研究 [J]. 中国信息技术教育, 2008 (10): 5-11.
⑤ 张贤, 丁倩, 魏华, 等. 道德脱离与初中生网上过激行为的关系: 感恩的调节作用 [J]. 中国特殊教育, 2017 (7): 59-63.
⑥ 李冬梅, 雷雳, 邹泓. 青少年网上偏差行为的特点与研究展望 [J]. 中国临床心理学杂志, 2008 (1): 95-97, 70.
⑦ 刘时勇, 刘雨. 大学生网上过激行为与人格及自我控制力相关分析 [J]. 长江大学学报（社会科学版）, 2014 (12): 124-126.

（三）青少年网络意识形态偏差行为定义

网络意识形态偏差行为是青少年常见偏差行为之一，主要指青少年在网络环境下对事物理解、认知的感官思想，是青少年观点、观念、思想、价值观等要素的综合体，部分青少年开始在网络中出现违反一定社会准则、价值观念或道德规范的行为，从而构成了网络意识形态偏差行为。[①] 网络意识形态偏差行为是意识形态偏差行为的一种延伸，但此种延伸并非单纯将线下意识形态偏差转移至网络环境，而是在复杂的网络环境下更为严重的偏差现象。诸多青少年常年接触互联网，由于其自身的意识形态认知尚未成熟，所以极容易被网络中其他观点、思维、价值所诱导，从而偏离社会主义核心价值观，对社会主义主流意识形态产生质疑，甚至存在不认可的状态。[②] 网络意识形态偏差行为不仅会给青少年自身的思想造成巨大危害，还会对网络秩序、青少年成长环境造成一定的威胁。因此，需要高度重视网络意识形态偏差行为，认识到网络意识形态偏差的高频性、常态性、危害性以及严重性，从而遏制青少年网络意识形态偏差，营造和谐有序的网络空间。

（四）青少年网络意识形态偏差的表征

相对网上偏差行为表征，学者们对于青少年网络意识形态偏差的表征有不同的观点，主流观点普遍将网络意识形态偏差划分为一般偏差和严重偏差。一般偏差是指青少年网络意识形态偏离主流意识形态，并且与社会主流道德规范、道德行为表现出不一致的现象，比如部分青少年存在拜金主义、历史虚无主义观念，并以此指导自身网络活动，出现网络炫富等行为，这不仅会危害其自身成长，也会影响网络空间中其他青少年，此行为需以说服教育为主予以纠正和制止，引导青少年逐步重回正确意识形态。[③] 严重偏差则是指青少年网络意识形态偏离主流意识形态，并且与现行法律法规、政策文件相悖，比如传播邪教、侮辱革命先烈等，这不仅不利于其自身成长，更触犯了法律底线，会给其他青少年造成严重影响，此种行为需要以法律手段纠正青少年网络意识形态偏离，以强制手段让青少年重回主流意识形态。

[①] 周芮. 网络偏差行为及其治安风险防范研究 [D]. 北京：中国人民公安大学，2020.
[②] 王政翔. 网络意识形态安全与文化建设初探 [J]. 中原文化研究，2022（5）：71-75.
[③] 杨希. 网络意识形态的后真相症候及其应对策略 [J]. 西华大学学报（哲学社会科学版），2022（5）：29-36.

二、青少年网络意识形态偏差的类型

以内容为划分依据，青少年网络意识形态偏差类型分为宏观偏差与微观偏差。在宏观偏差方面，集中体现为网络文化层面的偏差，部分青少年意识形态认知本就存在偏差，只不过已经发生了网络迁移，在网络中继续传播偏差的意识形态，甚至以此为根基，对主流意识形态发起攻击，是一种相对严重的青少年网络意识形态偏差现象；[①] 在微观偏差方面，集中体现为交流层面的偏差，青少年仅是在某些领域网络交流时渗透出偏差的网络意识形态，但这并不意味着青少年整体意识形态偏离，仅是对某些特殊事务的看法发生偏离，是一种相对轻微的青少年网络意识形态偏差现象。

以损害利益为划分依据，青少年网络意识形态偏差类型分为损害自身成长与损害他人成长两种偏差行为。在损害自身成长方面，主要是青少年网络意识形态出现偏差，但并不向他人传播偏差的网络意识形态，而是自身坚持这种偏差的网络意识形态，即部分青少年追逐个性，不愿意同质化，就会产生偏差的网络意识形态，将此标榜为个性，长期处于偏差网络意识形态环境下，自身的健康成长会受到影响；在损害他人成长方面，主要是青少年网络意识形态出现偏差，并积极向他人传播，甚至已经触及法律，比如组织参与邪教组织，也有部分青少年将网络意识形态偏差作为盈利工具，积极向他人宣传偏差的网络意识形态，尝试损害他人利益，是一种有组织、有计划实施的网络意识形态偏差行为。[②]

以动机目的为划分依据，青少年网络意识形态偏差类型分为故意偏差与过失偏差。故意偏差是指青少年有主观意愿，即明知自身网络意识形态偏离主流，但依然坚持此种网络意识形态，并向他人传播谋取不正当利益。此种故意偏差往往涉及犯罪活动，需要严加惩处。在过失偏差方面，由于青少年尚处于价值观刚开始走向成熟阶段，对于网络意识形态识别能力不强，错误地相信他人，从而产生了网络意识形态偏离，其尚未意识到网络意识形态偏离的严重性。此种偏差普遍比较容易矫治，只要切断偏差网络意识形态传播

[①] 黄小毅. 自媒体视域下大学生主流意识形态认同行为偏差问题研究 [J]. 西部学刊，2022 (18)：77-81.

[②] 谢棋君. 论高校反邪教治理：必然逻辑、实践困境及其化解理路：一个理解意识形态风险防控的视角 [J]. 武汉公安干部学院学报，2021 (2)：21-25.

途径,就能够起到矫治的效果。①

以参与者类型为划分依据,青少年网络意识形态偏差类型分为组织者与参与者。在组织者方面,青少年网络意识形态偏差组织者是指不具备组织资质,却组织青少年参与意识形态课程、讲座、会议等,尝试改变青少年网络意识形态,组织者往往具有自己的体系,拥有相应的资金扶持,普遍以邪教组织为主,在邪教组织中担任管理岗位、骨干成员都属于组织者,需要依法予以严惩;② 在参与者方面,指青少年积极参与不具备组织资质主体开设的意识形态课程,或浏览相关网站,从而导致自身网络意识形态偏差,普遍是指青少年本身由于意识形态尚不成熟,因此容易受到组织者的影响,从而参与相关课程,造成自身网络意识形态偏差。

第二节 青少年网络意识形态偏差的生成机制及影响因素

探究青少年网络意识形态偏差的生成机制首先需要从宏观、中观、微观三个层面进行把控,厘清青少年网络意识形态的社会认知形成机制,具体探究其内在意识形态生成机制。

一、青少年网络意识形态偏差的形成机理

(一) 网络意识形态偏差生成动力机制

从宏观角度来看,要牢牢把握生产力与生产关系、经济基础与上层建筑两对基本矛盾。意识形态是社会发展的产物,青少年网络意识形态偏差也与社会发展密不可分,比如农业社会与农业社会意识形态、工业社会与工业社会意识形态,到网络社会,也会产生网络社会意识形态,只有以此作为分析的基点,选择从网络社会入手,才能厘清网络社会意识形态。③ 网络社会是工业社会的进阶,工业社会创造了机械、电力,为网络社会提供了前提与基础,正是具备了网络生产力,才出现了网络生产关系,从而延伸出网络意识形态。

---

① 伍丹阳. 如何提高在校大学生防范邪教渗透侵蚀的能力 [J]. 科教文汇(中旬刊), 2018 (6): 17-18.
② 郑文婷. 社会主义核心价值观视阈下的高校反邪教工作路径研究 [J]. 海峡科学, 2016 (4): 89-91, 101.
③ 刘燕. 中国特色社会主义思想理论认知及认同机理研究 [J]. 侨园, 2019 (9): 183-184.

随着网络生产力，即网络技术的不断提升，信息传播更加高效、便捷、广泛，网络生产关系也随之发生变化，青少年也出现了更多的网络意识形态偏差。同样，网络生产力也让经济基础发生变化，以网络经济为根基的上层建筑也将发生变革。[1] 所以，从宏观层面来看，青少年网络意识形态偏差的生成机制根源在于网络生产力，尤其是围绕大数据、云计算等先进网络技术的革命。

从中观角度来看，要牢牢把控三大互动机制。不同于传统社会及社会意识形态，网络社会意识形态与网络人机、网络人际、网络人人之间具有密切关系，三大互动系统是推动网络意识形态生成与改变的重要基础。在三大互动系统中，网络人机是基础，网络人际是核心，网络人人则是终端系统，三大系统帮助网民、青少年从信息获取到信息共享，从信息共享到意义共享，从意义共享到精神共享。但是要想完整地窥探网络意识形态生成的路径演化，仍需深入三大互动系统中探求真相。[2] 网络人机作为基础，是网络产生的根源，正是产生了人机交互，才形成网络的雏形，而随着网络人机的逐渐稳定，网络也由此形成。网络人际作为核心系统，折射并记录了现实生活中产生的种种变化，其中人们的思想、观念、意识等是人际交流的最核心内容，人类的物质活动与网络社会连接，利用网络社会的开放性、交互性、虚拟性、共享性等特点，形成了网络世界，构建出独特的上层建筑。网络人人作为终端，可以利用网络实现人与人之间的自由沟通，其反映的并不是简单、直接的言语沟通，而是利用现代化设备体现出不同个体的意识观念，正所谓要实现精神构建，就必须回到现实，网络人人反映了人们沟通交流的欲望。

从微观角度来看，要牢牢把控四大具体动力机制，即线上催生机制、线上线下互动融合机制、线下催生形成机制、扩大渗透演变机制。一是线上催生机制。网络社会是网络意识形态形成的重要基础，在网络社会中诸多网民接触到更多元、更便捷的思想资源，不同的思想资源在交流中相互碰撞，即构成了网民的意识形态，甚至部分思想资源不断被加工处理，形成新的思维理念。[3] 对青少年而言，起初或许出于好奇，一旦频繁接触多元思想资源，就容易在不知不觉中产生认知混乱和偏差，导致精神上背负枷锁。线上催生机

---

[1] 张敏，夏宇，刘晓彤，等. 科技引文行为的影响因素及内在作用机理分析：以情感反应、认知反应和社会影响为研究视角 [J]. 图书馆，2017（5）：77-84.

[2] 王忠诚. 创新自我效能：理论生成、测量及影响研究综述 [J]. 科技广场，2016（6）：154-161.

[3] 周玉荣，李才华. 网络意识形态传播及其治理研究 [J]. 哈尔滨学院学报，2022，43（9）：32-35.

制使思想得以交互，网络本是拓宽青少年视野、增长见识的途径，但青少年思想意识尚未形成，容易受到不良思想的浸染，从而出现网络意识形态偏差。二是线上线下互动融合机制。当前线上线下、虚拟现实之间发生内爆，思想观点、意识形态形成了线上与线下互动融合的局面，导致线下交流过程中充斥着不同的思想观点、意识形态。①三是线下催生形成机制。由于线上信息传播速率较快、思想观念丰富，网民在接触不同观点时并未经过仔细甄别，随着此种思想观念延伸至线下，被更多社会公众接触，就开始不断被验证、审视以及比较，这些验证结果会再度返回线上，重新引起网民对思想价值观念的讨论。②由此可见，思想价值观念始终处于动态变化，在交互的过程中容易导致意识形态出现内部松动的现象，并且产生松散效应。四是扩大渗透演变机制。随着线上与线下的思想观念不断交互，彼此之间都在发生着动态演变，有的观点被吸收、保留、沿用，有的观点则被淘汰，这些被保留的思想观念持续传播，进一步影响到整个网络社会。

（二）网络意识形态偏差生成条件

网络意识形态是当下社会意识形态的直接展现，其生产条件丰富多样，需要依赖不同的网络意识要素、环境要素以及实践条件，具体包括以下四个方面：

一是生产方式改变。生产方式是社会进步的重要推力，不同时代下生产力差别巨大，随着工业技术的不断成熟，现代网络技术应运而生，为网络意识形态的形成奠定了重要基础。同时，在网络社会的影响下，人们的社会组织结构发生巨变，开始出现以网络组织为中心的新型组织形式，即便跨越不同空间，此类组织仍具有紧密性，并且更容易形成统一的意识形态。此外，随着网络技术的不断进步，传统的社会模式受到挑战，开始发展为扁平化社会结构，这必然会导致意识形态控制权流散，从而形成复杂多样的网络意识形态。

二是线上线下社会阶层分化。思想观念因社会阶层而存在明显差异，随着我国步入市场经济，人们经济收入差异显著，并以此为基础形成不同地阶

---

① 李丽. 新时代网络意识形态话语权生成机理研究[J]. 思想政治教育研究，2022，38（4）：65-69.

② 燕道成，胡奥. 青少年网络意识形态的时代语境、重要特征与建设路径[J]. 青少年学刊，2022（4）：10-16.

层,并产生了价值观、思维理念以及行为模式的差异。不同阶层在网络中关注的内容、汲取的新知也存在着差异,虽然不再以经济划分阶层,但往往会根据网络能力、文字能力、信息能力的区别,形成不同的阶层,从而产生思想观念的差异。[①] 因此,虽然线上与线下阶层划分依据不同,但都存在着不同的阶层,阶层之间的思维理念、意识形态也会有所差异。

三是信息传播方式裂变。网络技术让信息传播方式发生质的改变,如即时交流、形式丰富、跨越时空等,由于网络技术让信息传播更加自由,势必导致思想观念、价值理念传播更为广阔、影响更加深远。在思想价值观念的长期碰撞下,网络意识形态也将受到影响,青少年接触到的意识形态越多元,就越容易导致其意识形态发生偏差。

四是网络叙事方式发生转变。随着互联网的逐步普及,滋生了诸多网络语言,这些语言不仅停留在网络环境下,也逐步渗透了人们的生活。在网络语言的带动下,人们的思维和表达方式都开始变化,语言使用更加随意,更有个性,也包含了更多含义。正如杨文华学者所说,网络语言是一种意识形态,是固定群体表达思想价值观念的途径,是对主流意识形态的一种解构。[②] 网络语言更符合青少年群体的思维特点,更容易引发关注,具有更强的传播性,诸多简单快捷、诙谐幽默的语言叙事,都会影响到其意识形态。

(三) 青少年网络意识形态行为的决策机制

计划行为理论从信息加工、期望价值维度出发,尝试解决一般决策行为,已经被用于多个领域。计划行为理论认为行为态度决定行为意向,预期的行为结果及结果评估又决定行为态度,具体如图5-1所示。

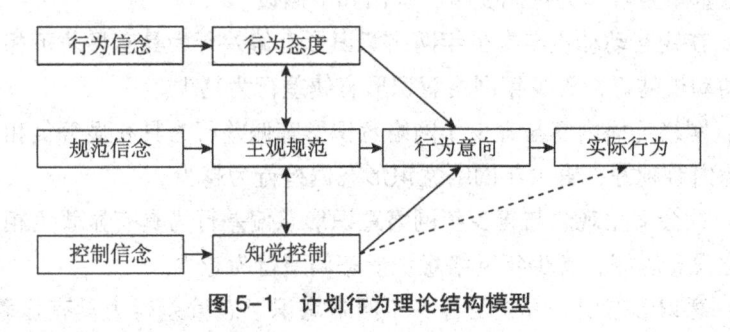

图5-1 计划行为理论结构模型

[①] 彭均. 祛魅与超越: 新时代网络意识形态风险及其防范 [J]. 理论导刊, 2022 (1): 66-72, 92.
[②] 杨文华, 李韫伟, 李鹏昊. 网络生态环境下马克思主义意识形态的结构演替及文化转向 [J]. 中共天津市委党校学报, 2015 (5): 16-21.

可以看到，计划行为理论认为非个人意识并不能完全控制个人意向，还需要考虑个人能力、个人机会、个人资源等条件的限制，但在控制条件完全充足的环境下，行为意向能够直接决定实际行为。同时，知觉控制在一定条件下能够反映出个体实际控制情况，倘若失去控制就会直接导致实际行为的出现。此外，行为信念、规范信念、控制信念是决定行为意向中最主要的变量，这些态度越积极，知觉控制行为能力越强，行为意向就越大。除此之外，个人年龄、性格、文化背景等也会对行为态度、主观规范、知觉控制产生影响。相关理论为大数据引导青少年网络意识形态提供了具体深入的路径与方法。

二、网络意识形态偏差行为的影响因素

（一）研究假设

对青少年网络意识形态偏差行为的影响因素的相关研究，有学者认为青少年网络意识形态偏差行为与其网上经历有关，如在社交平台上与他人的在线互动动机、网络传播内容等。[1] 还有学者认为青少年网络意识形态偏差行为与其自身的社会文化观念有关。[2] 为了对青少年网络意识形态偏差行为进行矫治，本研究进行了实证探究，首先假设青少年网络意识形态偏差行为受到青少年网络中的在线互动动机、网络传播内容及其自身的社会文化观念、意识形态引导方式等因素的影响。为此，本研究将青少年网络意识形态偏差行为作为因变量，将以上因素作为自变量，将青少年性别、学历、年龄、户籍、月收入等基本要素作为控制变量，提出如下假设。

H1：在线互动动机与青少年网络意识形态偏差行为具有显著负相关关系，在线互动动机越好，青少年网络意识形态偏差行为越少。

H2：网络传播内容与青少年网络意识形态偏差行为具有显著负相关关系，网络传播内容越好，青少年网络意识形态偏差行为越少。

H3：社会文化观念与青少年网络意识形态偏差行为具有显著负相关关系，社会文化观念越好，青少年网络意识形态偏差行为越少。

H4：意识形态引导方式与青少年网络意识形态偏差行为具有显著负相关

---

[1] 夏自军. 青少年网络意识形态态度转变及认同教育 [J]. 当代青年研究, 2015 (5)：58-63.
[2] 燕道成, 李菲. 网络丧文化视角下青少年负面情绪表达及意识形态隐忧 [J]. 吉首大学学报（社会科学版), 2022 (3)：46-54.

关系，意识形态引导方式越多元，青少年网络意识形态偏差行为越少。

由此，本研究构建出假设理论模型如图5-2所示。

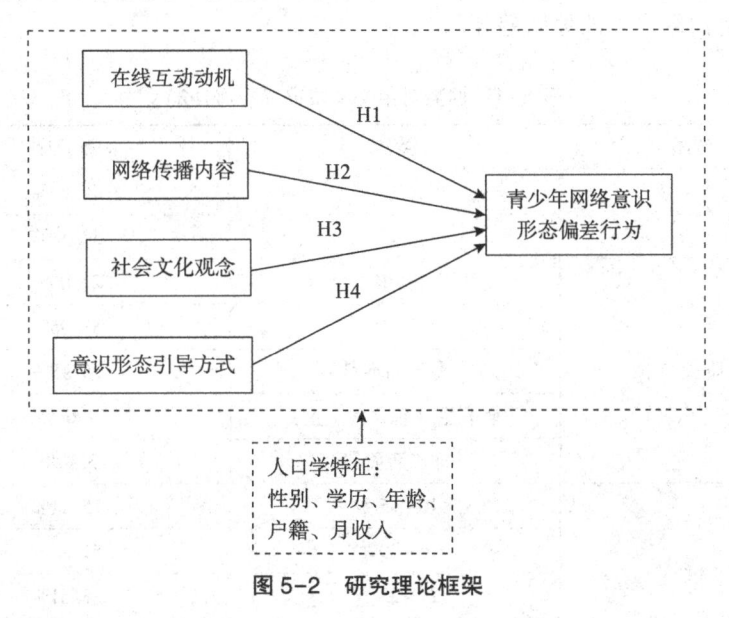

图 5-2 研究理论框架

（二）研究设计

1. 测量工具与对象

本研究编制了结构化调查问卷——《青少年在线互动情况调查问卷》，其中包括基本信息内容、在线互动现状、在线互动动机情况、传播内容情况、网络偏差行为、社会文化观念、意识形态引导等内容。

为检查初版问卷设计的信度与效度，尽早发现问卷问题并及时改正，本研究通过预调研收集数据进行了项目分析，删减了影响信度与效度的题项，确保正式调查问卷的信度与效度达到社会研究标准。在预发放问卷过程中，向全国各省青少年共 65 人发放预调查问卷，收回问卷 58 份，根据反馈意见进行修改。正式调查问卷分为纸质版与电子版两种，以匿名填写的方式收集数据。

本研究所采用的数据来自网络青少年群体的调查，问卷发放通过问卷网进行，问卷填写者的基本情况如表5-1所示。本次调查集中于 2022 年 5 月至 9 月，共发放调查问卷 1500 份，回收问卷 1488 份，其中有效问卷 1143 份。各项人数的取样范围较为均衡，发放地域包括北京、湖南、湖北、山西、安徽、贵州、黑龙江、陕西、福建、广东、山东、四川、上海等多个省及直辖市，其中考虑到了经济发展水平与人文环境的显著差异，以及直辖市区、各省份、自治区之间的地区差异。

表5-1 调查对象基本情况（n=1143）

选项	类型	百分比
性别	男	48.82%
	女	51.18%
教育阶段与学历	初中	27.03%
	高中	33.95%
	专科和本科	25.98%
	研究生（包含博士生）	7.62%
	非教育阶段	5.42%
年龄	10~15岁	15.31%
	16~20岁	51.88%
	21~25岁	23.61%
	26~28岁	9.20%
户籍	农村	39.90%
	城市	60.10%
月收入（包括奖金、零花钱补贴）	小于500元	2.19%
	500~1000元（不含）	21.61%
	1000~2000元（不含）	56.61%
	2000~5000元	18.37%
	5000元以上	1.22%

由表5-1可以看出，本研究问卷调查的1143个有效样本中，在性别方面，占比分别为48.82%和51.18%，比例相当；在教育阶段与学历方面，以初中和高中学历的被调查者居多，其中初中学历占比27.03%，高中学历占比33.95%，专科和本科学历占比25.98%，研究生（包括博士生）学历占比为7.62%，非教育阶段的青少年占比为5.42%；在年龄方面，在调查的青少年当中，以16~20岁居多，占比高达51.88%，其次是21~25岁，占比为23.61%，而后是10~15岁和26~28岁，占比分别为15.31%和9.20%；在户籍方面，来自农村的青少年占比为39.90%，来自城市的青少年占比为60.10%，

以城市青少年居多；在月收入（包括奖金、零花钱补贴）方面，以 1000~2000 元（不含）的青少年居多，其次是 500~1000 元（不含），占比为 21.61%，2000~5000 元的青少年占比 18.37%，而后是小于 500 元和 5000 元以上，占比分别为 2.19% 和 1.22%。

2. 变量说明

本研究的因变量为青少年网络意识形态偏差行为，对该偏差行为测量的内容包括 15 个项目，涉及网络骂战、网络暴力、网络谣言、网络黄赌行为、网络诈骗、网络社交账号、情绪行为、网络看法、社交网络影响、网络互动影响等方面。对该变量进行测量，每题选项评分为 1~5 分，按照题项的符合程度进行打分，从非常不符合、比较不符合、一般符合、比较符合到非常符合。通过对 15 项青少年网络意识形态偏差行为的信度检验，得出克龙巴赫 α（Cronbach's Alpha）系数为 0.866，具有良好的内部一致性，表明这 15 项行为可以较好地代表青少年网络意识形态偏差行为。

本研究的各个自变量主要根据研究目的进行设计，共计 4 个自变量，各个自变量的选项，同样从非常不符合、比较不符合、一般符合、比较符合到非常符合，分别从 1~5 分进行打分。变量的具体测量如下。

在线互动动机：该变量的测量包括 18 个项目，涉及线上互动目的与动机，如归属感、肯定感、成就感、压力感、友谊、知识、技术、生活信息、互动交流以及愉悦感等。通过对 18 项青少年在线互动动机的信度检验，得出克龙巴赫 α 系数为 0.731，具有良好的内部一致性，表明这 18 项行为可以较好地代表青少年的在线互动动机。

网络传播内容：该变量的测量包括 11 个项目，涉及青少年的各类网络传播行为及内容，包括浏览新闻、学习资料及信息查询、图文音频浏览、兴趣内容分享、社交聊天、收发邮件、社区活动、网络游戏、网上购物、音乐分享、工作及学习软件下载。通过对 11 项青少年网络传播行为及内容的信度检验，得出克龙巴赫 α 系数为 0.655，具有良好的内部一致性，表明这 11 项行为可以较好地代表青少年的网络传播行为及内容。

社会文化观念：该变量的测量包括 14 个项目，涉及青少年对社会文化的意识以及价值观，包括消费观念、道德修养、从业规划、人生价值、集体利益、文化自信、人生观与价值观、小众文化观、婚恋观等。通过对 14 项青少年社会文化观念的信度检验，得出克龙巴赫 α 系数为 0.680，具有良好的内部一致性，表明这 14 项行为可以较好地代表青少年的社会文化观念。

意识形态引导：该变量的测量包括 8 个项目，涉及青少年的红色教育引导的接受意愿、引导方式及内容，包括青少年对主流红色教育工作的看法、影响、优势以及青少年对红色教育的接受程度等。通过对 8 项青少年网络意识形态引导方式的信度检验，得出克龙巴赫 α 系数为 0.645，具有良好的内部一致性，表明这 8 项行为可以较好地代表青少年的意识形态引导。

本研究的控制变量为青少年性别、学历、年龄、户籍、月收入（包括奖金、零花钱补贴）。在性别方面，1 代表男性，0 代表女性；在学历方面，初中、高中、专科和本科、研究生（包括博士）、非教育阶段分别用 1、2、3、4、5 表示；在年龄方面，青少年的年龄为 10~30 岁，本研究将年龄作为连续变量；在户籍方面，1 表示城市户籍，0 表示农村户籍；在月收入（包括奖金、零花钱补贴）方面，小于 500 元、500~1000 元（不含）、1000~2000 元（不含）、2000~5000 元、5000 元以上，分别用 1、2、3、4、5 表示。

3. 数据资料分析方法

本研究采用定量研究方法，运用 SPSS 21.0 软件进行统计分析，首先，对青少年网络意识形态偏差行为进行统计，进行偏差行为的现状描述，同时从青少年性别、学历、年龄、户籍、月收入等方面描述青少年网络意识形态偏差行为在人口学方面的特点；其次，本研究针对因变量及各解释变量进行统计描述、相关性分析、t 检验，最终运用回归分析模型分析青少年网络意识形态偏差行为的影响因素。

(三) 青少年网络意识形态偏差行为现状分析

1. 青少年网络意识形态偏差行为描述

依据前文对青少年网络意识形态偏差行为的界定，具体的偏差行为描述性分析结果如表 5-2 所示。

表 5-2　青少年网络意识形态偏差行为的描述性分析结果（$n=1143$）

序号	行标题	平均分	标准差	方差	最小值	最大值
1	我曾在网络中跟人有过对骂、骂战行为	4.21	1.11	1.24	1	5
2	我曾参加过对他人的网络暴力	3.61	0.93	0.86	1	5
3	我曾分享过网络谣言	3.06	0.87	0.76	1	5
4	我曾参与过网络不良行为如黄、赌等活动	3.64	1.06	1.13	1	5
5	我曾遇到过网络诈骗	3.11	0.90	0.81	1	5

续表

序号	行标题	平均分	标准差	方差	最小值	最大值
6	我拥有自己的社交软件小号	3.52	0.88	0.78	1	5
7	我很难控制在网络中产生的情绪行为	3.22	0.83	0.69	1	5
8	我支持喜欢的网红、明星、名人发表的看法	3.62	0.87	0.75	1	5
9	我认为网络事件中的舆论观点会影响到我的看法	3.23	0.83	0.70	1	5
10	我认为社交网络中朋友的看法观点比父母、老师更能影响到我	3.55	0.82	0.68	1	5
11	我曾因为网络互动没有准时睡觉	3.25	0.86	0.74	1	5
12	我曾因为网络互动没有按时进食	3.46	0.88	0.78	1	5
13	我曾因为网络互动没有按时完成学习任务	3.20	0.90	0.81	1	5
14	我曾因为网络互动错过了朋友们的集体活动	3.41	0.93	0.86	1	5
15	我曾因为网络互动错过了与家人交流的机会	3.24	0.84	0.71	1	5

由表 5-2 可以看出，"我曾在网络中跟人有过对骂、骂战行为"的平均分为 4.21，青少年该行为的占比较高，可以认为经常发生网络对骂和骂战行为；"我曾参加过对他人的网络暴力""我曾参与过网络不良行为如黄、赌等活动""我拥有自己的社交软件小号""我支持喜欢的网红、明星、名人发表的看法""我认为社交网络中朋友的看法观点比父母、老师更能影响到我"的平均分在 3.50 分以上，表明青少年网络意识形态的偏差行为较多。其他行为的平均分均在 3.00 分以上。综上所述，所调查的青少年网络意识形态偏差行为水平相对较高，普遍存在一些偏差行为，但重大偏差行为较少。

2. 青少年网络意识形态偏差行为的人口学特征

青少年网络意识形态偏差行为在一定程度上受到人口学特征的影响。不同性别、学历、年龄、户籍、月收入的青少年，其网络意识形态偏差行为也有所不同。

由表 5-3 可以看出，不同性别的青少年在网络意识形态偏差行为方面并不具备显著的差异性，这表明青少年在网络意识形态偏差行为方面，与其性别无显著关系，男性或女性都有可能产生一定的网络意识形态偏差行为。

表 5-3　不同性别青少年网络意识形态偏差行为情况

变量	性别		t	p
	男（n=558）	女（n=585）		
网络偏差行为	3.39±0.57	3.45±0.50	-1.759	0.079

由表 5-4 可以看出，不同教育阶段、学历的青少年，其网络意识形态偏差行为具有显著的差异性。处于非教育阶段的青少年，其发生网络意识形态偏差行为的情况更多，这在很大程度上是因为非教育阶段的青少年接受的学校教育较少，学生很难得到学校环境、老师以及同辈群体的积极影响，所以他们产生网络偏差行为的风险更高。而在学历方面，初中生和高中生发生网络意识形态偏差行为的风险要比专科生、本科生和研究生要高，这也与青少年自身的受教育程度有关，受教育程度越高，他们对自身网络意识形态行为的矫治能力就越强，因而产生网络意识形态偏差行为的风险也就越低。

表 5-4　不同教育阶段与学历青少年网络意识形态偏差行为情况

变量	教育阶段与学历					F	p
	初中（n=309）	高中（n=388）	专科和本科（n=297）	研究生（n=87）	非教育阶段（n=62）		
网络偏差行为	3.70±0.53	3.69±0.19	3.40±0.53	3.39±0.19	3.71±0.12	14.269	0.000***

注：* 表示 p<0.05（显著），** 表示 p<0.01（非常显著），*** 表示 p<0.001（极其显著），以下类同。

由表 5-5 可以看出，不同年龄青少年网络意识形态偏差行为存在显著的差异性，随着年龄的增长，青少年发生网络意识形态偏差行为的情况也逐渐增多。年龄越大的青少年，他们待人接物更有自己的思想和看法，在网络中更容易产生意识形态的偏差行为。

表 5-5　不同年龄青少年网络意识形态偏差行为情况

变量	年龄				F	p
	10~15 岁（n=175）	16~20 岁（n=593）	21~25 岁（n=270）	26~28 岁（n=105）		
网络偏差行为	3.33±0.74	3.40±0.54	3.50±0.55	3.72±0.22	4.223	0.000***

由表5-6可以看出，不同户籍青少年网络意识形态偏差行为存在显著的差异性，这表明城市户籍的青少年更容易产生网络意识形态的偏差行为。究其原因，这可能与城市青少年接触互联网时间更早、接触互联网更多有关，青少年对网络认知水平越高，往往在网络中越盲目自信，使其在不经意之间产生网络偏差行为。而农村青少年接触互联网的程度不深，接触的时间也相对较短，其在互联网中产生偏差行为的可能性相对而言较低。

表5-6 不同户籍青少年网络意识形态偏差行为情况

变量	性别		t	p
	农村（n=456）	城市（n=687）		
网络偏差行为	3.30±0.61	3.50±0.46	−5.880	0.000***

由表5-7可以看出，不同月收入（包括奖金、零花钱补贴）的青少年，其网络意识形态偏差行为具有显著的差异性。月收入越高的青少年，其发生网络意识形态偏差行为的情况越多，这在很大程度上由于青少年对金钱的把控不足，更容易影响其自身的价值观，那么他们产生网络偏差行为的风险就越高。而月收入越低的青少年，对金钱的使用更为节省，在日常生活中也会约束自己的行为，那么他们网络意识形态偏差行为的发生风险也就会大大降低。

表5-7 不同月收入（包括奖金、零花钱补贴）青少年网络意识形态偏差行为情况

变量	收入/元					F	p
	小于500（n=25）	500~1000（不含）（n=247）	1000~2000（不含）（n=647）	2000~5000（n=210）	5000以上（n=14）		
网络偏差行为	2.85±0.81	3.35±0.60	3.45±0.51	3.48±0.46	3.60±0.32	10.047	0.000***

3. 青少年网络意识形态偏差行为的影响因素分析

（1）各变量描述性统计分析

根据本研究的假设，纳入的影响因素主要有在线互动动机、网络传播内容及其自身的社会文化观念、意识形态引导方式等，表5-8是对其基本情况

的描述性分析结果。

表 5-8 各变量描述性统计分析结果（n=1143）

变量	平均分	标准差	最小值	最大值
在线互动动机	3.58	0.25	2.50	4.56
网络传播内容	3.60	0.28	2.27	5.00
社会文化观念	3.60	0.30	2.07	4.93
意识形态引导方式	3.63	0.32	2.25	4.75

由表 5-8 可以看出，各变量当中，青少年在线互动动机、网络传播内容、社会文化观念、意识形态引导方式的平均分为 3.50~4.00。总体来说，青少年在线互动动机、传播内容、社会文化观念、意识形态引导方式等方面的状况较好。

下面针对各变量进行具体的描述性统计分析，其结果如表 5-9 所示。

表 5-9 在线互动动机描述性统计分析结果（n=1143）

序号	行标题	平均分	标准差	方差	最小值	最大值
1	我进行线上互动是因为网络社会带给我很大的归属感	4.36	0.75	0.57	2	5
2	我进行线上互动是因为通过网络我可以受到别人的肯定	3.56	0.71	0.50	2	5
3	我进行线上互动是因为可以比现实生活中得到更多成就感	3.52	0.81	0.66	1	5
4	我进行线上互动是为了减轻生活中的压力	3.77	0.90	0.81	1	5
5	我进行线上互动是为了获得更多的友谊	3.37	0.73	0.53	1	5
6	我进行线上互动是为了及时更新我的知识储备	3.59	0.75	0.56	1	5
7	我进行线上互动常常是为了学习新的技术或知识	3.41	0.73	0.53	1	5
8	我进行线上互动是为了寻找各类生活信息，如交通信息	3.61	0.74	0.54	2	5

续表

序号	行标题	平均分	标准差	方差	最小值	最大值
9	网络互动加深了我与朋友间的互动交流	3.43	0.75	0.57	2	5
10	网络互动对我的学习表现有积极的作用	3.59	0.74	0.55	2	5
11	网络互动开拓了我的视野,丰富了我的知识	3.43	0.75	0.56	2	5
12	网络互动有利于我的心理健康,如提升个人成就感	3.63	0.74	0.55	2	5
13	网络互动是我生活中不可或缺的一部分	3.47	0.77	0.59	2	5
14	我只有在有需要的时候才会去线上互动	3.53	0.81	0.65	1	5
15	我很享受线上互动带来的乐趣	3.50	0.76	0.58	2	5
16	在进行网络互动时,我感觉到很愉快	3.59	0.77	0.60	2	5
17	我愿意在网络互动时分享我的快乐与烦恼	3.42	0.73	0.53	1	5
18	我更愿意参与涉及社会利益与个人利益的话题中	3.59	0.70	0.48	1	5

由表5-9可以看出,在在线互动动机方面,得分最高,平均分均在3.40以上,表明青少年网络互动动机绝大多数源于青少年丰富的精神和物质层面。

由表5-10可以看出,在网络传播内容方面,首先是"我在网络上浏览新闻"的平均分最高,为4.35,其次是"分享自己感兴趣的内容给我的朋友""通过网络下载或阅读一些学习资料并进行信息查询""玩各类网络游戏""收发电子邮件""在网络分享音乐",得分分别为3.81、3.75、3.71、3.66、3.64。由此可以看出,青少年在网络传播内容方面更倾向于新闻、学习资料、趣味内容、网络游戏、邮件、音乐方面。

表5-10 网络传播内容描述性统计分析结果 (n=1143)

序号	行标题	平均分	标准差	方差	最小值	最大值
1	我在网络上浏览新闻	4.35	0.91	0.82	2	5

续表

序号	行标题	平均分	标准差	方差	最小值	最大值
2	通过网络下载或阅读一些学习资料并进行信息查询	3.75	0.73	0.53	1	5
3	浏览有趣搞笑的文字、图片或短视频、音频内容	3.29	0.74	0.55	2	5
4	分享自己感兴趣的内容给我的朋友	3.81	0.86	0.73	1	5
5	使用社交软件如QQ、微信进行聊天	3.34	0.75	0.56	2	5
6	收发电子邮件	3.66	0.72	0.52	1	5
7	参加虚拟社区活动,如追星、社区讨论	3.26	0.77	0.59	1	5
8	玩各类网络游戏	3.71	0.74	0.54	1	5
9	网上购物	3.39	0.76	0.57	1	5
10	在网络分享音乐	3.64	0.73	0.53	1	5
11	上网完成学习、工作任务/下载工具软件	3.37	0.70	0.50	1	5

由表5-11可以看出,在社会文化观念方面,首先是"我认为实现人生理想最重要的因素是个人努力"的平均分最高,为4.40;其次是"我秉承勤俭节约的消费观念""总体我对自己感到满意""为了集体利益,可以放弃个人利益""我对自己今后的从学、从业方向有具体规划"等,平均分分别为3.89、3.75、3.64、3.63,均在3.60分以上,表明从整体上看,青少年在社会文化观念方面靠近主流核心价值观念,具有一定的积极性。

表5-11　社会文化观念描述性统计分析结果（$n=1143$）

序号	行标题	平均分	标准差	方差	最小值	最大值
1	我认为实现人生理想最重要的因素是个人努力	4.40	0.81	0.65	2	5
2	总体我对自己感到满意	3.75	0.77	0.59	1	5
3	比起演艺明星,我更崇拜科学家、教育家、体育运动员等	3.31	0.74	0.55	1	5
4	我秉承勤俭节约的消费观念	3.89	0.92	0.85	1	5

续表

序号	行标题	平均分	标准差	方差	最小值	最大值
5	我认为学校开展主流思想道德修养方面的课程是有必要的	3.34	0.69	0.47	1	5
6	我对自己今后的从学、从业方向有具体规划	3.63	0.72	0.51	1	5
7	我上学的目的是实现自己的人生价值	3.35	0.76	0.57	1	5
8	为了集体利益，可以放弃个人利益	3.64	0.74	0.55	1	5
9	我对中华文化具有文化自信	3.37	0.75	0.57	1	5
10	我认为星座文化和玄学八卦都是迷信，不会影响到我的人生观、价值观	3.62	0.75	0.57	1	5
11	我有自己非常喜欢的小众文化	3.44	0.75	0.56	1	5
12	我对我的婚恋爱情充满自信	3.60	0.79	0.63	1	5
13	我不支持男女对立舆论	3.40	0.74	0.55	1	5
14	我有着自己绝对坚信的价值观	3.61	0.69	0.48	1	5

由表 5-12 可以看出，青少年在红色教育的认识方面有一定的消极性，比如"我认为当下意识形态引导方式应与时俱进""我愿意接受优质偶像、名人的意识形态引导""我愿意接受合理的大数据正能量内容推送（如短视频）"的得分要偏低一些。从总体上看，青少年对意识形态工作引导的认同度还有待提升。

表 5-12　红色教育引导描述性统计分析结果（n=1143）

序号	行标题	平均分	标准差	方差	最小值	最大值
1	我认为学校的意识形态工作大多是面子工程	4.37	0.94	0.88	1	5
2	我认为老师们个人的意识形态对学生具有较大影响	3.70	0.70	0.49	1	5
3	我认为当下意识形态引导方式应与时俱进	3.26	0.70	0.49	1	5
4	我认为意识形态引导应该注重保护个人隐私	3.75	0.85	0.72	2	5

续表

序号	行标题	平均分	标准差	方差	最小值	最大值
5	我愿意接受优质偶像、名人的意识形态引导	3.27	0.72	0.52	1	5
6	我愿意接受温和、无强制性的意识形态引导	3.68	0.67	0.44	2	5
7	我愿意接受合理的大数据正能量内容推送（如短视频）	3.29	0.74	0.54	2	5
8	我愿意接受合理健康的公益心理咨询	3.73	0.66	0.43	2	5

（2）相关性分析

本研究采用 Pearson 相关分析法对问卷中所测量的在线互动动机、网络传播内容及其自身的社会文化观念、意识形态引导方式等自变量进行分析，其结果如表5-13所示。

表5-13 各变量相关性分析

变量	在线互动动机	网络传播内容	社会文化观念	意识形态引导方式	网络偏差行为
在线互动动机	1				
网络传播内容	0.716***	1			
社会文化观念	0.530***	0.469***	1		
意识形态引导方式	0.638***	0.622***	0.651***	1	
网络偏差行为	-0.627***	-0.644***	-0.337***	-0.622***	1

由表5-13可以看出，在线互动动机与网络偏差行为（$\gamma=-0.627$，$p<0.001$）之间，网络传播内容与网络偏差行为（$\gamma=-0.644$，$p<0.001$）之间，社会文化观念与网络偏差行为（$\gamma=-0.337$，$p<0.001$）之间，意识形态引导方式与网络偏差行为（$\gamma=-0.622$，$p<0.001$）之间均具有显著的负相关性。由此印证了前文的4个假设。

（3）回归分析

通过上文的描述性分析和相关性分析，可以发现青少年在线互动动机、网络传播内容、社会文化观念、意识形态引导方式与网络意识形态偏差行为之间呈现出显著的负相关关系。为进一步分析青少年网络意识形态偏差行为的影响因素，本研究继续运用回归分析进行验证，如表5-14所示。

表5-14 青少年网络意识形态偏差行为的影响因素

选项	非标准化系数 B	标准误	标准化系数 Beta	t	p	VIF	R^2	调整 R^2	F
常数	-1.745	0.174	—	-10.037	0.000**	—			
性别	-0.001	0.023	-0.001	-0.051	0.96	1.154			
教育阶段与学历	0.005	0.01	0.013	0.51	0.61	1.595			
年龄	0.002	0.002	0.027	1.18	0.238	1.276			
户籍	0.026	0.023	0.024	1.146	0.252	1.082	0.54	0.537	$F(9,1133)$ = 148.065, $p=0.000$
月收入（包括奖金、零花钱补贴）	-0.012	0.016	-0.016	-0.731	0.465	1.229			
在线互动动机	-0.553	0.066	0.262	8.355	0.000**	2.419			
网络传播内容	-0.572	0.058	0.3	9.844	0.000**	2.295			
社会文化观念	-0.367	0.049	-0.206	-7.572	0.000**	1.82			
意识形态引导方式	-0.66	0.053	0.393	12.562	0.000**	2.414			

注：因变量为"网络偏差行为"；$D-W$：1.714；* 表示 $p<0.05$（显著），** 表示 $p<0.01$（非常显著），*** 表示 $p<0.05$（极其显著）。

第三节 青少年网络意识形态偏差矫治的理论体系

青少年网络意识形态偏差，主要指青少年网络意识形态已经偏离常态，是一种"偏差意识"，足以对他人或者自己造成困扰或者妨害。社会契约理论、自我控制理论、控制平衡理论、明耻整合理论、威慑理论等构成了青少年网络意识形态偏差矫治的理论体系。

一、社会契约理论

社会契约理论最早出现在 17 世纪末期，是当时著名的政治理论之一，其代表学者众多，比如霍布斯、洛克、孟德斯鸠等。17 世纪的西方，契约交易已经成为一种常态，也由此引发了契约思想，即尝试保证参与交易的双方都能获得平等地位，实现自由交易，建立一种权利义务关系，由此形成了社会契约理论的雏形。[①] 社会契约理论要求双方行为合意，对自己的行为负责，一旦形成契约关系就需要守信。同时，社会契约理论认为缔造契约要拥有充分的自由，比如缔约行为自由、缔约对象自由，任何第三者不得影响自由行为。此外，社会契约理论还坚持双方地位平等，认为地位平等是表达自由的基础。随着时代的发展，社会契约理论在各个历史时期都发挥着重要的作用，即便步入新时期，市场交易行为依然具有契约属性，即守信、自由、平等。在青少年网络意识形态偏差矫治过程中，社会契约理论依然可以作为基础性理论，矫治者与青少年要达成协议，虽然不是传统意义上的协议，但双方至少要达成合意，矫治者具有矫治意愿，而青少年也要愿意接受更多观点，从而形成契约雏形。青少年网络意识形态偏差矫治对双方而言都是自由的选择，不能以强权要求青少年纠正网络意识形态，相反要采取循序渐进的方式，让青少年逐步认识到网络意识形态的重要性，并愿意听取和了解更多网络意识形态的观念。更为重要的是，矫治者和青少年要保持平等地位，平等地沟通与交流，逐渐改变青少年的思想价值观念，最终达到矫治目的。

二、自我控制理论

自我控制理论最早见于 20 世纪 90 年代，由迈克尔·戈特弗里德森在《犯罪的一般理论》中提出，自我控制理论认为"低自我控制"可以对犯罪或偏差行为进行预测，以往的犯罪案件中多数案件都是犯罪者为了追求短期利益而实施的犯罪行为。诸多犯罪者中，多数都属于"低自我控制"行为人，他们更容易冲动、冒险，更容易被周围事物激发情绪，从而无法控制自身情绪，最终酿成犯罪行为。[②] 青少年网络意识形态偏差也与其自控力具有密切关

[①] 李娟, 王含阳. 西方宪政理论意识形态性的辩证批判 [J]. 马克思主义理论学科研究, 2021 (9): 113-120.

[②] 蒋军锋, 屈霞. 个体行为与自我控制: 一个理论综述 [J]. 经济研究, 2016, 51 (9): 162-174.

系，由于青少年社会经验相对不足，网络中关于意识形态的多元信息容易对其造成干扰。虽然轻微的网络意识形态偏差并不会酿成严重后果，但若不及时干预，青少年网络意识形态偏差会逐步严重，甚至发展成为邪教，涉及犯罪问题。[①] 对青少年群体而言，其法治意识、犯罪观念尚不成熟，尚未意识到自己的行为已经涉嫌触犯法律，并需要为此付出长期的代价。青少年出生并成长于网络社会，受到的信息干扰更为强烈，稍不注意就会坠入网络陷阱，因此需要对其网络意识形态进行正确引导，帮助纠正网络意识形态偏差，从而更好地在网络社会中生活成长，积极吸收网络中的优秀的文化，自觉抵制不良文化，特别是错误的网络意识形态、思想价值观念。

三、控制平衡理论

控制平衡理论最早见于20世纪40年代，由海德等人提出，控制平衡理论主要围绕个体与两种态度之间的关系。对个体而言，在两种态度之间存在平衡与非平衡关系，即个体对某个态度存在喜欢或不喜欢的状态，平衡关系即个体对两种态度持有同等喜好，而非平衡关系则意味着个体存在偏见，对某种态度持有抵触情绪。为了实现平衡状态，就需要引入个体控制条件，尝试利用个体的控制力达到平衡状态。如今，控制平衡理论已经被广泛应用于现实社会，由于现实生活中的人、观念、文化之间会形成紧密联系，任何个体的任何态度都会受到外部因素的影响，这就需要平衡这些外部因素，让个体达到平衡的状态。[②] 青少年网络意识形态偏差矫治与控制平衡理论密切相关，对每一个青少年个体而言，都面临着两种不同的意识形态，需要在不同意识形态中维系平衡。但是，由于在现代网络环境中，非主流意识形态向青少年渗透，而其自身的控制能力不强，容易对意识形态识别出现偏差，从而出现非平衡现象，因此需要引入个体控制力，由外部力量帮助青少年矫治意识偏差，从而让意识形态产生平衡，地方政府、学校、家长都应该作为重要的外部参与力量，通过正确的引导，让青少年意识到意识形态平衡问题，从而以正确的态度对待网络意识形态。

---

① 许博洋，周由，CHANG Lennon. 青少年网络越轨行为的发生过程及原理：基于自我控制理论和差别交往理论的视角 [J]. 中国青年社会科学，2021，40（3）：79-87.
② 朱梅芳. 基于信息控制与获取平衡理论的信息资源开放获取对策研究综述 [J]. 图书馆学刊，2010（1）：68-70.

四、明耻整合理论

明耻整合理论是围绕犯罪学领域的基础性理论，认为个体一旦被贴上犯罪的标签，那么可能会刺激个体做出更多的犯罪行为。随之而来的问题即个体一旦出现犯罪行为，或涉嫌犯罪的行为，外界是否要进行干预，如果需要干预应采取何种策略。[①] 对此，明耻整合理论提出了解决方案，认为要让个体后悔，真正认识到自己存在的错误，并允许犯罪个体重新回到社会，达到明耻整合的目的。对于青少年网络意识形态偏差矫治问题，同样可以从明耻整合理论视角进行分析。一般情况下，青少年出现的网络意识形态偏差，仅仅是思想观念、价值理念上的偏差，并未上升到犯罪层面，那么在外部力量介入时，要注重引导青少年自己意识到在网络意识形态上出现的错误，而非依靠外部力量批判青少年，强迫其承认错误。同时，即便青少年出现了严重的网络意识形态偏差，甚至涉嫌或已经出现了犯罪行为，在外部力量介入的过程中，也需要依照明耻整合理论的要求，让青少年意识到自身行为的错误，并引导青少年重新回归社会，达到明耻整合的目的。

五、威慑理论

威慑理论最早见于20世纪80年代，由安德森等人率先提出。通过构建威慑理论模型，将阻止犯罪因素量化处理，选取10个变量作为关键因素，通过这些变量因素判断各种犯罪对某类群体可能产生的影响程度，以及相同犯罪因素对不同群体的影响程度。但是，威慑理论也有着自身的短板，主要是对于犯罪动机的量化并不精准，犯罪动机不能依赖收益与处罚之间的关系进行判断。[②] 由于青少年网络意识形态偏差也可能导致犯罪行为的出现，所以在围绕青少年网络意识形态偏差矫治进行研究时，可以利用该模型分析出不同群体在网络意识形态偏差犯罪上的概率，以及在相同环境下不同群体涉及网络意识形态偏差犯罪的可能性。在分析和研究的过程中，网络因素十分重要，青少年频繁接触网络，而网络中关于意识形态的内容杂乱，并且存在较大程度的偏差，容易导致青少年出现犯罪行为。

---

① VIBEKE SJOVOLL. Abandoned ideas and the energies of failure [J]. Emotion, space and society, 2020 (6): 150-157.

② 李中良. 从"抽象性"到"生成性"：刑罚威慑理论的认知视野转向 [J]. 山东社会科学, 2021 (12): 182-187.

第四节 青少年网络意识形态偏差的矫治方略

在青少年网络意识形态偏差矫治理论的基础上,研究青少年网络意识形态偏差矫治的方略,通过有效的信息干预,从而完成对网络意识形态偏差者的矫正治理。

一、青少年网络意识形态偏差矫治的行为主体

青少年网络意识形态偏差矫治主体多元,主要为政府、社会、家庭、学校和网络社会,这些主体因各自角色的不同发挥着不同的作用。

从政府角度来看,政府在青少年网络意识形态偏差矫治中占主导作用。意识形态工作是党的一项极端重要的工作,必须牢牢把握住,无论是现实生活中的意识形态取向,还是网络意识形态取向,都是党和政府关注的焦点。在实施过程中,政府往往依赖于宣传部门、文教部门、广电部门、出版社等机构,通过法律法规、政策文件,对青少年网络意识形态做出指引,对存在的偏差提出矫治策略。[①] 但是,我国互联网起步相对较晚,在与域外意识形态对抗中存在一定的弱势,尤其是技术上存在短板,无法对偏差的意识形态全面封锁,更需要党和政府提升技术水平,形成对青少年网络意识形态的全面掌控。

从社会角度来看,社会组织是社会治理的重要主体。社会组织数量繁多、种类丰富,对青少年的影响更为广泛,因此需要其介入青少年网络意识形态偏差矫治。新闻媒体单位、科研教育机构、行业协会等,都应在自身范畴内,依照党和政府的指引,矫治青少年网络意识形态偏差。比如教育机构针对青少年开展课外指导,可以适当添加意识形态教育内容,这既能够助力青少年更好地成长,也能够配合党和国家做好分内工作。

从家庭角度来看,家庭是青少年成长的重要场所,对于青少年的认知形成有着潜移默化的影响。对青少年而言,父母的意识形态对其成长尤为重要,因此父母需要对青少年网络意识形态做出正确指引,通过家庭教育逐步引导其意识形态认知,满足青少年的成长需求。同时,随着青少年的逐步成长,尤其是接触网络之后,其会受到网络信息的影响,从而出现网络意识形态偏

---

① 黄柏芝. 再社会化视野下我国专门矫治教育的制度完善 [D]. 广州:华南理工大学,2021.

差的现象，这也需要家长及时发现，并予以纠正。

从学校角度来看，学校是教育和培育青少年最为重要的场所，学校承担着青少年网络意识形态的引导工作。学校需要设立思政课程，系统地进行意识形态教育工作，不同于其他主体的配合义务，学校承担的是网络意识形态教育的主责，既要告知青少年网络意识形态的重要性，还需要做到理论与实践结合，让青少年切实树立起正确的网络意识形态。[1] 与家庭教育一样，当学校发现青少年出现网络意识形态偏差的现象时，也需要及时予以纠正，并对纠正结果进行追踪考核，防止网络意识形态偏差引发严重后果。

从网络社会角度来看，随着互联网的日益普及，形成了一个崭新的社会形象，各种理想观念、思想价值都在网络世界中发生碰撞，容易出现青少年网络意识形态偏差的现象。对此，网络社会也需要承担起责任，尤其是诸多网络平台、互联网企业应传播正确的意识形态观念，对平台中出现的意识形态偏差及时予以引导，[2] 做好把关服务，为青少年提供更加清朗的网络空间。

青少年网络意识形态偏差矫治客体为青少年意识形态，意识形态本属于哲学范畴，是个体对事物的感官思想，包括观念、观点、概念、思想、价值观等要素的总和。意识形态并不是个体独有的，而是与社会环境伴生，个体意识形态与国家、区域社会环境有关。结合我国实际情况来看，封建主义、三民主义、社会主义就是不同历史时期存在的不同的意识形态。从世界范畴来看，意识形态更包括神学、人文主义、理想主义、资本主义等，这些意识形态共存于社会，仅是由于不同社会环境所致。[3] 但是，结合我国当前情势来看，青少年需要保持正确的意识形态，即社会主义意识形态，其是最符合我国国情和未来发展趋势、最有利于青少年成长的意识形态，为助力青少年更好地成长，需要引导青少年认同社会主义意识形态，对其他域外意识形态予以矫治。

---

[1] 韩霜静，尼扎吉·喀迪尔. 新时代加强青少年党史学习教育研究 [J]. 教育观察，2021 (23)：4-6.

[2] 吴运时. 网络平台"青少年模式"的失范及治理 [J]. 少年儿童研究，2022 (5)：13-19，28.

[3] 许爱凤. 社会主义核心价值体系教育客体分析 [J]. 湖北师范学院学报（哲学社会科学版），2011 (4)：97-100.

二、青少年网络意识形态偏差矫治的重要因素

(一) 明确矫治类型

如前文所述,网络意识形态根据偏差程度分为一般偏差和严重偏差,对于不同程度的网络意识形态偏差,需采取不同的矫治策略。在一般偏差方面,青少年网络意识形态一般偏差主要以偏离主流意识形态、偏离社会道德规范等行为为主,此种行为会给自身成长造成伤害,但并不涉及违法犯罪行为,主要以说服、教育、引导等矫治方法为主;在严重偏差方面,主要是指青少年网络意识偏离主流意识形态,并与现行法律法规相悖,不仅不利于自身成长,也会对社会造成危害,需要以法律的形式予以矫治,以强制手段要求青少年网络意识形态重回正轨。[1] 一般偏差和严重偏差看似在程度上存在显著的差异,并以法律为界限,但事实上,倘若不重视一般偏差,对其置之不理,就容易导致青少年逐步出现网络意识形态严重偏差,对他人、社会造成更为严重的危害。

(二) 明确矫治内容

青少年网络意识形态偏差矫治主要是帮助青少年重回主流意识形态,坚持社会主义思想价值观念。

首先,要巩固马克思主义在青少年网络意识形态中的领导地位。意识形态的本质是国家现象,其既属于思想问题,又属于政治问题。一直以来,我国都坚持以马克思主义为指导思想,无论是现实生活,还是虚拟网络社会,都要确保马克思主义的指导地位。[2] 如今,网络打破国家界限,部分西方国家利用技术优势,以网络为渠道渲染所谓的"民主""人权",对我国青少年进行思想文化入侵和意识形态渗透。但事实上,马克思主义才是指导中国未来发展、促进世界平等交流的主流意识形态,因此,青少年网络意识形态偏差矫治需要巩固马克思主义的指导地位。

其次,要提升社会主义核心价值观对青少年网络意识形态的引导力。在新时期,社会主义核心价值观是全国各民族的共识,是体现中华民族凝聚力、

---

[1] 陈新宇. 网络青年亚文化对主流意识形态的功效、挑战及对策 [J]. 大连海事大学学报(社会科学版), 2022 (2): 97-102.

[2] 韩汶轩. 坚持马克思主义在意识形态领域指导地位根本制度的三重逻辑 [J]. 河北经贸大学学报(综合版), 2022 (3): 92-97.

向心力的基础工程。但是，随着互联网的兴起，来自不同国家、不同地区的价值观念相互交融碰撞，对社会主义核心价值观造成一定冲击，特别是对处于价值观形成期的青少年而言，容易被其他价值观念影响，从而偏离社会主义核心价值观。① 所以，需要着手对青少年网络意识形态偏差进行矫治，让青少年重新回归社会主义核心价值观，并加大网络优质内容供给、创新传播手段，让社会主义核心价值观更具有生命力、感召力。

最后，要维护网络安全。当前网络战争尚处于胶着状态，不同国家之间通过网络渗透、文化侵袭等方式，扰乱他国文化秩序，对国家网络安全造成严重威胁。② 作为新时代网络社会的主要参与者，需要重点关注青少年网络安全，通过及时矫治青少年网络意识形态偏差，维护我国网络社会的安全有序。同时，网络安全要从把握网络规律、引导网络舆论、驾驭网络发展入手，围绕青少年开展网络意识形态教育，防止出现国家网络安全事件。

(三) 精确矫治时机

青少年网络意识形态偏差矫治要形成全流程矫治，做到事前防患于未然、事中适时介入、事后矫正治理。

在事前网络意识形态偏差矫治方面，政府、学校及家庭都要积极向青少年灌输正确的网络意识形态，比如马克思主义、社会主义等主流意识形态，并告知青少年网络意识形态偏差可能产生的恶果，如拜金主义、资本主义等都将给青少年未来成长产生负面影响，从而帮助青少年提高网络意识形态甄别能力，形成自觉抵制错误网络意识形态的基本素养。③

在事中网络意识形态偏差矫治方面，学校和家庭与青少年接触最为密切，也是事中阶段重要的矫治主体。学校与家庭应提高警惕性，一旦发现学生存在网络意识形态偏差的迹象，就要及时制止，防止青少年网络意识形态偏差越来越严重，从而保证更多青少年能够跟随主流意识形态。④

在事后网络意识形态偏差矫治方面，一旦青少年网络意识形态出现完全

---

① 龚劲. 网络媒体传播社会主义核心价值观探索 [J]. 中国报业，2022 (12)：50-51.
② 倪颖，廖志诚. 总体国家安全观视域下高校网络意识形态工作的挑战及对策 [J]. 武夷学院学报，2022 (7)：83-88.
③ 徐国民，胡秋玲. 新时代意识形态风险防控能力提升路径探析 [J]. 思想理论教育，2020 (10)：42-47.
④ 周锦丽. 新时代加强高校网络意识形态阵地管理的长效机制探究 [J]. 理论观察，2021 (9)：12-16.

的偏差，无论是一般偏差，还是严重偏差，都需要政府、学校、社会进行矫治。对于一般偏差，主要由学校负责教育引导，以说服教育为主，但要确保达到矫治效果，让青少年网络意识形态能够重新回到主流。在这个过程中，学校及家庭也可以减少青少年使用网络的时长，减少青少年接触偏差网络意识形态的机会，从而使其逐步回归主流意识形态；对于严重偏差，就需要政府及相关部门负责，根据我国现行法律法规的规定，对青少年严重偏差行为予以严惩，比如传播邪教、侮辱革命先烈等，采取相应的法律强制手段进行事后矫治，从而达到最终矫治目的，让青少年网络意识形态重新回归主流。①

（四）落实矫治策略

在矫治策略方面，青少年网络意识形态偏差矫治要采取多种措施，比如防治结合、标本结合、因材施教等，结合青少年的实际情况，采取相应的措施更容易取得较好的效果。

防治结合是青少年网络意识形态偏差矫治最常见的方式。"防"主要是由学校与家庭承担责任，在青少年尚未出现网络意识偏离时，向青少年灌输主流的网络意识形态，比如将马克思主义、社会主义纳入现行教育体系，通过思想政治课程、思政考核、家庭熏陶等方式，让主流意识形态牢牢占据青少年思维理念，让青少年对意识形态产生正确的认知，避免偏离主流意识形态。②"治"主要是由政府及学校承担责任，当青少年出现网络意识形态偏差时，对于一般偏差主要由学校承担矫治责任，往往以批判教育为主，帮助青少年转变思维，重新回到主流网络意识形态。对于严重偏差主要由政府承担矫治责任，需要依照现行法律法规，对青少年违法犯罪行为予以处理，比如管制、拘役、有期徒刑等，以强制的法律手段进行矫治，减少青少年网络意识形态偏差。

标本结合措施要求青少年既要表面上做到尊崇主流网络意识形态，也要从根本上对网络意识形态产生认同感。"标"是指表面的症状，即青少年由于网络意识形态偏差所引起的现实表征，比如炫富行为。如今青少年炫富现象

---

① 莫纪宏，诸悦. 论完善我国意识形态安全的法治保障 [J]. 甘肃社会科学，2021（6）：133-143.
② 王天楠. 碎片化网络舆情下主流意识形态话语权探析 [J]. 中共天津市委党校学报，2020（1）：36-42.

比比皆是，无论是穿着，还是生活用品等方面，都存在着炫富、攀比行为，学校应该对此予以纠正。"本"是指病症的源头，青少年出现炫富、攀比现象，其背后根源主要在于青少年受到网络环境影响，开始出现意识形态偏差。这就需要政府、学校、社会以及家庭共同介入，实施有效的青少年网络意识形态偏差矫治，让青少年能够发自内心地意识到自身在意识形态方面存在的偏差，找到症结，实现"药到病除"。

因材施教是指在青少年网络意识形态偏差矫治的过程中，要结合不同青少年的实际情况，实行有针对性的矫治措施。首先，根据青少年网络意识形态偏向采取不同处理方式。不同意识偏向的青少年对于自由与保守的看法不同，存在的网络意识形态偏差也截然相反，因此需要深入青少年群体中开展调查，了解不同青少年的网络意识形态偏向，从而采取针对性的解决对策。其次，根据青少年网络意识形态偏离程度采取不同的处理方式。正如前文所述，一般偏差和严重偏差，两者对于青少年的危害程度不同，在进行青少年网络意识形态偏差矫治时也要区别对待，采取不同的手段进行矫治，尤其是对于一般偏差不宜采取强硬手段，而是要从思想上进行引导，才能取得更为显著的效果。[①] 最后，根据青少年自身性格采取不同的矫治方式。不同青少年性格差异明显，最典型的就是强势与软弱，对强势性格的青少年开展矫治的过程中，不适宜采取刚性手段，而是要以柔和的方式逐步进行引导，才能获得更为显著的矫治效果。所以，在青少年网络意识形态偏差矫治的过程中，需要深入调查其具体情况，对青少年进行分类处置，引入不同的矫治措施，做到因材施教才能取得显著的矫治效果。

（五）达成有效互动

青少年网络意识形态偏差矫治主体需要与青少年之间形成有效互动关系，利用互动的方式逐步改善青少年网络意识形态偏差现状，从而达到矫治的目的。一般来说，矫治主体都会借助技术与青少年之间构建关系来完成矫治任务。在技术性互动关系方面，青少年网络意识形态偏差是由于其通过网络浏览相关信息，逐步接受偏差的观点，最终导致意识形态发生偏离。实施矫治也应从网络入手，矫治主体应选择青少年长期使用的网络平台，比如微博、微信、QQ、抖音等，并建立相关账户，利用网络途径向青少年灌输正确的网

---

① 李紫娟，辛向阳. 网络意识形态风险的生成机理与系统应对：一个整体性分析框架 [J]. 中共杭州市委党校学报，2020（5）：83-89.

络意识形态。同时，在实施青少年网络意识形态矫治的过程中，部分主体往往具有技术优势，比如政府可以利用大数据分析青少年网络意识形态偏差倾向，从而精准定位不同青少年的偏差类型，制定具有针对性的矫治策略，提高矫治的效率。另外，青少年网络意识形态偏差矫治主体还应该尝试与青少年之间建立交互关系，以情感为纽带，逐步改善青少年网络意识形态现状。比如学校可以与青少年开展谈话，通过谈话了解其网络意识形态现状，及时发现青少年网络意识形态偏差的问题，及时介入，通过说服教育的方式改变青少年网络意识形态偏差。这种交互式的方法适合一般偏差，并且能够有效地矫治青少年网络意识形态偏差。

第六章

大数据时代青少年网络意识形态引导的作用机制与价值排序

明确青少年网络意识形态引导的作用机制与价值排序,深入挖掘青少年主流意识形态认同的生成要素与影响因素,把握其认同规律,对通过大数据技术提高青少年群体的意识形态认同具有重要意义。

第一节 青少年网络意识形态引导的影响因子

大数据时代青少年网络意识形态的引导需要科学把握其影响因素,创新理念和手段,不断提高社会主义意识形态在青少年群体中的凝聚力、引领力。

一、因子分析法

因子分析法即探索影响青少年网络意识形态引导的各种因素,厘清因子之间的相互关系,根据因子的变化反应,找出最具有影响力的因素,对该部分因子进行优化与完善。

因子分析通常包括以下四步:

第一,计算变量相关矩阵。使用因子分析的前提是各个因子之间具有密切关系,并且这种关系表现得比较明显。因此,需要对因子矩阵进行检验,当矩阵中多数数据都在 0.3 以下时,可以认为不适用因子分析法,倘若矩阵中多数数据都在 0.3 之上,则适合使用因子分析法。

第二,提取公因子。本研究采取主成分分析法提取公因子。一般来说,仅需选择前几个主成分进行分析,即通过特征值准则、碎石检验准则选择因子个数。

第三，因子旋转。确定公共因子之后，应进一步分析其含义，并以此解决实际问题。当公共因子的表现并不显著时，就需要进行因子旋转，解释各个因子之间的方差，并按照比例进行调整，使得因子的结构与组成更为简单便捷，为后续的解释做好准备。

第四，解释并计算因子值。这一步需要命名因子，并利用因子载荷矩阵，找到显著的载荷变量，对其进行命名，再进行综合排序与评价。

二、设计依据与因子设定

（一）设计依据

本研究问卷中将青少年网络意识形态引导影响因素分为 8 个项目，同时采用李克特量表方式，将选项设置为非常重要、比较重要、一般、比较不重要、非常不重要，分别对应为 7 分、6 分~5 分、4 分、3 分~2 分、1 分。根据问卷调查结果，对指标进行计分。同时，对研究目标的确立则采用专家评分法，邀请该领域专家评价研究对象的重要性，具体来说，就是把第 K 位专家学者的打分情况整理成（=1，2，3，…，10），之后再把 10 名专家学者对研究对象的打分情况作为下一步的研究目标，分别整理成（=1，2，3，…，40），通过这种方式能够有效地获得调查的最终结果，同时对相关信息进行整合。那么在本研究中，因子设定的情况，即包括上文中初步完成制定的 8 个项目。

（二）数据处理指标构建

在本次调查中，p 为 0.001，不大于 0.01 个百分点；KMO 为 0.73，大于 0.6。不难发现，因子分析法适用该种情况，能够得出科学的结果，如表 6-1 所示。

表 6-1 *KMO* 和巴特利特（Bartlett）检验

Kaiser-Meyer-Olkin Measure of Sampling Adequacy（*KMO* 抽样充分性测量）	0.676
Bartlett's Test of Sphenicity（巴特利特球型检验）	89.029
DF（自由度）	28
Sig（显著性）	0.000

通过因子提取，运用主成分法，主因子个数根据 Kaiser 标准确定，即特

征根大于 1。通过统计学软件 SPSS 对样本数据进行降维,输出特征根与方差解释率,如表 6-2 所示。

表 6-2 累积特征解释率

因子编号	特征根	方差解释率/%	累积/%	特征根	旋转前方差解释率 方差解释率/%	累积/%	特征根	旋转后方差解释率 方差解释率/%	累积/%
1	1.939	24.235	24.235	1.939	24.235	24.235	1.790	22.378	22.378
2	1.375	17.189	41.425	1.375	17.189	41.425	1.513	18.911	41.288
3	1.179	14.738	56.162	1.179	14.738	56.162	1.190	14.874	56.162
4	1.008	12.599	68.761	—	—	—	—	—	—
5	0.889	11.108	79.869	—	—	—	—	—	—
6	0.739	9.242	89.112	—	—	—	—	—	—
7	0.460	5.747	94.859	—	—	—	—	—	—
8	0.411	5.141	100.000	—	—	—	—	—	—

从表 6-2 中可以看出,其中有 3 个因子的对应特征值大于 1,因此,将 3 个主因子用 F1~F8 表示。

为便于对各因子所代表的具体含义进行合理解释,还需要对因子进行方差最大化的正交旋转,在旋转 5 次迭代后收敛,由此得到因子的旋转载荷矩阵,如表 6-3 所示。

表 6-3 旋转后的因子载荷矩阵

名称	因子载荷系数 因子1	因子2	因子3	公因子方差
学校的意识形态工作的影响	0.732	−0.002	−0.170	0.564
老师们个人的意识形态对学生具有较大影响	0.554	0.186	0.029	0.442
意识形态引导应该注重保护个人隐私	0.606	−0.166	0.232	0.449
优质偶像、名人的意识形态引导	0.618	−0.079	0.092	0.497
温和、无强制性的意识形态引导	−0.417	0.621	0.290	0.644
合理的大数据正能量内容推送(如短视频)	−0.027	0.790	−0.381	0.770
合理健康的公益心理咨询	0.125	0.657	0.133	0.464
具有科技感、富有创新的意识形态引导	0.093	0.053	0.922	0.862

由此，对各主因子所涉及的变量特征属性进行命名，分别定义为网络舆论、惩处机制和意见领袖。

第二节 青少年网络意识形态引导的关键要素

大数据时代，把握青少年网络意识形态工作的领导权，必须牢牢植根于新时代中国特色社会主义伟大实践的沃土，注重把握关键要素，将青少年网络意识形态引导融入新时代中国的经济建设、政治建设、文化建设、社会建设和生态文明建设的伟大实践中。

一、青少年网络意识形态中的舆论引导

网络舆论是公众通过互联网对现实热点问题所持有的较强影响力、倾向性的言论和观点。网络舆论以网络为载体，以事件为核心，是广大网民对事件态度、观点以及意见的表达。网络舆论是影响青少年网络意识形态的关键要素，诸多青少年价值观念尚不成熟，极易受到舆论影响，出现"人云亦云"现象，因此其在网络热点事件中，往往不是深入调查事件真相，而是追随大众观点，在缺乏准确认知的情况下发起网络攻击。[1] 同时，由于公权力在网络中的根基不深，面临信任危机，一旦网络舆论被人操控，就会导致青少年掉入舆论陷阱。

由于网络舆论本身就具有较强的引导力和影响力，因此在青少年网络意识形态引导中应该以网络舆论为工具，通过有组织、有规律、有节奏的网络舆论，引导青少年回归主流意识形态，自觉抵制意识形态偏差行为。网络舆论引导重点在于话题设置的主导权，政府及相关部门应在第一时间抢占舆论高地，充分把握舆论引导的时、度、效原则，弘扬主流价值观，形成正确的舆论导向，引导青少年回归主流意识形态。从长远来看，网络舆论引导需多方努力、久久为功。首先，政府及相关部门主导网络舆论控制。在互联网时代，政府要意识到网络舆论的重要性，并制定网络舆论引导的相关法律法规、政策文件，对网络舆论引导提出基本要求和具体措施，为其他主体责任提供依据。其次，网络平台要承担网络舆论引导的主要责任。网络平台负责网络

---

[1] 许科龙波，郭明飞. 智能传播时代网络舆论场意识形态的"失智"与反思 [J]. 石河子大学学报（哲学社会科学版），2022（4）：9-14.

经营管理，在舆论管控上具有技术优势，具有舆论管控的便利性，能够提高网络舆论引导的效率。① 最后，社会公众应履行网络舆论监督职责，自觉维护网络环境。如今互联网已经走进生活，成为社会公众生活必需品，社会公众作为网络民主政治的推动者，应做好网络舆论的监督，及时投诉举报意识形态偏差行为，防止错误舆论形成不良导向。

二、青少年网络意识形态引导中的惩处机制

惩处机制是以不同方式对出现错误的个体予以处罚，在青少年网络意识形态引导中发挥着重要的作用。习近平总书记曾多次强调，网络空间不是法外之地，青少年在网络中出现错误，甚至是违法犯罪行为，都应予以严肃处理，达到改善思想、纠正行动的目的。青少年网络意识形态偏差分为一般偏差和严重偏差：一般偏差集中体现于违反社会规范、违反道德行为约束，严重偏差则是指触犯法律法规。面对一般偏差主要以说服教育为主，这是一种相对较轻的惩处机制，旨在通过对青少年的批评教育，让青少年意识到自身的偏差行为，起到循循善诱的作用。面对严重偏差则用法律法规予以惩处，比如拘役、管制、无期徒刑等，由国家公权力介入，对青少年出现的严重网络意识形态偏差行为予以惩处，这往往会限制青少年的自由，强制青少年改正偏差，并在服刑过程中同步开展说服教育，帮助青少年纠正网络偏差。惩处机制的作用不言而喻，利用外力对青少年进行处罚，往往更能够起到立竿见影的效果，从而达到青少年网络意识形态偏差矫治的目的。②

也就是说，惩处机制是纠正青少年网络意识形态偏差，重回主流意识形态的重要因素。面对青少年网络意识形态偏差，需要利用惩处机制引起青少年重视，甚至采取强制措施矫治青少年网络意识形态偏差行为。首先，依法严惩青少年网络意识形态违法犯罪行为。网络时代，信息的传播速度激增，影响范围日益扩大，为避免不良信息传播造成巨大影响，对涉及严重偏差的青少年网络意识形态违法犯罪行为，应依法予以严惩。司法机关应组织青少年参加司法讲座，了解现行法律法规规定，要求青少年恪守法律红线，做遵

---

① 缪锦春，易华勇. 5G时代网络舆论治理面临的挑战与应对理路：基于意识形态安全视角[J]. 江南大学学报（人文社会科学版），2022（1）：30-37.

② 张冬，郭娜娜. 新时代中国特色社会主义法治意识形态的根本属性和构建路径[J]. 南通大学学报（社会科学版），2022（3）：108-118.

纪守法公民。① 其次，加大学校对一般网络意识形态偏差批评教育力度。以往学校仅重视青少年学科成绩，对意识形态问题关注度不够，即便发现偏差也是以简单的批评教育为主，并不会考核教育成果。因此，需要学校对此加强重视，形成规范的批评教育机制，对意识形态有问题的青少年进行追踪考核，以考核结果为依据决定其是否可以正常参与学校生活。最后，提高家长对青少年网络意识形态的重视度。青少年网络意识形态与家庭和谐稳定关系密切，因此要提高家长对青少年网络意识形态的重视度，鼓励学校与家长之间开展密切沟通，让家长以说服教育的方式纠正青少年网络意识形态偏差。

三、青少年网络意识形态引导中的意见领袖

意见领袖是团队中构成信息与影响的重要来源，能够决定多数人态度倾向的少数人，其并不一定具有领袖职位，但往往具有一定影响力，能够获得某个领域多数人的认可。意见领袖是现行网络两级传播的重要角色，往往最先接触信息，经过加工后再传播给他人，达到扩散传播的目的，诸多自媒体、大V、网络达人在特定领域中具有意见领袖的地位，往往能够对舆论走向产生强烈影响。② 面对青少年网络意识形态偏差现象，传统引导主体往往受到青少年的质疑，比如教师、家长等。部分青少年更信赖自媒体、大V和网络达人，一般而言，意见领袖与受众之间处于较为平等的关系，往往不存在领导与被领导关系，并且不是"大人物"，而是网络生活中最熟悉、最关注、最了解的人，因此相对家长和教师而言不易引起青少年反权威的叛逆意识。同时，意见领袖往往具有良好的人际关系，在网络中掌握一定的话语权，拥有众多粉丝和支持者，常常对社会热点事件发声，并能够得到一定人数的支持。意见领袖在青少年网络意识形态偏差矫治中扮演着重要角色，依赖于青少年对意见领袖的喜欢与重视，意见领袖能够在一定程度上改变青少年网络意识形态偏差。

意见领袖也会对青少年思想产生负面影响。特别是网络主播、网络明星的看法与观点会影响青少年成长，因此，政府及网络平台需要关注网络意见

---

① 皮坤乾. 宪法保障新时代社会主义意识形态建设之理性审视[J]. 浙江工商大学学报, 2021 (4): 24-33.
② 杨慧民, 陈锦萍. 网络意见领袖建构网络意识形态的逻辑理路及其应用[J]. 理论导刊, 2022 (4): 53-58, 78.

领袖。首先,网络平台应严格规范网络意见领袖言论。微博、微信、抖音等社交媒体平台肩负着言论监管的责任,应防止网络意见领袖出现意识形态误导性言论,若意见领袖发表不当言论应及时提醒,并要求其纠正言论。其次,加强法律对网络意见领袖言论的监管。互联网并非法外之地,网络意见领袖的言论具有极强的引导性,需重点关注,一旦不当言论超过法定转发数、评论数,应依法对其进行禁言和惩处。最后,鼓励网络意见领袖引导青少年回归主流意识形态,培养主流意见领袖发挥正向的意识形态引导作用。多数网络意见领袖自身意识形态端正,应鼓励其积极传达正确的价值观念,并给予正能量网络意见领袖更多的流量扶持,让正能量的信息得到更广泛的传播。[①]

第三节 青少年网络意识形态的价值排序与核心价值观序位

青少年网络意识形态的价值排序可以从多个维度进行分析,包括经济、外交、国家、社会以及个人价值观等方面。这些维度构成了一个意识形态光谱,通过这个光谱,可以对不同意识形态的价值观进行排序和比较,从而更好地理解它们的核心理念和行为准则,进而促进青少年在不同意识形态之间做出明智的选择。

一、"最高价值准则"与"基本价值"的排序对位

价值排序往往基于不同价值分类说、不同价值样式说、不同价值评判说,而关于网络社会中青少年的意识形态价值排序与核心价值观序位仍处于混乱状态。自古以来,文化与价值始终多元共生,个体意识中存在价值序位。然而正确的青少年网络意识形态无论是最高价值准则,还是基本价值都追求排序得当。但事实上,受主观思想限制,要实现每个个体的价值排序都得到社会公允极为困难。

---

① 吴东风. 意识形态安全视角下的网络意见领袖作用研究 [J]. 赤峰学院学报(汉文哲学社会科学版),2021 (4):21-25.

从个体外在角度来看,价值排序是道德心理的外在表征,比如价值认知、伦理意图、道德选择、伦理行为都会根据不同个体的喜好呈现出不同的排序状态。同样,在网络社会中,青少年的意识形态价值排序与核心价值观序位也因人而异。从个体内在角度来看,任何价值排序都与个体内在伦理决策有关,个体具有自由意志,能够意识到伦理问题,基于判断达成"符合伦理"或"不符合伦理"的认知。这个过程中个体对价值的排序往往会受到价值起源、价值判断依据等因素的影响,可以说是个体在甄别、判断、追求以及实现价值的过程。[①]

从个体与共同体角度来看,作为约束共同体的道德与规范,往往直接规定了个体的权利与义务,并拥有相对成熟的价值秩序,但社会对共同体价值排序仍存在质疑,即便最终达成一致,也仅体现在社会对道德共识或价值认同的排序,这种排序并不会得到一致认可,但会在多数群体中获得承认。[②] 所以,"最高价值准则"或"基本价值"排序是否一致取决于个体与共同体的认知,个体虽然对价值排序有着自己的理解和判断,但还需要尊重多数共同体的排序。

二、青少年价值排序不对等的现实影响

(一) 政治认同的式微

认同是个体对外部价值产生的基本判断,个体可以遵守外部价值,但并不代表其完全认同外部价值。随着现代国家的建立与完善,任何国家都有各自的意识形态与价值排序,但该国公民并不一定持有完全认可的态度,也就产生了认同危机,严重影响了国家的稳定与持续发展。[③] 正如哈贝马斯所说,认同危机是价值认同的极限状态,很可能打破认同秩序。我国拥有悠久的历史、多元的文化,国家意识形态与价值排序需要满足多数公民的需求,意味着仍有少数公民游离于体系之外,不认可国家意识形态与价值排序,具体表现为部分公民对政治热情不高、对政治政策落实不到位,甚至产生抨击国家

[①] 张彦,王长和. 论改革开放以来中国发展理念价值排序的演进依据 [J]. 浙江社会科学,2018 (7):4-10, 155.
[②] 杨建锋. 基于价值排序的当代大学生核心价值逻辑秩序建构 [J]. 遵义师范学院学报,2017 (3):142-144.
[③] 苗雪. 政治符号论域下构建大学生政治认同路径研究 [J]. 济源职业技术学院学报,2020 (3):79-83.

意识形态与价值排序的现象。在网络社会中,青少年的意识形态偏差就是对国家意识形态与价值排序不认同的一种体现,由于青少年网络意识形态及价值观尚不成熟,一旦存在不认同国家意识形态与价值排序的现象,将影响国家与社会的稳定发展。

(二) 文化安全的威胁

在文化扩张、文化霸权主义下,诸多国家致力于保护文化安全,减少文化霸权主义的入侵,防止本国公民受到域外文化冲击,引发本土文化焦虑。如今,文化安全已经被置于国家安全、经济安全的同等高度,其中意识形态安全极为重要,意识形态是文化的核心,不同意识形态下国家文化差异尤为显著。我国作为社会主义国家,恪守社会主义意识形态,与多数资本主义国家不同,更需要恪守意识形态安全,保护国家文化安全。[①] 如今,互联网打破地域限制,越来越多的文化在网络中交织碰撞,部分西方国家利用互联网技术上的优势,大肆开展文化入侵,尤其是用所谓的"民主""人权"理念对尚未成熟的青少年群体进行干扰,部分青少年不具有明辨是非的能力,从而出现网络意识形态偏差,这已经对我国文化安全造成了威胁。因此,我国必须加强对国家文化安全的重视,警惕各种思潮、价值观的渗透,始终坚持社会主义核心价值观,坚定文化自信,并以此引导青少年,向利用网络渗透文化的西方国家发起反击。

(三) 道德冲突的加剧

在现代社会,道德冲突已经非常普遍,并且可能会愈演愈烈,其根源就在于个体对价值排序存在明显差异,部分个体十分看重自身的价值排序,一旦外部认知与自身价值排序存在冲突,就会产生抵触情绪,甚至排斥他人尊崇的价值排序,从而与共同体之间产生道德冲突。但事实上,价值排序仅仅是序列不同,是个体对价值的判断产生偏差,不应该引起如此强烈的反应。对当今社会而言,价值本就是多元的、差异的、无序的,应该充分尊重各种价值排序,并依照共同体的要求遵守价值。[②] 从青少年网络意识形态偏差角度来看,不同意识形态也只是青少年个体的排序不同,从而不愿意遵守不同于

[①] 王昕,姜茜. 文化安全视阈下网络剧发展隐患再审视 [J]. 石家庄学院学报, 2022 (5): 143-147.

[②] 黄光顺. 国际传播背后的道德冲突剖析 [J]. 国际传播, 2022 (5): 34-40.

自己的价值，并与现行排序产生冲突，这种冲突并非不能调和，而是需要对青少年价值排序的观念进行引导，告知青少年应如何审视价值排序，从而消除青少年对不同价值排序的抵触情绪，使其既保留内心的价值，也愿意遵守共同体的价值排序。

三、青少年价值排序不对等的成因

(一) 青少年对价值排序精髓理解不够

青少年正处于成长时期，对价值排序精髓理解不够，甚至不知道价值排序，仅关注自身的价值排序，从而忽略了社会共同体的价值排序。倘若青少年个体属于多数群体，价值排序与共同体相似，自然会选择遵从自己的意愿，这也符合共同体的价值要求，两者就不会产生矛盾。倘若青少年个体属于少数群体，共同体排序与其自身价值排序不符，就会引发青少年反对共同体的价值排序。[①]对青少年而言，价值排序多来自外部信息，网络信息复杂多样，其中就掺杂着价值排序问题，部分青少年获取到这部分信息，又没有对其进行深入了解，就形成了初级的价值排序失序状态，极容易发生政治不认同现象。

(二) 青少年文化自信教育不足

青少年正处于文化学习的过程中，对优秀传统文化尚未全面了解，而通过互联网络倾向于关注多元的西方文化，并对传统文化产生质疑，认为其过于陈旧，无法在现代社会中发挥作用。同时，我国对于青少年的教育也存在偏差，更倾向于学科教育，对文化教育，尤其是文化自信教育重视度不高，导致青少年汲取的传统文化极为有限，对于传统文化中的精髓更是理解不深，容易被西方文化倡导的"民主""人权"魅惑。[②]在新时期，青少年应该加强传统文化的学习，深入了解博大精深的传统文化，形成文化自信的新局面。

(三) 青少年道德意识模糊

如今，在加大教育投入与社会教育的情况下，青少年的道德素养有了显

---

① 张伟. 当代大学生价值选择与价值排序研究 [J]. 当代教研论丛, 2016 (3): 14.
② 刘广浩. 青少年网络社交媒体应用与文化自信培养 [J]. 黑河学刊, 2022 (4): 49-56.

著的提升，诸多青少年更愿意遵守道德准则，并对他人的道德品质有着更高的要求。在高道德环境下，我国的社会秩序有了显著的改善，公民的综合素质水平更上新的台阶。[①] 但是，随着青少年道德意识的觉醒，对不同道德观点产生了不同的理解，尤其是产生了新旧、中西道德观的对立和冲突，青少年道德认知处于不稳定的状态。在现实中，青少年会以自身的道德标准要求其他公民，一旦现代社会道德水准无法满足其道德意识，青少年也会从道德层面上与他人发生冲突，甚至会抨击社会的道德水准，从而对自己的道德进行重新审视。

四、青少年网络意识形态价值排序的建设需求

（一）占据主导性应对文化思潮的多元化

任何国家、任何社会都会面临多元文化思潮，尤其是在网络时代，诸多文化通过网络途径渗透至国内，从而引发广泛的讨论。正如菲利克斯·罗格斯所说，国家文化正在逐步统一，但能够为少数族裔提供栖息之地，才是多元主义的成功之处。面对多元文化思潮，我国既要坚持以社会主义为主导，也要允许多元文化共生，只要分清文化的主次，就不一定会影响到青少年的成长。身处网络时代，完全屏蔽其他文化思潮并不现实，为了应对多元文化思潮的挑战，我国要坚持以社会主义意识形态为主导，并允许其他文化思潮存在。[②] 但是，我国要向青少年灌输社会主义意识形态的诸多优势，并揭示其他文化的劣势，从而让青少年进行对比，意识到社会主义意识形态的优越性。具体而言，可借助真实案例分析不同文化的优劣，案例往往更贴近青少年生活，能够引起青少年共鸣，因而更容易获得青少年的认可。

（二）加强认同感应对利益格局的差异化

不同国家、群体都有着自己的利益诉求，但在实现自身利益时不应损害他人利益。在社会主义意识形态引领下，我国对国家发展、社会进步产生利益认同，并将国内发展与国际发展趋于一致，不仅致力于我国社会经济的飞速提升，也尝试带动其他国家共同进步，谋求利益共同体，比如"一带一路"倡议就帮助共建国家开展基础设施建设，提升共建国家居民生活水平。反观

---

① 董彦达. 新时代网络空间道德建设的策略 [J]. 黑河学刊，2022（1）：1-5.
② 凌新文. 新形势下加强大学生民族精神的培育研究 [J]. 高教学刊，2020（26）：15-18.

部分西方国家，虽处于发达国家之列，但为了实现自身利益最大化，不惜对其他发展中国家进行剥削，以牺牲他国利益来谋求自身的发展。所以，在现代社会当中，对于青少年的培养要侧重于满足自身的发展需求，但前提是不能损害他人利益，需要对青少年发展观进行纠正，强调健康、有序、可持续发展，不得侵犯其他利益主体。[①] 同时，面对西方文化的入侵，要警惕青少年为了谋取私利损害他人利益的行为。面对利益格局的差异性，我们要鼓励青少年追求个人利益，但切记不能损害他人利益，这才是社会主义意识形态的根本之道，也是其优越性的重要体现。

(三) 增强稳定性应对信息社会的视窗化

意识形态是抽象的，并不具备可视化形象，因此青少年在接触意识形态时往往无从下手，甚至难以理解。因此，需要利用意识形态的稳定性，让意识形态折射出的文化信息视窗化，帮助青少年更加直接、快速地理解意识形态，读懂意识形态的内涵。青少年网络意识形态偏差现象反映出，诸多青少年实际上并不充分理解意识形态偏差，只是认同网络中部分西方思想，由于青少年接触的西方思潮具有片面性，并且多以拜金主义、享乐主义为主，契合青少年当下的思想需求，从而出现青少年网络意识形态偏差现象。[②] 对此，我国在开展意识形态引导时，要将抽象的意识形态转变为具体的文化内容，将意识形态融入文化教育中，将更丰富、更多元的信息传递给青少年。当青少年接触到符合自身需求，可视化、形象化的意识形态信息时，能更容易接受该信息，从而达到青少年网络意识形态偏差矫治的目的。

(四) 提升建设性应对世界形势的复杂化

一直以来，世界形势都处于不断变化中，各个国家、地区的意识形态、文化理念也在不断变化。我们需要认识到，意识形态并非一成不变，而是要不断与时俱进，跟上社会发展的步伐。对我国而言，从社会主义建设初期的困难时期到如今的经济飞速发展期，意识形态领域也在不断变化。[③] 在中国特色社会主义新时代，要保证意识形态始终处于动态优化过程，不断顺应当前

[①] 李品仙，方新普. 社会转型期我国体育利益格局转变与分化研究 [J]. 安徽理工大学学报 (社会科学版)，2010 (4)：104-108.

[②] 易宗平. "统联网"：媒介视野下的信息社会走向 [J]. 东南传播，2022 (8)：58-60.

[③] 袁鹏. 当前世界形势与中国方位 [J]. 时事 (高中)，2019 (3)：18-19.

世界形势，建设全新的文化体系，以动态调整机制应对世界形势的复杂变化。对青少年网络意识形态偏差而言，不同时期的青少年网络意识形态偏差也存在不同，需要深入分析其倾向，顺应当今的网络意识形态变化趋势予以矫治，确保青少年能够接触到最新、最好的意识形态理念。

第七章

大数据时代网络社会的本土化语境与主流意识形态认同的实现策略

大数据时代网络社会的语境纷繁复杂,各种各样的文化价值在便捷的网络交流中若隐若现地传播,麦克卢汉所说的"媒介即信息"成为现实。作为数字"原住民"的青少年是成长于网络社会的一代人,与传统社会文化关系中的人相比,青少年是"赛博格化的人"。[①] 网络空间已成为与青少年现实生活与精神生活紧密关联的空间,网络社会的人际关系已成为青少年自我认知、自我呈现和自我实现的圈层,网络社会的思维方式和情感表达方式逐渐令青少年的话语表达向网络意识形态趋同,因此可以说网络意识形态与青少年意识形态的形成息息相关。

通过对大数据时代青少年网络意识形态引导的作用机制与价值排序进行量化分析,经研究发现网络舆论、惩处机制以及意见领袖三个因素是青少年网络意识形态引导的重要面向。值得注意的是,我国网络生态与全球网络生态并非直接接壤,这也就形成了我国独特的本土化网络语境。讨论如何借助网络舆论、惩处机制以及意见领袖三个关键因素进行青少年网络意识形态引导工作时,需要首先关注相关因素的本土化问题。故加强青少年网络主流意识形态的认同需要通过思想引导而非强制灌输的方式。如何应对网络社会的飞速发展,如何应对互联网全球化语境下的意识形态传播、文化传播和价值传播,以及如何形成青少年对作为想象共同体的国家和作为命运共同体的世界的正确认知,有赖于大数据时代网络社会语境的本土化发展和互联网语境下主流意识形态认同功能的实现。

---

① 彭兰. 新媒体用户研究:节点化、媒介化、赛博格化的人 [M]. 北京:中国人民大学出版社,2020.

第一节 网络社会的本土语境

移动互联网端的迅速普及和发展已经深入影响了人们的生活方式与思维方式,也逐渐模糊了虚拟社交与现实社交的边界,向人们展示了虚拟社交的可行性与积极意义,并基于互联网逻辑形成了与现实生活中的"社会生活"相对应的"虚拟生活",即网络社会。网络社会的一大特征就是,其语境不受现实空间距离的影响,不同文化语境的话语在网络社会融合共生,削弱了地缘政治的控制,不同国家、不同文明、不同习俗、不同宗教的信息携带者、发布者的价值观在网络社会中相互碰撞。

互联网与全球化语境往往结合在一起,网络社会提供了多元文化交流的可能性,正如彼得斯在《对空言说》中期待大众媒体传播以"平等、公正和宽容的品质"帮助人们协调行动,①成为人类社会维系和发展的黏合剂。与网络社会的文化多元性同样重要的是其本土化语境,前者是向外的、包容的,后者是向内的、稳定的。从理论上来看,在网络社会中人与人之间的交流应当是去社区化、去地缘政治化,趋向于形成基于"兴趣、个体意愿"的互联网社群;但事实上,互联网时代的用户反而对地理意义上的地方符号有强烈的认同,并常常借助互联网时空重组的技术逻辑完成"再地方化"的社会组织联结,②这种"本土化""地方化"为网络社会的本土化语境发展提供了可供参考的研究情境。

一、互联网思维的本土语境

从日常生活的角度来看,中国的互联网发展本身就有较强的独特性,这也决定了中国互联网思维的本土化特征,即技术赋能用户。以互联网在电子商务和网络教育发展中的状况为例,中国的互联网相对西方国家而言起步略晚,然而基于发达的物流系统、大数据和人口红利,中国互联网建立起了发达的社交平台电商营销系统;在网络教育方面,美国的"网络大学"与中国

---

① 严兵,陈成. 必要的重返:彼得斯与跨文化传播的新视界 [J]. 浙江社会科学,2021 (3):146-151,161.
② 郑中玉. 沟通媒介与社会发展:时空分离的双向纬度:以互联网的再地方化效应为例 [J]. 黑龙江社会科学,2008 (1):136-139.

式的网课教育也有着较大的差异。

电子商务（Electronic business）是 IBM 的营销和互联网团队在 1996 年创造的，是一种对传统商业形式的改革和发展，即在互联网的帮助下、采用即时通信技术完成 B2B、B2C 的销售活动，并处理与在线销售相关的平台搭建、营销、物流、售后服务等一系列工作。① 电子商务平台是基于互联网系统开展电子商务活动的在线交易场所，调查统计发现，电子商务平台可以为商家节约 10% 到 20% 的成本，商家通过提供价格更低的商品，吸引更多的客户；另外，电子商务平台使得利用互联网收集客户信息成为可能，为行业发展提供数据支持，以期创造更大的市场价值。② 国际上较为著名的电子商务零售平台是 1995 年兴起的亚马逊平台，销售范围包括食品、玩具、电子产品、服装等。

中国的电商平台后来居上，C2C 市场淘宝打败了 eBay，B2C 领域京东、当当打败了亚马逊。以淘宝与 eBay 的竞争为例，淘宝以免费模式打开并迅速占领国内消费市场。相较于 eBay 的付费模式，免费策略更适合本土情境，因此 2005 年淘宝网购市场的规模就超过中国 eBay。此后，移动端网络零售和社交营销逐渐成为中国电商发展的趋势。2017 年，社交电商平台云集微店白皮书指出，移动端网络零售将逐年增长，并取代 PC 端网络零售。与移动互联网端电商业务同步发展的，是具有在线社交功能的移动社交平台，例如小红书、微博、知乎、抖音等，这些社交平台很快在大数据技术、资本市场的投入和电商发展的共同推进下发展为网络社交营销平台。在这种社交电商平台上，传统意义上的商业广告与移动互联网端的社交行为缠绕在一起，形成鲍德里亚在《消费社会》中指称的"被渲染的真实"，并通过社交平台的传播模式营造出一种具有推动力的消费趋势。移动互联网端体现出的行为价值多元化是一种全新的社会文化形态，平台方、商家以及消费者在平台上发生观点的交流与碰撞，形成一种类似"社交"的行为。移动互联网端平台的盈利模式依托将流量转化为商品销量的方式，网络平台的社交行为和营销为多方面、实景化地呈现商品提供了可能，进而极大地激发了消费者的购买欲望。

从教育层面来看，互联网推动了教育教学的现代化。随着信息技术的发

---

① AMOR D. The e-business (r) evolution: living and working in an interconnected world [M]. NJ: Prentice Hall PTR, 1999.
② BERRYMAN K, HARRINGTON L, LAYTON-RODIN D, et al. Electronic commerce: Three emerging strategies [J]. The McKinsey Quarterly, 1998 (1): 152.

展、手机、平板电脑等多种移动设备的普及和网络教育资源的充盈，教育信息化的时代已经到来。互联网教育渠道发展旨在提升信息资源共享效率、实现教学资源共享，致力于提供"开放性、共享性的教育资源"[①]，这既是时代发展与技术进步的必然结果，又是促进教育公平的重要途径。在美国网络大学中，Coursera是影响力最大的公开在线课程教育平台和虚拟在线学习平台，和诸多世界顶尖大学合作开展了多专业的课程，合作范围覆盖53个大学，以及美国自然历史博物馆、世界集团、现代艺术博物馆等10个其他类型机构。[②]美国网络大学教育实际上是互联网技术对包括无线电广播教学在内的美国远程教育的延续和发展，基于"专业的管理知识""雄厚的资金"和"政治上的支持"，美国的网络教育实际上更像是一种不依赖现实大学机构、由多方信息综合建构的"虚拟大学"[③]。

与之相比，中国在互联网时代的教育信息化更偏向于一种技术性的应用，主要体现为网课教育。1997年，国家教育委员会颁布了《关于高等学校开展远程教育有关问题的通知》，其中"远程教育"就是线上教育的前身。21世纪，随着互联网技术的发展，教育教学的信息化也从尝试转变为常态，由试点转变为普及：手机、平板电脑、笔记本电脑等硬件的更新迭代与迅速普及，令整个社会各个年龄层次的人都能够习惯而熟练地运用这些信息设备；宽带和5G技术的网络支持，使随时随地的线上教学成为可能。2020年伊始新冠疫情影响下的教学模式更加强了与互联网的结合，教育部对中国小学、中学、高校做出了"停课不停学"的教学指示，以线上网络教学最大限度地保证学生在家也能够按照原定课程计划学习，网课教育成为新冠疫情情况下中国互联网教育为防疫提供的技术性支持。

由此可知，互联网思维的本土化不是一种尝试，而是一种既存现象。认识不同文化背景下互联网思维的异质性，实际上是对不同文化背景下人的思维和意识形态差异的合理认知。明确这种认知不仅不会造成中国互联网发展的故步自封，而且能够避免生搬硬套其他国家互联网思维而出现"水土不服"。

---

① 毛春华. 国外教育信息化发展战略对我国的启示 [J]. 中国成人教育, 2017 (22): 103-106.
② 王英, 浦姝悦. 美国大学图书馆的网络可获取性分析及对我国的启示：以Coursera大学合作伙伴为例 [J]. 图书馆, 2019 (4): 65-71.
③ 迈克尔·格雷厄姆·穆尔, 肖俊洪. 从无线电广播到虚拟大学：美国远程教育历史亲历者的反思 [J]. 中国远程教育, 2014 (1): 24-34, 58, 95.

二、网络社会价值观的本土语境

网络社会价值观本土化背后隐藏着不同文化/国家/文明的社会文化特征。认知语言学指出，人之所以能够通过词汇实现社会文化的交流和传承，是因为人的思维并非对客观事物的直接反映，人的语言词汇也并非客观事物的单一信息符号化，而是通过隐喻等想象的模式来建构的。[①] 维特根斯坦的语言游戏说认为，语言之所以能够成为沟通交流信息意义的符号，在于符号本身与其指代的含义之间存在社会文化层面约定俗成的解读方法，而这种语言符号的能指与所指之间的关系是在漫长的社会文化发展中形成的。因此可以认为，网络社会中人的语言并不是基于网络时代的虚拟生活凭空杜撰的，至少现阶段，网络社会仍然是现实社会生活的镜像，网络用户通过将现实生活提供的文化元素符号化后在网络社会中重组和重新解读。基于这一逻辑，网络社会用户崇尚的价值观很大程度源于现实生活，因而同样存在文化异质性。

互联网时代，网络社会成为全球各国家地区、各民族跨文化交流声音集中融合的重要平台，不同的价值观在其中发生碰撞和交融，互联网时代的语言和信息成为可流动的"信息资本"。在这一交流过程中，"各种权力体系"通过网络进行价值角逐，[②] 网络社会中社会价值的"全球化"并不是真正的价值融合或统一，而是多种声音的相互论辩和对主流价值观的争夺。例如在以美国为首的西方国家学校中存在一种偏激的"政治正确"倾向，即接受不同族裔、肤色、性别倾向等多元文化，这种接受本身是对包容自由和多元的尝试，但在实践层面，这种"政治正确"往往体现为以傲慢和蔑视的态度对待异质文化。学者发现这种西方式"政治正确"的价值观正以基座思维大肆破坏西方文明的理性基调，抢夺社会人文的话语权，将自身认同的价值包装成为"普世价值"[③]，忽视其他国家和文明的思维体系。

萨义德在《东方学》中提出："对欧洲人而言，东方往往是'笔下的东方'——文本、话语建构的东方，而建构和解释的权力则牢牢掌握在'西方'

---

① LAKOFF G, JOHNSON M. Metaphors we live by [M]. Chicago and London: University of Chicago press, 2008.

② 本尼迪克特·安德森. 想象的共同体：民族主义的起源与散布（增订版）[M]. 吴叡人, 译. 上海：上海人民出版社, 2016.

③ HEATHER MAC DONALD. The Diversity Delusion: How Race and Gender Pandering Corrupt the University and Undermine Our Culture [M]. New York: St. Martin's Press, 2018.

学者的手中。"① 对部分西方媒体与政客而言，这种西方中心主义的话语体系仍然是根深蒂固的评价标准，尽管这套体系越来越脱离当下世界的社会文化、政治、经济格局。东方文明想要摆脱"被言说"的"他者"地位，就需要基于自身文化源流、厘清自身崇尚的价值体系及其背后的人文逻辑、哲学逻辑，由此构建自身牢固的社会文化价值体系，这种社会价值观的本土化不仅反映在国际事务和日常生活中，还体现在互联网的话语体系里。必须强调的是，网络话语体系的本土化并不意味着思想价值的僵化和故步自封，更不意味着在互联网时代筑起思维的高墙，而是尝试从自身的文化系统、文化源流出发，完成"现代中国"的价值重构。

三、网络社会文化的本土语境

网络社会文化从中国互联网建设至今开始，经历了开放、接受、融合和本土化建构的过程。从广义上看，网络社会文化是时代文化、大众文化、世界文化和本土文化融合的产物；而从狭义上看，网络社会文化通常专指网络文化与现实社会文化具有典型不同特征的部分，亦即网络亚文化的部分。在移动数字化时代成长起来的"Z世代"往往被认为在文化消费上具有个性化、去中心化、圈层化的亚文化特征，② 这正是由于他们的成长轨迹与网络社会的成型是同步的。

早期的中国网络社会文化呈现出比较典型的开放和包容的特征，这与中国当时改革开放的历史背景、拥抱世界化、全球化的开放语境和现代化发展的时代进程密切相关。随着互联网的发展，国外大量的异质文化符号迅速涌入，为求新、求变的互联网用户，尤其是互联网青少年用户提供了大量的亚文化元素。从文化艺术上看，西方文化工业生产出的大量文化产品迅速占领了互联网空间，甚至摆脱实体束缚，以信息的形式在网络世界无限度地繁殖和传播，形成后工业时代的信息爆炸。西方流行文化中的说唱、流行音乐、通俗小说、漫画、商业电影，以及日韩流行文化——偶像、动漫，甚至是虚拟偶像等，这些文化产品通过互联网渠道传播，广受中国互联网用户的喜爱，最终建构起一个个青少年网络亚文化圈层。

然而，正如霍克海默与阿多诺所言，文化工业中生产者与消费者形成恶

---

① 爱德华·W. 萨义德. 东方学 [M]. 王宇根, 译. 北京：生活·读书·新知三联书店, 1999.
② 丁合蓉, 董子涵. Z世代青年亚文化消费表征与动因探析 [J]. 中国报业, 2021 (16)：110-111.

第七章 大数据时代网络社会的本土化语境与主流意识形态认同的实现策略

性循环,"生产被消费兴趣所限,消费兴趣又受限于市场上流行的产品,人们看到的市场上文化产品的多样性是虚假的多样性"[1]。尽管网络社会中的亚文化现象呈现出丰富多彩的可选择性,但这些来自西方或日韩的文化产品的本质上仍然是在消费主义语境、异质文化和西方意识形态裹挟下的文化"舶来品"。从青少年网络用户的角度来看,文化产品的多样性所带来的亚文化圈层只是一种网络社会的文化现象,其背后仍然是通过网络亚文化释放情绪、以亚文化的符号化特征抵抗或解构主流文化、以亚文化的部落化特征作为自身情感投射和交流诉求。[2] 因此,尽管西方或日韩的文化商业已经形成较为成熟的产业链,但这种情感的投射和交流仍然存在本土化的诉求:说唱、流行乐、动漫、虚拟偶像这些亚文化在传入中国后逐渐出现与中国文化融合的本土化倾向;在网络社会文化语境中,也有越来越多的青少年用户对本土化的亚文化表现出喜爱,例如说唱文化(亦即嘻哈文化)是典型的美国流行音乐文化,中国的嘻哈文化受到美国、日韩文化的共同影响。但这种文化在中国的发展长期处在"地下"的状态,2017年爱奇艺制作的综艺《中国有嘻哈》将嘻哈文化介绍给大众,与此同时,大量具有强烈中国风的嘻哈创作者和嘻哈歌曲也进入中国观众的视野,受到观众的支持和创作者的模仿。与此类似的还有日韩动漫在中国流行发展之后,具有典型中国文化特征和艺术审美特征的国漫越来越受到重视。需要注意的是,中国动漫作品(国漫)的发展与互联网时代的短视频传播发展有着直接的联系,视频流媒体不仅推进了中国动漫在大陆市场的发展,同时还加速了中国动画作品的反向全球化传播,也就是说,在网络社会文化中,中国的网络市场不仅将这些外来的文化商业产品进行了本土化发展,还进行了再创新和再传播。

除此之外,在互联网时代还诞生了不受外国文化产品影响,完全由中国文化本身与现代化发展结合而产生的文化产业,并在网络社会文化中形成典型的亚文化圈层,其中影响力最大的即汉服文化圈层。现代的汉服文化是对中国传统经典服饰的继承和发展,而汉服亚文化圈层的形成和爱好者的聚集与网络社会文化的圈层化交流互动模式密切相关。汉服文化圈中,喜爱汉服文化的青少年互称"同袍",这取自《诗经》中"与子同袍",称呼正是网络

---

[1] 马克斯·霍克海默,西奥多·阿多诺. 启蒙辩证法 [M]. 渠敬东,曹卫东,译. 上海:上海人民出版社,2006.
[2] 平章起,魏晓冉. 网络青年亚文化的社会冲突、传播及治理 [J]. 中国青年研究,2018(11):35-41.

时代圈层文化中典型的、通过文化符号来区分交流圈层和完成自我身份认同的主要方式。

第二节　大数据时代青少年网络主流意识形态的转化与引导

从网络社会的本土语境来看，无论是互联网思维，还是网络社会的价值观和网络社会文化都受西方国家的影响，这将对青少年主流意识形态认同造成一定的挑战。在大数据时代，网络成为文化传播和人际交往的重要平台，网络话语传播中携带的强势意识形态模因会不断发酵，乃至形成一种普遍的社会文化表达习惯。网络平台是信息传播的重要渠道，主流意识形态价值的生产、宣传和对青少年意识形态认同的转化与引导都高度依赖网络平台这一传播渠道。习近平总书记在讲话中指出要切实提高主旋律价值观对新闻舆论的传播力、引导力、影响力、公信力，[①] 要推动主旋律文化与社会主流意识形态价值观的传播，积极引导青少年对主流意识形态价值的认同、解读、交流与内化。对此，首先要正确认知青少年用户网络主流意识形态认同的时代价值，其次要明晰青少年认知与网络主流意识形态是否存在联结，大数据传播逻辑与青少年网络主流意识形态认同之间的同步性与契合性，最后基于以上认知，对青少年网络主流意识形态的认同进行理论层面、话语层面、情感层面和价值层面的建构。

一、青少年网络主流意识形态认同的时代价值

青少年是国家未来建设的主要力量，作为数字原住民的青少年在中国的互联网发展史上已经形成了不可忽视的重要影响力，而在未来的数字时代，更将成为中国互联网社会文化建构的中流砥柱。建构青少年网络主流意识形态认同，是在新时代语境下"坚持自由与秩序相统一的网络空间""建设新时代网络强国"的重要手段。[②]

近年来，习近平总书记多次提到中国与世界正经历百年未有之大变局，

[①] 陈寅，刘军锋. 遵循新时代要求，提高新闻舆论"四力" [EB/OL]. （2018-09-12）[2022-10-02]. http://media.people.com.cn/n1/2018/0912/c420762-30288420.html.

[②] 费艳颖，汪杨梦笛. 习近平关于网络空间治理重要论述：生成语境、科学思维及时代价值 [J]. 思想教育研究，2022（9）：18-25.

第七章　大数据时代网络社会的本土化语境与主流意识形态认同的实现策略

随着世界经济、文化全球化的发展，这场从科技、经济、政治、文化等多方面发生的巨大变化正席卷整个世界，影响着中国的发展和变革。在时代的呼唤和国家建设的需求下，习近平总书记多次强调青年是整个社会力量中最积极、最有生气的力量。因此要树立远大理想、热爱伟大祖国、担当时代责任、勇于砥砺奋斗、练就过硬本领、锤炼个人品德；而青少年网络主流意识形态的认同，正是从精神塑造层面，通过网络信息、网络舆论和网络话语的引导，建立青少年正确的主流意识形态，构建青少年对国家发展的"四个自信"。

互联网本身是一种信息"上传"与"下载"的平台，因此任何人都可以利用网络平台发布信息，各类信息原有的发布平台和发布者的权威性受到了挑战，大量不真实、不完整，甚至断章取义、歪曲捏造的信息因为各种原因被上传到网络，形成信息的迷雾，造成了信息越多越难辨别、也越难了解真相的互联网时代独有的社会文化现象。在大数据时代的信息迷雾中，青少年网络主流意识形态认同的建立无异于一盏信息时代的灯塔，指导青少年在网络社会生活中谨慎辨别信息背后的意识形态推手，保持敏锐的思维和正确的判断力。

二、青少年话语表达与网络主流意识形态的联结

在网络时代，青少年网络用户的话语表达与网络主流意识形态并非完全对立，而是呈现出联结的趋势。青少年在网络平台上的话语表达通常体现出引领意见、整合资源和情感共鸣，在这些行为的背后，则体现出青少年网络用户追求自我价值、体现爱国主义、寻求自我/他人认同或寻求事实真相的情感态度。

值得注意的是，爱国主义的主流价值与亚文化的网络文化圈层极大地影响着青少年网络用户的情感话语表达：网络时代的信息传播通常以"话题"的形式在媒体上引发广泛关注、讨论，话题本身不具有深刻、丰富的内容，而是具有高度的概括性与符号性的特征，便于用户在短时间内获取信息。然而话题之所以能够获得用户的关注、吸引用户的兴趣，其背后需要搭载丰富的，值得用户思考、探讨与交流的内容。于是从网络话语的现象上来看，青少年用户一方面关注以"爱国主义"为主题的、宏大的叙事话语，另一方面高度关注以"亚文化圈层"为代表的个性化的、微观的叙事话语，这两种倾向不仅不矛盾，而且往往是相互结合的。如虚拟偶像洛天依的中国风特征、汉服亚文化圈层体现出的中国文化自信等都体现出青少年网络用户在网络生

活的话语交流中将宏大的爱国主义情感与个性化的亚文化圈层结合起来的倾向。

总体上来看，青少年用户在网络平台的话语表达过程中尝试表达个性化的情感价值，在现代性单一、扁平的文化工业的语境下，青少年网络用户通过在网络上的发言和网络活动来打造自身的价值符号，并通过这种价值符号来完成自我的身份认同，以及寻求他人的认同。在青少年网络用户的情感价值话语表达过程中，为了令这种身份符号更加典型、更加容易被接受、理解，引起共鸣，青少年网络用户可能诉诸爱国主义、社会责任、圈层文化等多种话语体系。

三、大数据时代信息传播逻辑与青少年网络主流意识形态认同的契合性

2013年，"大数据元年"推动了各行各业，尤其是传媒行业的发展与变革，[①] 而大数据时代的信息传播逻辑与青少年网络主流意识形态认同的建构之间存在着微妙的契合。

从价值层面来看，大数据时代关注的是信息传播的即时性和有效性，而信息传播的价值是以信息的接受者是否认同、采纳和实践信息中蕴含的意识形态为标准。数字化时代的信息传播能够更好地适应社会文化现代化进程对空间延展性和时间即时性的需求，大数据与算法能够通过大数据、人工智能与算法的合作来筛选信度、效度更为优秀的信息。[②] 主流意识形态在青少年网络用户中的传播同样寻求的是信息的认同、接受和采纳，这与大数据时代信息传播的逻辑是相符的。

从实践层面来看，大数据时代的信息传播模式对于柔化意识形态内容、增强主流意识形态的传播力、增强意识形态教育作用力和提高青少年网络用户的意识形态感知力有着积极意义。网站、论坛、博客、微博等多种新型传播平台推进了网络新媒体的数字化传播，这些新媒体平台在技术层面上具有多媒体内容的高度兼容特征，在传播学意义上能够适应移动互联网端的信息传播与接受需求，以文字、声音、图像、视频等多元传播符号对用户受众进

---

① 杨文惠. 大数据背景下传统媒体与新媒体融合路径探析 [J]. 传媒论坛, 2021, 4 (3): 50-51.

② HAYLES, N. KATHERINE. How we think: Digital media and contemporary technogenesis [M]. University of Chicago Press, 2012.

第七章 大数据时代网络社会的本土化语境与主流意识形态认同的实现策略

行高效率的信息传播。[①] 网络时代信息传播虽然容易流于浅薄和简单化,但在传播过程中却能够将国际新闻、国家宣传片等宏大的政治话语日常化,通过"非政治性"的日常话语达到传播更广泛、接受更容易的效果,令信息的获取者在"视听愉悦之中悄然抵消硬性的政治因素"。[②]

从传播形式来看,大数据的传播形式与青少年网络主流意识形态认同的建构之间有着内在的契合关系:在大数据时代,人人都是信息的消费者和生产者、发布者和交流者。一方面,青少年网络用户通过对网络社会文化中主流意识形态积极地接受,自身思想认识受到正向价值观和正面舆论的引导,从而形成健康、积极的价值取向和审美态度;另一方面,青少年网络用户又成为主流意识形态在网络社会文化中的话语表达者和传播者,从而在网络社会文化语境中建构起主流意识形态传播流动的正向循环。

四、大数据时代青少年网络主流意识形态认同的建构层次

大数据时代青少年网络主流意识形态认同的建构,可以运用信息传播逻辑,从理论层面、话语层面、情感层面和价值层面着手,提高贴近性和实效性。

大数据时代的信息传播特征实际上揭示了网络媒体平台信息传播的真实状态:网络用户以自己在网络平台上的活动痕迹形成用户偏好,而大数据对这种偏好予以捕捉和推进,围绕用户的偏好不断推送多元的、符合用户喜好的、接受度更高的信息内容。与之类似,网络主流意识形态也需要青少年用户予以内化,建立起青少年对主流意识形态的基础认同和理论基础认知,形成一种意识形态层面的用户偏好。青少年网络意识形态理论层面的认同有赖于这种主流意识形态对青少年学习、生活、成长的价值性,并契合青少年的时代体验与情感诉求。[③] 对青少年网络用户而言,网络主流意识形态的理论建设是其未来在网络社会文化语境中分辨信息真伪、明确舆论正确方向和保持理性思辨能力的基础。

从话语传播形式来看,大数据时代的话语传播与传统意义上的国家话语对主流意识形态的传播有一定的差异:传统意义上国家主流意识形态的舆论

[①] 吴果中,聂素丽. 论新媒体语境下红色文化传播网络的建构 [J]. 湖南行政学院学报,2015 (3):31-34.
[②] 陈林侠. 跨文化背景下中国电影的国家形象建构 [M]. 北京:人民出版社,2014.
[③] 张洁钰,廖小琴. 融媒体时代青年主流意识形态认同形塑:逻辑、方法与机制 [J]. 北方民族大学学报,2022 (5):169-176.

引导和价值传播主要依赖政治宣传、政治运动、文艺作品等,其媒体宣传思想正向、价值积极,一般在文化审美上偏重沿袭宏大叙事的话语模式,具有"议题严肃、态度庄重、气势恢宏、表达严谨、语言规范"的典型特征。① 这种宏大叙事的审美特征的确能够支撑主流意识形态价值观的正向特征,但其表现形式生硬、传播渠道基本限于官方媒体平台宣传,因而传播效果具有局限性。大数据时代信息传播具有去中心化、个性化、碎片化以及融媒体化的特征,有利于信息传播过程中的细分解读和微观解构,更适应现代文化语境下的话语"传播—接受"模式,因此也更容易获得青少年网络用户的自发关注和接受。

从情感层面来看,大数据时代的主流意识形态传播需要赢得青少年网络用户的情感认同。互联网平台作为青少年网络用户参与社会文化交流和传播的中介形式,能够用可完全记录的数据形式展现和追溯网络流行语"被创造""被接受""被模仿""被传承"的状态和过程,而互联网的交流语境又提供了一种通过词语来进行社会文化交流和社会公共评论的新渠道,促进了网络话语的复制、模仿和蔓延。在这一过程中,情感认同是获得关注、产生信息传播的病毒效应的催化剂。在这种话语传播逻辑中,获得用户的情感支持可以说是大数据时代主流意识形态传播的基础。因此,在建构青少年网络主流意识形态认同时,可借助网络流行语,从中挖掘出能够引起共鸣的情感要素,以情感认同激起青少年对主流意识形态的认同。

从价值层面来看,大数据时代的主流意识形态需要为青少年网络用户提供指导性的价值,因为青少年对主流意识形态的认同最终需要源于其"权威"而非"权力"。② 以"权威"服人,而非以"权力"服人,这意味着要深挖主流意识形态的价值内核,具体形象地讲述主流意识形态的内容,令主流意识形态不再停留在大而空的口号上,不仅仅局限于历史或理论的学习,而是落实到现实生活中,使得青少年网络用户意识到主流意识形态与每个人的生活息息相关,通过凝聚利益认同的方式,汇聚青少年网络用户对主流意识形态真正的价值认同。与此同时,还需运用用户思维,大数据时代的信息推送有着较强的用户思维,互联网时代的主流意识形态传播同样可以采用这种逻辑,

---

① 王军. 新媒体语境下重大主题仪式化传播的实现路径及其文化图景:以爱国主题为例 [J]. 山东社会科学, 2020 (6):159-166.

② 张洁钰,廖小琴. 融媒体时代青年主流意识形态认同形塑:逻辑、方法与机制 [J]. 北方民族大学学报, 2022 (5):169-176.

首先厘清青少年网络用户真正的诉求,如社会生活诉求、精神文明诉求、政治参与诉求等,并对其进行细分,形成千人千面的信息传播格局,提高传播效率。

第三节 中国特色社会主义主流意识形态的引导策略

习近平总书记在讲话中提出,青年是社会上最富活力、最具创造性的群体。[①] 从现实社会来看,青少年对主流意识形态的接受和理解与未来中国的现代化发展以及网络社会文化的发展都有着重要的意义;从个体角度来看,青少年网络用户通过对中国特色社会主义主流意识形态的学习和理解,能够真正感受到对国家的热爱,通过将个人与国家联结起来的方式获得崇高感、荣誉感和自豪感,并以此为基础激励自身的成长,通过与时俱进地学习知识、明辨是非、坚定理想信念、树立创新意识和大胆实践;从国家建设的角度来看,中国共产党在《中国共产党章程》中提出要实施科教兴国战略、人才强国战略和创新驱动发展战略,这就意味着在科学社会主义的发展过程中,青少年始终是学习、创新、发展的主体,青少年网络用户对主流意识形态的接受和践行关系到国家的发展与进步。

一、领会新时代马克思主义意识形态精神内涵

马克思主义是内涵丰富、逻辑严谨的科学体系,是中国共产党领导革命、建设、改革的科学指南,是中国共产党人必须掌握的思想武器。[②] 新时代马克思主义意识形态的精神内涵具有导向明确、务实高效、公平正义、开放包容的思想特征。[③] 所谓"导向明确",就是在新时代的发展中坚持马克思主义思想理论不动摇。中国的国家制度,是以马克思主义思想为指导的中国特色社会主义制度,其从政治、经济、文化等多方面为中国的发展提供了明确的发展导向。马克思主义的认识论包括实践观、认识论和价值论,认为实践是认识的基础、人应当发挥自己的主观能动性去认识世界和改造世界。互联网时

---

① 习近平. 在同各界优秀青年代表座谈时的讲话 [N]. 人民日报, 2013-05-04.
② 韩文乾. 习近平马克思主义学习观的五重维度 [J]. 思想教育研究, 2020 (10): 27-30.
③ 胡芳. 深刻把握新时代社会主义意识形态的科学内涵 [J]. 马克思主义研究, 2020 (7): 124-130.

代的经济发展同样遵循着马克思主义理论的指导，在马克思主义意识形态的指导下，中国共产党始终坚持科学技术是第一生产力的思想，大力发展信息科技。

所谓"务实高效"，是指新时代中国在马克思主义思想的指导下迅速腾飞。随着国际经济产业链的全球化发展，中国从"世界代工厂"逐渐发展为一个新的经济中心，在国际经济发展的链条中承担重要的一个环节。经济全球化目前已经是不可逆转的趋势，在这一过程中，中国已经逐渐摆脱仅仅依靠人口红利构建世界工厂的模式，通过网络销售、区块链分布、物联网发展等科技与市场的结合，展现出国际经济竞争优势。

所谓"公平正义"，体现为中国应当在发展的过程中关注自身在人类命运共同体中扮演的重要角色。习近平总书记提出，当中国面临国际局势的"百年未有之大变局"时，应当基于中国当代探索社会主义社会建设的努力和改革开放的举措与成果，坚持中国特色社会主义的道路，坚持新时代属于中国的道路自信、理论自信、制度自信、文化自信，并将这种先进理论思想指导下的发展道路应用于人类命运共同体的建设发展当中。在而今的世界格局中，中国共产党以"构建人类命运共同体"作为奋斗和努力的目标，在国际上主动承担起更多、更大的社会责任，中国共产党始终在引导中国"重现丝绸之路"、发展新时代"一带一路"的交往模式，在能力范围内向中低收入国家提供技术和经济上的支持。

所谓"开放包容"，是指中国应当既注重自身历史文化传承，形成以中国梦为核心的社会主义文化建设，同时又以开放的态度接受世界文化的多样性、消解意识形态中的冲突和冷战思维。在新时代背景下，由于经济的发展，中国人也更多地拥有了文化自信的态度；随着科技的发展，文化的传播也呈现出多样化、多媒体的特征。

二、维护网络意识形态安全

在新时代的网络社会文化发展语境下，维护网络意识形态安全从宏观层面来看是维护国家社会发展的稳定、积极正向地引导舆论的需求；从个人层面来看，则是针对"网络逐渐成为青年的生存场域并建构青年的生存方式"[1] 这一客观现实的回应以及对青少年精神文明健康发展的保障。

---

[1] 张洁钰，廖小琴. 融媒体时代青年主流意识形态认同形塑：逻辑、方法与机制 [J]. 北方民族大学学报，2022（5）：169-176.

第七章　大数据时代网络社会的本土化语境与主流意识形态认同的实现策略

习近平总书记在讲话中指出："主流媒体守土有责，更要守土尽责，及时提供更多真实客观、观点鲜明的信息内容，牢牢掌握舆论场主动权和主导权。"① 维护网络意识形态安全，需要从警惕西方意识形态的文化入侵、建立健全中国网络用户的主流意识形态认知以及提高重大事件的舆论引导能力三方面着手。

首先，需要认识到，在中国的现代化发展进程中，国际文化的交流很显然是必不可少的，但在这种多元文化的交流中，西方文明的意识形态往往会通过文化交流渗透进中国网络社会文化语境当中，争夺舆论的导向权。近年来，由于中国话语权不断增强、国际政治影响力不断扩大，中国在西方媒体中被歪曲的现象逐渐增多。对西方意识形态的传播者而言，西方中心主义的话语体系仍然根深蒂固。尽管这套体系在当下的世界社会文化、政治、经济格局下已经越来越脱离实际情况，但基于这种西方中心主义思路的信息传播者仍然常常将"西方意识形态价值"与"普世价值"混淆，并以攻击其他文明意识形态的方式抢夺思想阵地的话语权。面临这场意识形态化的国际针对，我国作为一个越来越从经济、政治和文化等方方面面融入"人类命运共同体"的国家，应当适应大数据时代信息全球化的要求，对错误的、混淆视听的、煽动对立情绪的网络信息予以高度的警惕和及时的驳斥，并通过努力提高我国媒体的国际话语权，在舆论和新闻报道方面建立健全新闻发布制度，更加注重政务活动的公开透明、实事求是，并积极采纳意见，用包容的态度向青少年网络用户乃至全世界坦诚地展示中国的政治文化与社会文化的优点。

其次，建立健全中国网络用户的主流意识形态认知，尤其是青少年网络用户的主流意识形态认知，这需要充分利用互联网时代信息传播的特征。随着时代的发展和技术的进步，人们对信息传播获取的要求越来越高，媒体传播的方式也不断发展变化着，党的十九届五中全会审议通过的《中共中央关于制定国民经济和社会发展第十四个五年规划和二〇三五年远景目标的建议》提出要"推进媒体深度融合，实施全媒体传播工程，做强新型主流媒体"②，互联网时代媒体信息传播的优势在于其对传统媒体和新媒体的融合，能够综合两者的优势对信息进行梳理和归整。从形式上来看，形成网络时代主流意

---

① 习近平. 习近平谈治国理政：第三卷 [M]. 北京：外文出版社，2020：319.
② 新华社. 中共中央关于制定国民经济和社会发展第十四个五年规划和二〇三五年远景目标的建议 [EB/OL]. (2020-11-03) [2023-10-02]. http://www.gov.cn/zhengce/2020/11/03/content_5556991.htm.

识形态认同的途径可以是多元的：从自上而下的理论传播和引导来看，除了传统的新闻发布、思想教育之外，还可以通过网络渠道大力推广符合主流意识形态的优秀影视作品、文艺作品，潜移默化地影响青少年网络用户的主流意识形态建构；从自下而上的参政议政和社会责任感培养来看，随着互联网时代的进一步发展和移动互联网端新信息交流平台的建设，网络信息不再是简单的"生产-传播-接受"的链条，更多地具有互动性的特征，网络政务平台以互动的方式，提供了具有及时性的、信息处理能力强大的基层信息的传播处理渠道。

最后，维护网络意识形态安全还需要具备对重大事件正向引导舆论的能力。互联网是一种包含信息向下传递和向上疏通的双向通道，承担着民生服务的功能。在网络社会文化语境中，应当注重相关的舆论引导和民情体察，与用户进行新闻话题互动同时积极鼓励和引导青少年网络用户关注热点新闻、时事新闻，以带有互动性的信息传播方法，以亲民、接地气的方式吸引更多青少年网络用户的关注，最终实现舆论传播和引导的实用价值。在互联网社会文化的话语传播和互动中，主流意识形态应当具有正向引导舆论的能力，提高自身的传播力、引导力、影响力和公信力。由于互联网时代的信息传播量极大，而能够展现在新闻平台客户端的有效信息是有限的，因此，推送机制就成为"互联网+"时代信息发布的主要模式，其流量推送机制基本采用大数据计算+信息筛选的方式，即当一个新闻事件的搜索量越大，则这一新闻事件的推送概率就越高，这就是"热搜"作为头部流量的资源优势。对主流意识形态而言，应当正确运用热搜机制、选取有效关键词、引导青少年网络用户的舆论话语发展。

三、实现社会联动一体化教育

在数字化时代，文化本身已经不能构成对日常生活的逃遁，而是高度地融入生活中去，生活与文化的"日常性与非日常性之间的区别渐渐趋于暧昧不清"[①]，青少年在网络社会文化语境中体现出的话语和行为不仅仅是其现实生活的反馈和折射，更与现实生活纠缠在一起相互影响。因此青少年网络主流意识形态的建构不仅仅需要通过网络社会文化语境的引导，还需要从宏观层面上采用社会联动一体化的教育方式，令青少年在生活中体验到主流意识形态的影响和其在学习、工作、生活及其他社会活动中真正的意义。

---

① 宇波彰. 影像化的现代 [M]. 李璐茜，译. 成都：四川大学出版社，2014.

关于青少年网络意识形态和心理健康发展的研究表明，社区合作项目、社区发展计划和社会舆论导向等是对"青少年发展"有积极影响的因素。[①] 青少年思想意识的健康发展需要在理论学习、文化学习和实践学习中共同推进。互联网时代的理论学习除了来源于学校之外，以线上、线下相结合的形式搭建的多种学习教育平台也是青少年主流意识形态学习的重要平台；在文化学习方面，高等教育的大力推进和基础教育的全国性普及从学校层面保障了青少年获得新时代语境下自我成长发展的基础知识，与此同时，学校还需要引导学生学会正确分辨网络环境中值得学习的信息资源，教导学生正确运用互联网丰富自身文化知识；而在实践层面，青少年的主流意识形态还需要在学习实践中知行合一，对新时代的青少年而言，没有经过实践考验的主流意识形态理念尚不能够内化成可以真正指导其未来自身发展的内驱动力，没有经过实践的文化知识很难在未来的生活工作中得到灵活的运用。社会环境需要提供给青少年更多的理论学习、文化学习与实践活动结合起来、联系起来的机会，令青少年真正承担起时代、国家赋予的责任与使命，以积极主流的意识形态参与到新时代的国家建设和网络社会文化建设中。

---

① RM LERNER, L STEINBERG. Handbook of adolescent psychology, volume 1: Individual bases of adolescent development [M]. John Wiley & Sons, 2009.

第八章

青少年网络意识形态安全风险的大数据预警体系

当下青少年价值观引导和学校教育管理等方面的工作已经逐步应用大数据技术，但仍缺乏针对青少年群体的网格化、数据化的大数据网络意识形态引导体系的宏观建构。因此，本章以大数据思维作为指导思想，以网络信息智能识别技术作为技术架构，进而创建青少年网络意识形态大数据预警系统。

第一节 青少年网络意识形态的智能识别与追踪

引导青少年网络意识形态的前提是精准识别与追踪青少年网络个体的行为特征。个性化、多元化、动态化是青少年网络意识形态的重要特征，其中动态化的变化特征要求我们及时更新大数据意识形态引导模型，从而在风险预判、干预系统、反应系统中掌握主动权，有效构建科学、高效的大数据青少年网络意识形态识别追踪系统。

一、基于深度学习的热点话题智能识别

以大数据思维进行网络意识形态引导，需要借助人工智能技术的强大计算功能，具体包括计算功能、感知功能、认知功能。随着人工智能的发展，未来意识形态引导将跟随卷积神经网络算法深入发展，实现深度把握真实个体精神的量化计算。卷积神经网络算法的原理是根据场景的使用适配所制作或者开源的数据集，是深度学习和机器学习领域的深化发展，具体还包括针对人机交互技术、人脸识别技术、图像识别技术。

在图像识别技术上，市场已形成较为成熟的图像识别技术，并且具有文字标识功能，如通过百度识图、手机智能识图自动判断图像来源，展示图像相关信息。这项技术的发展为引导青少年网络图像意识形态提供了技术基础，使用者可以智能识别每一帧图像，判断视频内容和青少年认知状况，从而有针对性地进行意识形态引导。

在内容审核上，目前抖音 App 开启了三级审核机制。首先是人工智能消重审核，通过人工智能系统自动审核内容重复率，其次由机器审核，拦截违规内容，机器无法识别的内容将开启人工审核程序。机器审核的主要目的在于直接拦截违规内容，而违规关键词数据库也在不断更新。

当下人工智能审核和大数据推送技术的实际应用价值最终都指向了提高内容识别的语义精准度。在卷积神经网络（CNN）和自然语言处理（NLP）技术的发展下，语义识别的准确率逐步提高，尤其是在舆情监测系统中，起到了显著作用。青少年群体喜欢使用缩写、谐音词表达原本词句，这在表达敏感性质词汇时表现更为突出，为躲避智能审核，青少年群体会不断发明新的表达方式，如缩写、颜文字、emoji 表情或者文字+表情等。青少年群体语言表征不断更新，不同场景下文字和表情具有多义性，这给互联网语义判断带来相应挑战，呼吁数据库的扩充更新。

目前各大舆情监测机构已在 AI 舆情系统基础上不断扩充和升级数据库，期望在与"关键词"相关的连词、动名词的判断上实现精准数据检索。传统关键词检测无法直接剔除机器用户、处理海量数据，因此需要 AI 人工智能算法通过自然语言处理，进行多维度、深层次的语义学习与识别以应对海量增长的青少年网络意识形态数据、意识形态风险。与传统舆情系统相比，人工智能舆情系统的监测从传统中文"检索"变为自动"算法"，数据计算难度与深度从基础的运算模型开始向计算机深度学习转变，能够更为精确地把握文本类信息，实现语义消歧、话题自动分类、情感分析，以及图像内容的迅速编码识别（物体识别、人脸识别、文字识别、意义识别）等。除了中文语义系统外，随着青少年群体多种国际语言学习能力的加强，混合语言在舆情判断中的使用也应逐步予以重视。

除了应对具有一般规律的"浅舆情"需求外，还需分析预判可能发生的"舆情"，为此智慧舆情处理平台不仅能够对与青少年群体相关的舆论事件做出及时反应，还应该实现智能预警。如对社会事件进行智能标注分类：与青少年群体利益直接相关的社会事件、与青少年群体利益非直接相关的事件、与青少年群体利益直接相关的校园事件、与青少年群体利益非直接相关的校园事件，以此建立相应语义库。在校园暴力事件、校园情感纠纷、师生冲突等事件中寻找语义规律，将校园地域、传播渠道、传播热度、舆论主题、情感分析、话题敏感度进行相应的分类标识处理，通过对舆论主体及时定性定位，实现对海量数据的聚类、挖掘及分析，及时推送给相应舆情部门，为关联单位提供智能监测、智能预警、智能研判等服务的技术基础。

二、基于深度学习的青少年话题智能追踪

自 2010 年以来，我国深度学习技术在计算机视觉、智能计算机决策方面不断取得重大突破，在深度学习技术基础上深入开发文本情感分类话题定位模型。目前，在众多深度学习网络模型中，卷积神经网络 CNN（Convolutional NeuralNetwork）、递归神经网络 RNN（Recurrent Neural Network）、长短期记忆模型 LSTM（Long Short-TermMemory）这三种模型较为成熟且应用广泛，更适用于文本情感分类任务，[①] 根据内容话题判断类别属性。目前国内学者在深度学习文本情感分类研究领域处于设计优化阶段，学者蔡敦波提出设立 CNN-BiLSTM 混合模型和 CNN-BiGRU 模型对中文文本进行具体情感分类，这种混合模型可以减少机器学习的训练时长，提高文本情感分类性能效率。在具体的模型设立案例中，社交媒体中的中文微博成为该技术实验的重要数据库，同时也要注意到社交媒体的注意力机制对深度学习文本情感应用的重要作用，将这种注意力机制应用于青少年网络意识形态的引导中，需要结合青少年的注意力机制提高模型准确度，扩大自然语言短文本处理量级。

在处理文本情感信息上，国外学者通过建立词语的情感信息和权重信息的双通道输入层，提出了一种基于多样化特征信息的卷积神经网络模型（MF-CNN）。[②] 国内学者通过建立词向量和字向量、符合中国自然语言习惯的双通道，更具针对性地解决文本情感分类。面对文字噪声问题，为了获得更精准的通道特征信息，在顶层设计上增加了句子结构信息，在分段池化、词性特征和词向量特征融合基础上，有学者提出基于特征融合的分段卷积神经网络模型（PF-CNN），在分段池化中又引入 Dropout 算法，构建出基于 Drop-

---

[①] 陈志刚，岳倩. 深度学习网络模型在文本情感分类任务中的应用研究综述 [J]. 图书情报研究，2022（1）：103-112.

[②] 蔡林森，彭超，陈思远，等. 基于多样化特征卷积神经网络的情感分析 [J]. 计算机工程，2019（4）：169-174，180.

out 算法的分段卷积神经网络（PCNN）模型。[①]

该技术的直接应用体现在舆情监督系统模型对谣言控制的治理成效上。根据谣言的内生机制以及群体传播机制，加入新的词频分段分析，面对时效性极强的安全类网络谣言，如新冠疫情期间对网络谣言内容进行快速词频提取及分析，根据相应词频如"确诊、隔离、病毒、肺炎、感染、人员、回来"等进行核查认证。微博上线了信息标签提醒功能，在涉及安全类网络谣言内容时不断提高标签处理速度，根据内容特点以及扩散速度和传播链条特征启动微博谣言处理机制，并增加追踪信息源头功能，最直接体现为微博显示 IP 地址，通过实名认证信息，追踪系列产业链，这种功能同样可以应用在青少年群体保护措施中，如对网络打赏行为、游戏充值行为、暗网引导行为，微博平台进行及时制止提醒，针对未成年人群体开启多层面保护机制。通过多级调研，微博研发出适合本平台以及青少年群体自身特性的微博青少年保护模式，由监护人主导控制，提供子母账号管理、独立内容池、社交互动信息与成人隔离等功能，关闭了广告、打赏、会员、红包等商业化服务功能，并且对搜索结果采取再过滤机制，对广告内容进行精准筛选，推送适宜青少年群体阅读浏览和参与的内容，不断完善白名单内容池准入规范。

如今，数据分析工具逐渐覆盖各大网络平台，以对整个网络社交媒体舆情信息进行实时监测。准确识别正面和负面舆情目前已成为各大网络舆情系统的基础需求，但是具体到舆情信息的应对措施，仍需要辅以人工矫正以区分舆情信息。当下，人工智能对舆情信息的分析仍停留在文字情感以及信源渠道分析，深层次的分析还需要进一步清晰还原结果，建立预防模型通道。

第二节　青少年网络意识形态的大数据智能获取

以大数据为核心的人工智能可实现全天候、全领域、多维度的数据监测，对青少年网络意识形态的数据进行抓取与分析，智能察觉青少年的思想动态，以其智能化和精准化有效提升青少年网络意识形态引导水平。

[①] 杜昌顺，黄磊. 分段卷积神经网络在文本情感分析中的应用 [J]. 计算机工程与科学，2017 (1)：173-179.

一、基于深度学习的异构媒体特征智能提取

青少年群体的信息传播特点在渠道方面表现为跨媒体传播，并且在多个平台有着不同的媒介生存特征。因此，仅对单一平台进行治理无法实现多层次、全方位的引导治理，需要综合处理跨平台的异构媒体数据。目前常用的舆情监测系统主要是针对结构化和半结构化数据，采集的一般都是网页文本数据，不能实现跨媒体形式的关联搜索，难以实现非结构化舆情热度的预测。[1] 因此，真正发挥大数据技术在青少年网络意识形态引导方面的作用，需完成跨媒介信息提取，提高跨媒介平台的信息处理能力。

面对海量互联网样本数据，深度学习是学习样本数据的内在规律和表示层次，这些学习过程中获得的信息有助于进一步解释文字、图像和声音等数据。它的最终目标是让机器能够像人一样具有分析、学习能力，能够识别文字、图像和声音等数据。[2] 深度学习在不同舆情模式的识别中起到重要作用，它作为一种模式分析方法的统称，具体又包含多种方法卷积神经网络（CNN）、基于多层神经元的自编码神经网络、多层自编码神经网络。通过多层处理，由底层到高层进化表达相应特征，以"简单模型"完成复杂分类任务，是一种"特征学习"和"表示学习"方法。当下结合多种方法，如以监督学习为基础的卷积神经网络结合自编码神经网络进行无监督的预训练，进而利用鉴别信息微调网络参数形成的卷积深度置信网络。与传统的学习方法相比，深度学习方法预设了更多的模型参数，因此模型训练难度更大，所需参与训练的数据量也更多。[3] 而这种统计学习特质正符合指数级增长的互联网用户信息数据的特征，同时采用稀疏编码自动从数据中提取特征近年来也逐步被应用与推广。

至于跨媒体异构平台的模型，需要考虑网络媒体平台与平台之间、平台与用户、用户与用户之间的连接关系。在信息内容上，主要关注用户关联的文字、图片、视频、音频以及浏览信息等。关于用户分类，可以将用户按影响力划分为：具有一定体量粉丝的关键意见领袖、相关权威媒体和机构、普通用户等，这些用户存在广泛的关联。需注意异构网络中存在的多种边界关

---

[1] 段峰峰, 陈淼. 多元与智能：跨媒体网络舆情数据的分析与处理 [J]. 传媒观察, 2020（1）: 33-38.

[2] 夏畅, 贺桂英. 论人工智能的发展及其应用 [J]. 广东开放大学学报, 2019（1）: 5.

[3] 贺雅琪. 多源异构数据融合关键技术研究及其应用 [D]. 成都: 电子科技大学, 2018.

联，这是基于信息流通产生的传播网络，而用户之间又存在相应的社会关系，所有信息形成了非常复杂的异构网络，这正是深度学习系统处理的对象以及智能提取的对象。最终对提取的数据对象进行行为分析以及预测分析，更为精准地把握用户节点行为，建立用户预测模型。

涉及节点内容、社会关系、热点事件、时空网络的信息建模技术，要求自然语言处理技术处理语音、图像视频，通过社区网络分析技术识别社交圈层、关系疏密度以及节点社会影响力。目前微博等社交媒体的用户内容模型已逐渐形成成熟的商业化数据分析体系，如"网红"账号通过购买数据分析用户特征，这种用户分析涉及数据的使用权。在信息数据提取法规上，我国于2021年9月1日正式开始实施《中华人民共和国数据安全法》，数据资源作为国家安全框架被正式纳入法律体系。在意识形态大数据工作方面，《中华人民共和国数据安全法》规定在保障个人信息和数据安全合规体系基础上，国家有权通过人工智能、云计算、大数据、区块链等数字经济产业对数据资源合理利用，构建数据安全保障体系，发挥数据的基础设施资源作用。数据具有无限延伸的特点，当数据被赋予流通意义时，更应在国家主导下安全有序地流通、应用，充分发挥其经济价值。因此跨媒介平台的异构智能提取应在国家规定下有序开展，加强对数据的脱敏处理，尤其是加强对未成年群体的信息保护。

因此，借助大数据引导网络意识形态已具备一定的技术与法律条件，但在具体的操作中仍有较多需要考虑和完善的内容。

二、异构媒体大数据的智能搜索与获取

跨媒体数据在形式上的最大特征即异构性，面对异构的舆情数据结构和特点，在技术上可以通过深度学习预测推理行为模式；在具体的内容分析上可以通过贝叶斯网络方法和技术分析异构内容语义特征，探寻不同媒体数据类型相关的本质以及舆情热点演化关系。[1]当数据规模达到一定体量后，可以发现不同媒体类型的意识形态数据特点、互动作用机制及其信息关系。面对不同网络媒体平台的话语表达特征可选择相应的智能分析方式，如对知乎、豆瓣等应用进行长文字提取分析，对BliBli等视频平台进行视频、弹幕图文信息等符号的提取分析，其中需要注意对常规内容表达与非常规内容表达的具

---

[1] 段峰峰，陈淼. 多元与智能：跨媒体网络舆情数据的分析与处理 [J]. 传媒观察，2020（1）：33-38.

体分析。2022年7月13日微博管理员发布公告称，为营造清朗的网络空间，维护文明健康的社区生态秩序，站方将对站内利用谐音字、变体字等"错别字"发布、传播不良信息的违规行为开展集中整治，健全平台用语管理机制，完善关键词识别模型，同时提供了举报入口，如图8-1所示。

图8-1 微博管理员公告

微博、微信作为青少年群体日常使用的社交媒介，其意识形态表征具有相应的特点，如微信公众号中的自媒体内容具有常规的写作特点，而微博、贴吧、知乎、豆瓣问答式内容表达更偏向口语化，也就是在文本数据上具有不同的特征，这对平台关键词识别模型的建立提出了不同的要求，如图8-2所示。

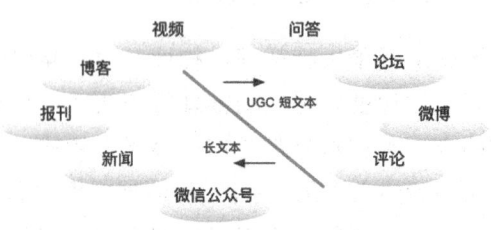

图8-2 不同媒体形式的识别需求①

在语义分析上，各大应用平台的关键词提取也具有不同表达特征。最常见的是用户通过"##"定位关键词，形成微博标签。而新浪微博的标签除了

---

① 常全有，刘政. 情感分析在舆情中的研发实践 [M/CD]. https://www.sohu.com/a/391812558_100070053.

用户设定之外，还可以通过智能判断所属分类，完成"微博标签智能推荐"。这种智能标签也被称为触发词，出现微博标签的词语会成为触发词的候选词。根据微博的具体内容、发布时间、位置、用户信息以及选择的话题组织，系统会通过多通道的深度学习模型，以触发词作为基础特征，同时借助其他通道认定文本特征，多重识别后确定文本内涵，如多重识别情绪表达特征。这是最常见的自然语言处理系统，各个平台均有自动标签体系，但是每个平台的语言处理技术都不相同，如准确率不统一，这给异构媒体的意识形态数据分析带来较大挑战。特殊文本、无法判断的文本需要通过再处理以构成意识形态大数据，因此应统筹关注渠道粒度模型的多维建立，建造异质平台在多样文本内容上的统一标签模型。

目前技术前沿研究主张使用卷积神经网络对微博等平台进行文本情感分析，并且开始研究双层卷积神经网络、图卷积神经以及集成学习如何提高网络内容关系网络的准确度，如智能判断信息转发链、逻辑链及特征。通过自下而上学习完成训练，完成各层参数的分层，完成特征学习过程，即以 $n-1$ 层后作为第 n 层的输入内容，不断自下而上训练至第 n 层，最终得到各层的参数，[1] 或者通过自上而下的监督学习模型，以标签带动数据训练，误差由顶层设计决定并传输，对相应网络进行微调，自上而下优化多层模型参数，形成自有监督训练过程。

三、异构媒体数据关联关系和语义分析

网络意识形态的事件追踪依赖异质媒体的信息抓取与定位。平台内的信息检索已自成体系，但是如何实现网络舆情异构媒体数据间统一信息语义分析，需要利用大数据技术建立异构媒体数据关系库。要求在跨模态（Cross-Modality）特征分析基础上同构深度学习算法，实现特征融合，最终获取高维多阶特征，在此基础上，建立网络关联模型。通过"典型相关性分析（CCA）建立容纳不同媒体特征的同构子空间（即相关性子空间），采用最大系数的思想，通过不断地关联学习，获取最大系数"[2]，以此建立和应用跨媒体模型数据库，挖掘数据深度概念层次。面对不断增量的内容学习，深度学习卷积神经系统还应结合深度感知学习知识思维模型，以此不断修正面对向

---

[1] 夏畅，贺桂英. 论人工智能的发展及其应用 [J]. 广东开放大学学报，2019（1）：5.
[2] 段峰峰，陈淼. 多元与智能：跨媒体网络舆情数据的分析与处理 [J]. 传媒观察，2020（1）：33-38.

量与全部数据集或者子集的拓扑关系。在不同媒体表征类型上实现内容智能标签学习，提高查询效率。近年来，网络意识形态的舆情事件处于高速增长期，快速膨胀的数据也对搜索能力提出了更高的要求。当前，互联网平台的独立搜索引擎服务系统的开发与维护成本较大，应在国家力量下，鼓励跨媒体异构平台搜索引擎信息互通共享，更好地追踪和分析网络意识形态。

当下异构媒体的数据获取还需突破对图文视频的媒体特征提取分析及语义关系分析的建模。以海量异构图文数据作为样本进行数据训练、完成智能分类，尤其是增加多图异构数据相关性的建模方案，对其进行有效分类；面对小样本，依旧可以利用稀疏系数实现智能判定性；面对短视频以及图片的智能分解，形成谱聚类的集成分类器；面对特定样本点及群集的文本图像关联检索，提高数据特征与语义关联的准确度，以及异构媒体之间的关联性，在数据相关特征中找到侧重点，利用图文模型对异构媒体选择相关特征进行分类。

异构媒体的数据分类是基于同构媒体数据分类技术，同构媒体数据分类对跨媒体平台的信息共享、互信互认机制提出要求。面对青少年特殊群体，需要共同绘制针对青少年网络意识形态的大数据地图，对不同平台的异构数据文档进行数据预处理：①进行统一文本处理。通过开源工具，对不同格式的文档信息进行转码。②提高中文分词工具性能以及转码能力，形成"异构优生知识库搜索系统"的中文分词系统。[①] ③提升异构数据检索结构排序效果，改进算法推荐机制，将其应用到结果排序中。④完成"异构优生知识库系统"编码工作、不断测试更新标签库。⑤加入双通道卷积神经深度学习系统，智能学习意识形态模型避免单一的关系型数据库对结果产生的影响，如关键词解析不完善等问题，同时建立全量以及增量索引和修改删除索引。对平台稀疏系数的数据利用高效图像、文字分类方法，以及集成学习方法提高分类精度。

有学者提出可以在保持数据分布的情况下，对少数样例进行采样，学习一种无偏分类器，结合媒体数据概念特征与降维特征，利用特征与语义间的对应关系，将特征空间投影到语义空间，并结合加权图模型及模间、模内关系模型改进数据相关性异构媒体检索算法能力。其中，尤其需要注意对通道噪声进行处理，青少年群体的网络表达具有创造力，圈层化的传播也有"密语""缩写"等符号传播特征。因此，单一信息处理模型无法实现对特定青少

---

① 胡凯. 海量异构数据搜索的研究与实现 [D]. 北京：北京邮电大学，2013.

年群体的内容丰富度与准确度的识别，需要融合智能学习技术，从多源符号数据中自动学习内容，根据上下文内容判断内容标签以增置信度，降低不确定性。对融合数据预处理阶段的去噪算法，有学者提出了一种基于FCM算法的数据去噪方法，面对相似噪声，利用余弦相似度作为欧式距离的加权值，最终创造出一种基于FCM算法的去噪方法，提出了一种基于D-S证据理论的加权模糊型数据融合框架。针对系统缺乏客观性、典型样本方法难以获取有效置信区间等问题，分别使用模糊朴素贝叶斯和FCM算法作为生成和判别方法，构造了一种复合模型。对于数据源中的不确定信息，先采用一种直观的信度分配方法来确定其信任函数，然后通过一种可信的数学结构确定生成类BPA与判别类BPA的权重，形成一种在实际中能有更好应用效果的加权调节型数据融合模型。实验证明该算法的融合效果佳，稳定性较好，尤其是对于不确定性数据有较好的融合性。

第三节 青少年网络意识形态的大数据情感智能分析

网络意识形态的多元性和多模态性使得青少年网络意识形态的表现形式具有多样化的特征，以大数据为核心的人工智能可以实现多媒体信息的相互补充，提高青少年网络意识形态分析的精确性，全方位地挖掘青少年网络意识形态中的情绪、情感，更好地理解青少年网络意识形态的观点、立场和倾向，实现青少年网络意识形态的正确、高效引导。

一、基于深度学习的舆情大数据情感智能计算

更新设计文本情感的深度学习模型是网络舆论治理的技术架构基础，目前我国文本情感分析在商业评论中运用较多，围绕电子商务评价体系已形成较为系统的文本情感循环分析体系，主要应用于感知用户评价、产品推送。其中，文本情感分析的准确度与处理效率是相关领域的重要发展标准，硬件计算力以及算法层的进步也以文本情感分析作为基准。

深度学习算法在舆情事件中主要用于自然语言处理中的情感分析。在舆情内容感知中，首先要正确认知和判断文本。深度学习算法模拟人类大脑运行逻辑对语言进行分类处理，能够智能判断文本含义及其情感倾向。传统算法对情感倾向的分类较为简单，一般分为褒义和贬义两种，但是面对不断更

新的互联网词频库，传统算法对语言的情感计算精准度逐渐降低。不同语境中，同一词汇可能有不同情感，如青少年群体的"呵呵"作为语气词与中年群体的表达的"呵呵"具有较大区别，青少年群体的"呵呵"，偏向于"无语"的内涵；中年群体的"呵呵"，更偏向于词语本意。因此，对同一词汇不同的情感倾向需要通过大数据深度学习算法智能学习实现词语内涵的智能判断。也就是说，文本本身的褒贬义不是绝对的"1/0"代码，是一种"1, …, n"的感知程度数值。深度学习算法的基本原理是通过学习记忆基本词汇，通过基本词汇判断语义，逐渐形成基础语料库，根据文本整体表达进行分词，在基础语料库中寻找对应的基础感知语料，根据识别词语的情感词性判断其内涵，如"我不喜欢苹果"，"不喜欢"属于非积极词汇，所以可判断为非积极情感，基本思路如此，但计算机算法还需更多步骤提高其准确率以实现多语义情感分类，包括预处理、分词、训练情感词典、判断、重复判断等程序。

A. 预处理阶段

首先通过爬虫软件选取时间、内容获得原始语料，提取有用信息，对网站标签 html 等信息进行处理，接下来进行预处理。预处理是最基础的操作，这一步要求去除符号标记，然后通过机器以及人工对产生的原始语料字典进行情感感知标注。如正负数值代表情感倾向，用负值表示消极情感的文本评论，以正值标记积极的文本评论。作为最基础的原始语料处理，要求重复检验信效度，达到较高准确率之后再进行分词。

B. 分词阶段

分词是舆情情感判断中非常重要的部分，为了使文本与情感字典中的内容相对应，要求对文本准确切割，形成单个词语，即分词。目前，多个数据库平台提供了多种多样的分词工具，每种分词工具测试结果不同，可以根据测试报告按需选择合适的分词工具。面对同一事件话题，不同平台展现出青少年不同的话语表征，其情感分析也更具复杂性。与此同时，青少年群体符号表征较为复杂，而当下网络舆情情感词典仍主要以通用情感为主，在青少年群体的情感分析中可能会产生理解偏差。因此，需为青少年群体建立起相适配的情感词典，将年龄、地区等因素纳入其中，同时标点符号、形容词、副词等也可以纳入情感分析定位中。

C. 重新构建情感词典

目前情感词典分为四部分：积极情感词典、消极情感词典、否定词典以及程度副词词典。为了得到更为完整的情感词典，需要不断收集情感词汇进行及时地整合更新以及去重,不断调整特殊词汇,提高准确率。也就是说,根据设计需求增加相应的词汇库,以此提高分类中的命中准确率。不同人群对某些词语的使用意涵具有较大差别,而这些词有可能是情感分词的关键判断节点之一。比如面对青少年群体所说的"芭比Q"并不等于英语中的"烧烤"一词,而是作为一种语气助词在网络上流行,类似"OMG"等感叹词汇,是一种戏谑的非积极情绪词汇。因此,需要将特殊群体的文本词汇因素纳入深度学习模型之中。

D. 具体分类阶段

在情感词的权重划分中,一般将积极情感词语权重赋予为正值,如1,将消极情感词语权重赋予为负值,如-1,在情感值符号线性叠加原理下,分词后的文本如果包含情感词典词语,可根据对应的权值进行加减计算,最终得到情感权值。需要注意的是,要对程度副词和否定词设计相应的判断规则,因为程度副词存在加倍权值的计算,而否定词在特殊情况下可能会导致权值取反。最终,根据相应的运算法则获得总权值,同时根据权值正负性判断文本情感。

(一)舆情案例中的情感分析

以"吴某凡塌房"事件作为舆情分析案例,选取微博这一社交平台收集样本集。根据2020年9月微博发布的《2020年用户发展报告》的数据,微博月活跃用户已高达5.11亿,日活跃用户已达2.24亿。微博用户群体的年轻化特征显著,其中90后与00后总占比近80%。青少年年龄阶段的确定将沿用国际组织及我国相关部门的规定,结合我国青少年发展情况,综合生理、心理发展状况,将其定义为"12~28周岁",而这部分群体也正是微博活跃用户的集中年龄阶段。在生活消费、兴趣关注上,不同年龄段的微博用户呈现出明显的代际特征,而追星话题一直是青少年群体关注的热门话题。

选取"#吴某凡 都某竹#"等相关微博话题作为研究对象,发现该事件高热化阶段从2021年7月16日持续至8月16日。在此期间,@平安北京朝阳、@中国长安网、@人民日报、@中国演出行业协会等官方媒体作为意见领袖纷纷参与讨论,最终达到56亿的阅读量,微博话题热度达5699499条,微博讨论量为296万,日均讨论量为28万,为研究提供了充足的数据样本。

通过爬虫技术获取2021年7月16日至8月16日"#吴某凡 都某竹#"微博话题中的热门话题与评论文本、微博文本,共得到135万份数据,由于数据过于庞大，本研究以千万级账号粉丝量作为标准进行剔除，并在海量的文本样本中，对特殊符号等格式内容进行清洗，剔除微博机器人等无活跃度粉丝的账号发言，删除无意义的数字链及空置内容，检查和清洗高度重合的内容，在各个层级微博账号按比例随机抽取 10% 的抽样数据，最终获得 123448 条微博内容（包括热门排行评论）。

1. 研究方法

计算机辅助分析是借助计算机相关系统统计、分析、归纳、模拟和推理信息，并给出统计分析结果的一种研究工作方法。该信息分析系统以数据库、信息分析方法、分析软件和相关分析人员作为主要构成要素，通过量化的科学研究方法，避免主观判断引起误差，因此具有一定信效度，其近年来在传播学、网络社会学等学科得到普遍应用，本案例以计算机辅助内容分析（CA-CA）作为基础研究方法，综合使用社会网络分析法（SNA）、文本挖掘情感态势感知、框架分析等辅助分析法对该事件中青少年网络意识形态的传播特征进行探究。

（1）社会网络分析法

通过社会网络分析法对该事件中青少年跨媒介互动关系进行量化，揭示其网络关系结构。此方法为本案例的中层理论构建和实证命题的检验提供量化的工具，建立起"宏观和微观"之间的量化桥梁。使用 UCINET 软件，将青少年视为节点化个体，对青少年群体进行模网建构，研究整体网（一个整体内部全部行动者之间的关系）的动态关联性，通过分析微博转发社会网络，揭示"吴某凡事件"微博话题中青少年的公共参与关系。

（2）关键词文本挖掘

相较于其他分词挖掘分析软件，TF-IDF 词频统计算法在中文文本的关键词提取上准确率较高。本研究采用 TF-IDF 算法对"吴某凡事件"微博话题中不同时间段的微博文本及微博评论进行主题词的提取，用于探索该事件议题中青少年群体的主要指向与情感趋势。具体计算方法如下：

$$\text{TF-IDF} = \text{TF} \times \text{IDF} = \frac{\text{该词在文中出现的次数}}{\text{文档总词数}} \times \log\left(\frac{\text{语料库的文档总数}}{\text{包含该词的文档数}+1}\right)$$

计算公式引自[1]

---

[1] 徐敬宏，黄惠，游鑫洋．微博作为性别议题公共领域的理想与现实：基于"男性气质"微博话题的计算机辅助内容分析 [J]．国际新闻界，2021（5）：106-124．

(3) 受众情感分析

青少年群体话语表达方式多样，情感分析较为复杂，因此本研究采用"文心"系统作为基础微博情感分析工具以考察该事件中青少年群体的情感表达。在此基础上对相关新闻、微博用户评论进行编码以实现框架分析。

2. 青少年群体网络社会在场形态与在线情绪表达

(1) 青少年群体参与：围观、互动、狂欢

根据该事件的微博话题节点化社会网络传播示意图，受众群体人际关系紧密，分布集中。形成多个讨论社区，形成以官方媒体为代表的主流媒体舆论场和以自媒体为代表的民间舆论场相互交织的网状结构的舆论场。舆论场的模块系数为 0.863，围绕 231898 个节点共形成大约 1219 个社区，整体舆论分布集中于主流媒体与相关意见领袖之间，形成了青少年群体性的网络传播行为，其中各个节点之间强链接关系显著，强链接关系为 133249 条，各个节点之间相互影响，形成微博相关议题的空间结构基础。

通过数据清洗发现，在相关话题的舆论场中影响因子达 0.198 的关键意见领袖占比达 11%，这部分群体针对最新事件的进展发表意见，带动话题讨论热度。值得注意的是，主动选择参与该话题的未认证微博网友竟然高达 89%，换言之，长期隐于微博平台的部分用户，在该事件中积极表达看法，以个人为传播节点进行聚合互动传播。同时，该事件涉及女性权益话题较多，因此女性话题参与比例明显多于男性，其中女性关注比例高达 58.7%，而男性比例占 41.3%。

(2) 青少年群体跨媒体传播在线情绪表达

此次事件引发了网民对娱乐圈的关注讨论。除事件双方，各个层级的意见领袖发挥着重要作用，以个人为中心进行传播，达成信息的高度在线交流，逐渐分化出不同圈层，呈现聚合发散的传播趋势。在表达方式上，青少年群体的内容传播中具有明显的"造梗"现象，以幽默、讽刺的方式表达情绪。

借助自然语义全网关键词云分析和微博官方平台相关情绪感知系统，通过分类聚合提取情绪分词，发现在该事件舆论场中，用户具有显著的情绪特征，以愤怒、悲伤为主。

3. "吴某凡事件"中各类新媒体应用的传播类型

"吴某凡事件"中，微博、微信、抖音、豆瓣等社交平台是主要讨论阵地，占全网信息量的 92%，新闻客户端与新闻网站，分别占 4%、1%。但这并不意味着新闻媒体分发功能在该事件中存在缺失，新闻客户端和新闻网站

在该议题中分别具有超 31 万和 13 万的庞大信息量，其中，今日头条、百度贴吧、腾讯新闻等平台具有较高的传播热度。具体到内容方面，通过统计分类发现男女性侵害权利问题、道德法律科普以及未成年人保护等话题获得较大讨论量，如图 8-3 所示。

相关话题热度及类型

- 男女性侵害权利问题
- 道德法律科普
- 未成年人保护
- 网络暴力
- 网络谣言
- 娱乐圈明星德行
- 相关女性话题

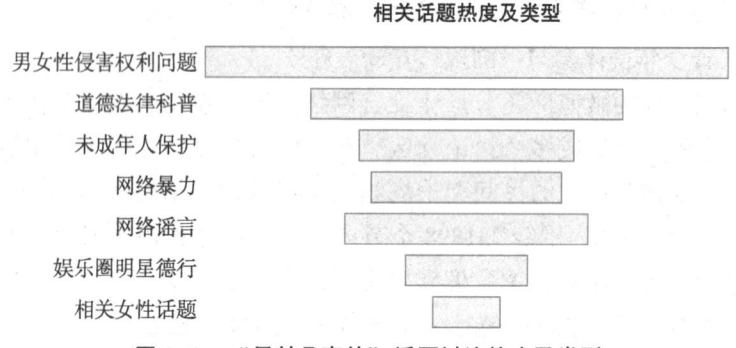

图 8-3　"吴某凡事件"话题讨论热度及类型

在该事件舆论场中，综合互联网相关信息的发布者和接收者的渠道，发现青少年群体主要是通过相应的媒体组织触达相应群体。其中每个平台的内容分发规则都不同程度地影响着人们在该事件中信息关联的深度、广度、持续性与个人影响力。因此，引导网络意识形态，要求我们对各大网络服务平台予以全面且智能化的管控与引导，如图 8-4 所示。

图 8-4　青少年群体互联网信息传播

（二）舆情案例中的技术分析

从舆情算法分析的顶层设计来看，该案例中的青少年群体是舆论场中的主体，其语言具有鲜明的网络流行语特征，如使用谐音替换词语或成语，用"几几"代表"凡凡"，这对语料库的及时更新提出了要求，创作表情包等对媒介符号进行再生产，这要求舆情分析系统不断更新网络语言词汇词频库，在此基础上对具有隐含意义的文本进行深层情感分析。同时，该舆情事件的发展中出现了多次反转舆情以及次生舆情，给舆情事件的精准判断带来相应的挑战。

当下网络舆情系统，除了主流媒体应用人民网舆情中心外，还有微博舆情、百度舆情、清博大数据、知微数据等舆情应用程序，这些舆情分析软件的基础服务已达一般研究需求，但是需要认识到网络意识形态引导需要更为智能全面的舆情分析系统，即在现有舆情系统基础上综合分析达成对跨媒体平台的全数据观点提取、主题分析、情感挖掘，并且能够根据不同平台的网络语言表征分发精准引导内容。总体而言，在舆情分析技术层面我国已达较高水平，但仍需在意识形态引导与智能决策方向上进一步融合。

二、基于深度学习的舆情大数据复杂情感分析

上一部分提到基于情感词典的舆情分析模型的构建，在面对较为复杂的多样情感分析时，应考虑词语之间的联系，尤其是针对青少年群体具有"符号拼贴"风格的文本、符号、数字、动画表情的集合。网络用语不断出现新的组合形式，因此要求情感词典具有智能学习的能力，并及时扩展词典库，提高文本分类准确率，同时不断收集大量训练数据集，目前常见的浅层机器学习分类算法有最大熵、朴素贝叶斯和支持向量机（SVM）等。[1]但机器学习作为监督学习方法，需要大量的数字标注工人进行数字劳动，这种琐碎的大规模数据标注人工成本较高，且具有一定的主观性，导致准确性会在一定范围内浮动，直接影响到模型参数训练的准确性。因此，可以在此基础上结合深度学习（Deep Learning）提高准确性并降低标注成本。在深度学习情感分析算法中，注意力机制具有显著作用，存在着"CNN+注意力机制"等常见注意力机制，注意力机制会对重要区域自动投入更多数据资源，以此获得更多数据结果，自动抑制及忽略无用信息。

情感词典、机器学习以及深度学习的信息算法，各自有其擅长的表达功能和模型泛化能力，但是在复杂情感分类问题上，依旧缺乏更为智能的判断，需要通过大规模数据训练进行完善。因此，可以采用多种混合方法进行复杂舆情情感分析，不断将新生词语或者新的主题情感词典与多种学习模型结合训练，综合提高情感分析的准确率，以便在更复杂的情感问题中寻求全面深入的情感解读。但这种混合方法模型的训练难度与融合复杂度也相对更高，难以在短期内实现。同时，大数据思维具有一定容错率，面对不可避免的判

---

[1] 王新宇. 基于情感词典与机器学习的旅游网络评价情感分析研究 [J]. 计算机与数字工程, 2016（4）: 578-582, 766.

断错误概率，可以"大数据+人工智能+人工监测（抽样判断）"的方式实现舆情情感判断。在此基础上建立情感分析反应链，实现舆情预警、舆论分析、内容验真、分类标记、信息拦截等，同时可以加入人工检测，随机抽选检测内容，面对具有过激情感反应的信息可结合人工客服进行个体追踪和信息溯源，进行相应的情感反应处理。

在文本情感上，将单个文本内容扩充到用户其他公开转发评论的内容检测中，通过多种方式交叉验证情感倾向，如分析内容发布者的身份信息及其他文本内容。具体到舆情分析的情感反应中，综合确认文本情感后，针对不同情感反应，深度学习算法将有针对性地进行舆情处置。在这个过程中需要不断更新词频库与重组领域情感分类（从正负两级到正-中-负，再到不断细化区分），进行技术的升级，升级为上下文 BERT 双向解析与替换性判断系统，同时增加完善社会网络分析转发链条特征的数据集合。

在具体的情感分析阶段，不同舆情事件中情感分布主要分为三种：一是负面信息较多、敏感信息较多、敏感跟帖较多的舆情信息，面对这种情况，涉事主体需要在"黄金四小时"内尽快采取处置措施、避免事态扩大；二是积极情绪比例较高，这种情况下需相应延长舆情周期，促进事件积极影响的传播；三是中性情感较多，这种情况需要涉事主体能够具有"提正抑负"的决策能力，在维持中性情感稳定时，大力引导其积极情感。在具体的舆情决策中，以上三种舆情情感分类都具有相应的应对策略。但在实际的网络舆情应对中，仍存在复杂因素，如迅速的舆论反转案例中，舆情处理应用的操作滞后。在对舆情事件的决策判断中，首先应认识到舆情事件具有发展周期，部分事件具有潜伏期，在潜伏期内可以利用深度学习机器判定舆情事件的基本态势，再结合舆情走向提出初步的舆情引导方案；面对突发性舆情事件，深度学习系统以及舆情应对机制应迅速做出反应，在已有的舆情事件模型基础上迅速调整，适应当下舆情事件以达成正向引导。

大数据舆情监督系统可以对舆情先期的情感做出基本判断，预判公众敏感度，可以对正负情感、中性情感的分布进行指标可视化，包括时间、空间的发展态势，然而涉事主体以及相关政府部门的具体决策仍需根据具体情况采取更精准、更专业的舆情应对方案。

第四节 青少年网络意识形态的大数据热度智能分析

以大数据为核心的人工智能可以对比多元化网络意识形态传播的内容、范围及其产生的反馈和影响，智能识别用户的情绪感知和行动反应，即时追踪及预测线上线下可能生成的舆论热点与社会思潮等，提升青少年网络意识形态风险防范水平。

一、网络意识形态大数据热度智能分析

大数据对舆情热度的智能预测需在人工智能装置计算机上，对大量可读存储数据进行实时分析，通过计算已有类型化热度数据推测关键节点话题热度及影响力，包括判断待预测热度话题内容，根据其互动量提取内容互动特征，对相应内容数据进行智能标注。目前，网络意识形态数据的分析与应用场景理解不再局限于单一话题，还可以对与话题内容相关联的内容生产主体数据进行多角度预测分析，如互动量特征、内容特征、互动关系特征和内容生产特征，并且结合平台综合发挥信息分发机制的作用。

互联网时代，信息传播呈现出全媒体的特征。当下舆论传播中，短视频日益成为热点事件重要的信息传播方式，这给人工智能的内容分析技术带来了挑战，要求舆情分析系统增加视频、图像类别的识别技术。除了学习网络舆论治理经验，还可以通过数据分析和可视化，更为客观形象地呈现既往舆情的传播规律和当前舆情事件的传播特点，形成相应的舆论模型。在可视化的舆情模型中，通过数据库的对比及信息的提炼，完善相应舆情机制的建模学习方案。大数据舆情预警系统还可以根据组合提点与对应舆论模型进行对比，实现特点预测，得出传播影响力预测指数，根据预测热度指数启动相应的舆情应对方案，在非积极意义的社会事件议题上，可以及时预判舆情爆发转折点，采取对应的信息核查与处理机制。

社交媒体时代，信息传播门槛较低、网络信源混杂，假新闻的成本极低，对传播内容进行夸张放大，对事实进行拼贴等现象屡见不鲜，极大危害了网络意识形态安全。根据《中华人民共和国刑法》《中华人民共和国网络安全法》《中华人民共和国治安管理处罚法》《网络信息内容生态治理规定》《互联网群组信息服务管理规定》等相关法律法规，严厉打击网络谣言已成为网

络清朗行动的重要任务。大多数假新闻、网络谣言触及社会痛点，能够在短时间内引发大量的讨论和关注，面对不断增长的舆情热点首先要确定信源，核查来源及其真实性，及时辟谣。预防不可控的舆情冲击力。同时要结合当下谣言传播媒介的特点，兼顾多种媒介形态，在确定信源类型和相应的传播场景后再启动舆情应对方案。

二、网络意识形态的数据分析与场景理解

"基于内容的热度智能预测关键在于场景理解可计算模型和方法，即基于大数据分析、数据关联模型，进行内容关联，并利用跨模态特征及关联关系。"[1]

通过大量的场景训练，形成数种可计算舆论的传播模型，构建相应方案，通过深度学习算法提高对互联网世界场景的感知与理解，通过自下而上与自上而下双循环渠道建立起"场景—信息—人"的关联关系，通过深度学习感知内涵语义，理解符号，准确传递信息。在内容理解上，基于深度学习算法进行广而深的大数据挖掘，可视化舆论热点内容，计算关键影响要素的相关性。在图像为主的舆论表达中，可以通过视觉图像识别库 ImageNet 等数据集对图文、视频对象进行相应识别，根据所展现关键词的关联度进行热度分析，并将任务视角扩大至全媒体网络中，根据既有模型分析舆情走势，从而完成舆论前期智能预判，提出解决舆论危机的智能方案，如对特定的时间、空间、特定的话题进行判断分析。

在数据分析与场景理解中，应以科学理论为指导依据，建立相应时间的预警指标体系，实现网格化舆情的量化管理，量化显示网络舆情危机中的各种征兆，从而确定舆情的危机等级。其中，最关键的是建立一套舆情预警指标体系，具体包括舆情真实性、敏感度、关联性、网民倾向性和参与度等。[2] 在具体的舆情热度预测中，根据事件类型，在特定场景中，对特定议题及时做好舆论预处理准备的同时关注信源主体，也就是舆情传播主体的影响力。网络意见领袖作为活跃在网络场域能够对广大网民施加思想影响力的特定公众，在网络舆论的传播和引导、网络舆论声势的营造及网络舆论压力的

---

[1] 段峰峰，陈淼. 多元与智能：跨媒体网络舆情数据的分析与处理 [J]. 传媒观察，2020（1）：33-38.

[2] 郝晓伟. 网络舆情监测理论与实践 [M]. 北京：国家行政学院出版社，2015.

形成等方面对意识形态安全发挥着正负两个方面的作用。① 因此，在舆论热度的预测中应关注个人影响力，以此综合判断舆情热度，预防舆论反转带来的不良社会影响。在传播渠道上，受众会在不同的表达渠道中以不同的方式表达观点，如在短视频应用中会通过视频语言文字的方式表达观点，在知乎上主要以文字进行表达，因此同样应该将受众不同平台的网络活动轨迹纳入预测舆情的重要识别要素。由此，实现"场景—信息—人"的关联，全方位多维度地理解舆情事件，为后续舆论引导工作的展开奠定基础。

除了突发性事件，还应关注阶段性事件，如政治上各个国家的领导人选举、经济上的各个国家的经济决策、文化上的特定节日、体育上的国际赛事等。例如，社交媒体Twitter在2020年美国大选期间推出专门的选举栏目，实时更新选票及相关信息，根据用户的位置显示参选人的名单，同时设立了针对虚假信息的核实机制。其中"僵尸粉信息传播"具有一定代表性，政治类的信息通过"聊天机器人"传播能产生一定的社会影响力，南加州大学信息科学研究所调查发现：这种"僵尸粉机器人"竟然同样集成人工智能技术，可以高效分析舆情数据、迅速掌握受众痛点，"僵尸粉机器人"最高竟然拥有40万粉丝，它们生产了大量难以分辨真伪的Twitter假消息，在美国总统大选期间引起了网络辩论，影响了舆论走向。人工智能"僵尸粉"与一般"僵尸粉"具有明显区别，一般"僵尸粉"具有身份信息不明的特征，而人工智能"僵尸粉"除了可以迅速发布大量消息，与用户进行智能聊天外，还具有人类的作息时间，在夜间"僵尸粉"机器人会进入沉默状态，不发消息或者第二天阶段性连续发消息，也会几个小时间隔发一条消息，通过模仿人类信息发布特征混淆视听成为信息发布工具，这种人工智能"僵尸粉"还会模仿不同职业群体的信息发布特征。这是人工智能机器人根据场景信息智能判断的反面案例，它对美国民主政治生活产生了极大的负面影响。近年来，还有大量西方反华"机器人"写作博主不断发布不实信息故意抹黑中国形象。这对我国网络意识形态数据分析与场景理解应用的技术提出了更高的要求，意味着大数据算法不仅要以自然人为对象，还要具有判断识别人工智能机器人的能力，设立"反人工智能"装置。尤其是在面对特定场景、特定议题时，应具有相应识别模型，能够通过重复学习吸纳新的表达特征以应对互联网舆论不同场景下的意识形态风险。

---

① 方世南，徐雪闪. 网络意识形态安全中意见领袖作用研究[J]. 南京师大学报（社会科学版），2019（1）：87-96.

第五节 青少年网络意识形态的大数据多元预警机制构建

青少年网络意识形态风险预警机制是跨越网络空间和现实组织所构建的一种能够及时预防和矫正不良意识形态及其演化扩散的警报、预控机制，以达到青少年网络意识形态的健康发展。

一、网络意识形态事件分级分类机制构建

当下，网络意识形态舆情事件在社交媒体平台上频发，各种观点互相冲击，为网络意识形态的引导工作带来极大挑战。建立多元预警机制的前提是，有意识地对舆情事件进行分级分类，有主有次、有先有后地进行分析与治理。舆论事件有着各自的发展规律，即使是在同一时间，舆情发展阶段也会有所不同，因此，意识形态引导工作面对不同的舆情类型事件，应有主次之分。与此同时，应结合新时期舆情事件数据库构建相应的事件预警指标体系（见表8-1），根据网络安全事件的发展势态进行定级，据此启动相应的意识形态引导方案，帮助政府相关管理部门及时进行监管决策，维护网络社会的稳定。

表8-1 青少年网络意识形态安全事件预警指标体系

一级指标	二级指标
事件热度	评论数
	转发量
	跨媒体转发量
	点赞数
	浏览量
	增速
传播媒介	国内新闻网站
	国外新闻网站
	社交网络
	论坛贴吧
	热门App

续表

一级指标	二级指标
传播主体	官方媒体
	权威媒体
	网络大 V
	普通网民
	青少年网民
影响范围	国际
	国内
	区域
影响力	正面
	中立
	负面
	事件关键词与模型匹配度

有学者综合当下网络事件的传播特征，结合网络意识形态安全语义知识库和网络客观数据，确定了评价指标体系，构建了较为科学合理的预警指标体系，对网络意识形态安全事件等级进行预警，[①]但该预警体系是在2020年完成的，存在一定的滞后性。因此，本研究在此基础上根据青少年网络意识形态传播特征，重新构建了青少年网络意识形态安全事件预警指标体系，共分为两个层级：一级指标为事件热度、传播媒介、传播主体、影响范围、影响力；二级指标的设定则充分考虑了可观测的客观数据特性，为全面反映青少年网络意识形态安全事件的演化趋势和影响范围，在原有安全事件指标中增加了系列指标，如跨媒体传播转发量指标和青少年群体用户的数字指标。青少年群体跨平台分享数据是被众多研究忽略的一个重要因素。跨平台分享的内容一般具有一定的传播力，容易突破圈层，因此在一定时间段内迅速被分享的内容可以作为热度识别的重要标准。青少年群体与大众网民关注的事件虽有一定的重合，但是仍然具有明显的群体偏向，如青少年群体更为关注校园事件、娱乐八卦事件等相关话题，因而可以加强对此类话题的监测。

在传播媒介指标中，国内外新闻网站都是重要传播热度指标，并且呈现出不同的事件传播热点偏向。因此，笔者在现有研究的计算方法上增加二级

[①] 谢康．网络意识形态安全事件预警指标体系 [J]．电脑知识与技术，2020（9）：48-50．

指标，并在每个指标中加入网络意识形态事件对比语义库，比较事件的关键词、语义、情感，判断事件与相关模型的匹配度，从而建立舆情预警指标体系。

现有的网络安全预警指标体系研究中，学者多采用德尔菲专家调查法，[①] 一级指标在既有研究基础上确认常规化指标，二级指标则继续沿用层次分析法，根据数据库量化处理下层级指标参数，以此分析关系。根据对比构建相应标度判断矩阵，计算标度判断矩阵的特征值和特征向量。具体步骤如下所示：

Step1：构建两两比较指标判断矩阵 R：

$$R = (r_{ij})_{m \times n}, \quad i = 1, 2, \cdots, m, \quad j = 1, 2, \cdots, n \tag{1}$$

Step2：将 R 中的各列进行归一化处理：

$$r'_{ij} = r_{ij} \Big/ \sum_{j=1}^{n} r_{ij} \tag{2}$$

Step3：求 R 中各行元素加和，得到 R'' 矩阵：

$$r''_{ij} = \sum_{i=1}^{m} r_{ij} \tag{3}$$

Step4：将 R'' 矩阵进行归一化处理，构建矩阵 W：

$$\omega_{ij} = r''_{ij} \Big/ \sum_{i=1}^{n} r''_{ij} \tag{4}$$

Step5：求矩阵 W 的最大特征根和对应的特征向量：

$$A\omega = \lambda_{max} \omega \tag{5}$$

Step6：计算 CR 值，进行一致性检验：

$$CI = \frac{\lambda_{max} - n}{n - 1} \tag{6}$$

$$CR = \frac{CI}{RI} \tag{7}$$

其中，RI 为随机一致性指标。若 $CR<0.1$，一致性检验通过，否则需对指标判断矩阵 R 进行修正。

Step7：将二级指标获取的客观数据进行归一化处理，获得指标评价矩阵 V，融合一级、二级指标评价权值，获得事件的综合评价分数，并确定出对应的预警等级：

[①] 黄炜，黄建桥，李岳峰. 网络恐怖事件预警指标体系研究 [J]. 情报杂志，2017（4）：41-46.

$$E = F \times W \times V \tag{8}$$

注：计算公式引自①，F 代表一级指标评价权值的矩阵。

融合一级、二级指标评价权值，获得事件的综合评价分数，并确定对应的预警等级。最终得出表8-2。

表8-2 青少年网络意识形态安全事件预警指标体系各级预警指标参数权值

一级指标	一级指标参数权值	二级指标	二级指标参数权值
事件热度	0.3947	评论数	0.2684
		转发量	0.1688
		跨媒体转发量	0.1729
		点赞数	0.1987
		浏览量	0.1848
		增速	0.2313
传播媒介	0.1343	国内新闻网站	0.1909
		国外新闻网站	0.0892
		社交网络	0.3938
		论坛贴吧	0.2910
		热门App	0.3682
传播主体	0.1698	官方媒体	0.1032
		权威媒体	0.3578
		网络大V	0.3944
		普通网民	0.1129
		青少年网民	0.1967
影响范围	0.1891	国际	0.3679
		国内	0.3418
		区域	0.2917

根据以上预警指标参数权值，发现随着网络意识形态数据的不断扩充更新，每个指标权值都存在阶段性浮动，如国际意识形态安全事件的影响力近年来逐步提升。为提升舆情预警指标的准确率，需要定期更新预警指标参数权值。同

---

① 谢康.网络意识形态安全事件预警指标体系[J].电脑知识与技术（学术版），2020（9）：48-50.

时需要意识到,制定网络意识形态安全预警分级标准是大数据引导青少年网络意识形态工作的应用基础,但不是绝对的线性数据论,还应分情况而论。

二、网络意识形态预警国际联动机制构建

网络意识形态预警体系是依赖技术搭建的防控体系,是操作层面的意识形态引导策略,意识形态工作还应内化于现代化治理体系,以综合网格化治理,基于系统治理、依法治理、综合治理、源头治理要求,形成制度供给机制、议题引导机制、技术革新机制、协同联动机制以及现实关照机制,[①]形塑全球治理观念。面对全球人工智能以及元宇宙概念的发展,保护青少年群体、未成年群体的网络安全成为重要的全球议题。因此,应形成全球联动保护机制,共同保护青少年群体的网络安全,尤其是加强对未成年群体的保护。

(一) 加强国际青少年网络安全保护联动

"互联网是人类社会发展的重要成果,是人类文明向信息时代演进的关键标志。"[②] 新一轮科技革命加速了全球化进程,各国逐渐成为命运共同体,在网络安全上呈现出"一荣俱荣、一损俱损"的局面。青少年网络安全保护是当前各国网络治理的重点,保护青少年群体是国际社会的共同责任,各国应携手共建和平、安全、开放、合作、有序的网络空间。

美国是最先发展互联网的国家,也是最早关注儿童安全上网安全的国家,其最早出台了《儿童互联网保护法》和《儿童在线隐私保护法》,明确对13岁以下儿童个人信息收集做出限制,其使用网站服务须得到父母同意。针对网络游戏,美国实施 ESRB 游戏分级制度,其完善的评级制度被众多国家参考引用。[③] 法国分别从法律、技术、教育三个维度推行保护青少年的法规《数字经济机密法》,规定运营商有责任为用户装载屏蔽不良信息的拦截软件;在国家合作之间提倡欧盟国家共同关注,共同保护软件的技术语言。日本实施《完善青少年网络利用环境法》,对中央政府、地方政府、电信运营商、内容生产商、监护人等都做出了明确的责任要求和处罚办法,对于小学生通信设

---

① 潘子阳. 新时代意识形态风险预警体系研究 [J]. 领导科学论坛,2021 (11):113-120.
② 金歆,顾春,刘军国,等. 携手构建网络空间命运共同体:写在2024年世界互联网大会乌镇峰会召开之际 [EB/OL]. (2022-11-08) [2022-12-02]. http://cpc.people.com.cn/n1/2022/1108/c64387-32561055.html.
③ 中国网信网. 国外如何保护青少年上网安全体 [EB/OL]. (2015-05-04) [2022-10-02]. http://www.cac.gov.cn/2015-05/04/c_1115161724.htm?ivk_sa=1024320u.

备,加强通话和上网时间及内容的限制。德国出台《青少年媒体保护州际协议》并组建青少年媒体保护委员会,自2015年起将"媒体教育"教学加入小学五年级课程,其中包含青少年网上自我保护等内容。

互联网网络的信息开放一方面为青少年群体开阔了眼界,但另一方面也带来了意识形态的现实风险。国外社会不安定分子、恐怖分子利用短视频传播平台不断灌输一些极端、不健康的思想和观念,发布低俗、虚假、暴力、色情等内容严重危害了青少年群体的心理健康。2021年1月20日,意大利10岁女童安东内拉·斯科梅罗在家模仿网上热门的"窒息挑战"(Blackout Challenge)时,在浴室用皮带勒住脖子最终窒息而亡,而整个过程被短视频应用记录了下来,在互联网上造成了不良的影响。同类型网络安全危害事件不断发生,因此全球亟须建立起针对青少年群体的媒介保护机制。相关事件发生后,欧洲监管部门和各个国家相关部门开始跟进并联合各地互联网监管机构对媒介平台进行整改,如意大利互联网监管机构对DPA女童自杀事件向TikTok下达整改命令,终止提供TikTok的服务运营,要求平台核实用户年龄,对谎报年龄的用户进行处理,TikTok平台也同意引入更多技术手段进行未成年信息核查,对13岁以下未成年人进行销号处理。

2022年9月加州参议院全票通过《加州年龄相符设计法》(California Age-Appropriate Design Code Act,AB2273),设计法中对社交网络及社交平台如何保护未成年人做出细化规定。在该法案的设立过程中,美国民主党和共和党一改过去针锋相对的姿态,在互联网保护未成年人上网监管方面达成共识,这也是美国关于社交网站如何保护未成年个人信息和管理网络活动的第一部法案。在数据保护方面,该法案提出禁止互联网公司收集13~16岁用户数据,要求其为未成年人用户以及监护人提供数据遗忘权,允许数据被永久删除。在《儿童网络安全法》草案中还提出社交媒体平台必须允许未成年人具有选择权,未成年人可以选择退出算法推荐功能以屏蔽非未成年人推荐内容,在相关的网络法律中还要求为未成年用户安装"数字围栏"。但美国在推进关于未成年网络保护措施的过程中仍然展露出反对派别的权力力量,如Facebook、Twitter等互联网公司以反言论自由权公开反对该法案的推进,互联网公司站在保护其资本利益的立场上反对相关数据法,从中可以看到商业平台与国家在未成年人保护上的博弈,这同样也是国内青少年网络意识形态所面临的风险治理因素。

在未成年网络保护上,欧盟自1999年以来不断推出针对未成年人互联网使用保护的战略规划,形成了较为完备的法律体系及专项资金体系,获得了多方服务支持,形成了较为成熟的社会参与机制。在欧盟委员会(European Commission)"为儿童提供更佳的互联网"(Better Internet for Kids)计划的资助下,欧盟在线儿童 EU Kids Online(EUKO)计划于2006年启动。EUKO由欧洲各国的研究人员组成,逐渐形成全球性的未成年人上网保护研究计划——全球在线儿童(Global Kids Online),并建立"儿童上网风险模型",[1]为欧盟国家提供治理智库,为保护未成年人网络安全提供相关建议。虽然青少年群体与儿童群体的上网认知模型存在差异,但仍然可以借鉴欧盟智库的既有模型,以此建立我国青少年网络意识形态引导的联合智库。

从互联网的开放性来看,依靠区域网络对青少年群体进行保护仍然存在较多风险,因此应积极落实"携手构建网络空间命运共同体"的倡议。网络空间命运共同体是人类命运共同体的重要组成部分,各国应共同构建发展、安全、责任、利益共同体,倡导全球信息通信供应链开放、稳定、安全,倡导开放合作的网络安全理念,创建良好的营商环境,坚持安全与发展并重,加强网络空间战略互信,共同维护网络空间的和平与安全。

(二)国内青少年网络安全全方位保障

从上述各国具有代表性的青少年上网保护政策及措施来看,保护青少年上网安全的责任主体主要为:政府部门、网络运营商、校园、家庭、社会机构等。我国青少年网络意识形态安全保障同样应将这五大主体进行联动,在过去思想政治教育基础上升级到指导思想和技术上,提升意识形态方面的数字治理能力。

一是强化收集能力。大数据思维最重要的特点是以量化思维为指导,以数据结果为驱动进行决策。在样本选择上,追求全样本数据,改变过去多种抽样的样本获取方法。以全媒体联动引导青少年网络意识形态,整合现实生活和线上资源,形成青少年群体互联互通的协同网络治理生态体系,如针对跨媒体平台以统一的年龄进行登录限制。在信息收集方面,不仅关注青少年网络意识形态现状,还应关注其引导效果,追踪其效果数据。

二是构建意识形态风险预警体系。对意识形态风险预警指标及原则进行阶段性更新,预警体系包含信息收集、信息处理、信息决策、信息反馈、风

---

[1] 田丽,方诗敏. 从敌视到鼓励:欧盟未成年人网络使用研究范式转移[J]. 信息安全与通信保密,2021(9):34-44.

险警报五大子系统预警模型。在指导意识上,提高科学意识形态风险预警意识,引导多元主体共同加入综合信息服务管理系统,提升党和政府应对意识形态领域风险的能力以及意识形态风险预警评估的能力。

三是落实引导主体责任制。在职责上,意识形态引导主体由点及面地形成电子保护栅栏,落实点对点责任制。各级相关部门应深入贯彻习近平总书记的重要指示,通过"政府+社会+学校+家庭+网络"的五维联动守护青少年网络意识形态安全,认真落实意识形态工作要求,强化底线思维,提高责任意识。意识形态任务以单位个体具体分化到部门、项目、岗位,量化个人责任与义务,以单位责任制形成"一岗双责、一级抓一级、层层抓落实"的工作局面,如在校园意识形态安全层面,在教学、科研、管理等方面工作紧密结合意识形态工作进行统筹部署。五维联动要求各级部门能够对青少年群体的社会主义意识形态的认可程度与非社会主义意识形态的传播状况有所了解,根据不同治理环境制订不同引导方案。

四是加强营商机构的应急联动机制。要求营商机构包括通信运营公司、社交媒体平台对职责范围内的意识形态工作实行落实责任制。尤其是面对网络意识形态突发舆情事件,主要传播平台应根据事件发展趋势启动相应的网络舆情应急预案。营商机构内部具体应对机制可采取如下基本策略:①建立人工智能大数据分析系统,设立监控信息员机制,采用人机结合的方式实现双重把控的查核机制,相关人员应具有科学分析舆情的意识,政治素质高、社会责任心强、熟悉网络传播机制,对青少年网络舆情有敏锐的感知力与决断力;②建立通达校企部门的汇报机制,设立高效沟通的交流渠道,将舆情信息向相关院校负责部门汇报,根据事件发展阶段采取相应措施;③建立与政府部门高效交流的对话渠道,及时介入突发事件的处置环节,对网络舆情处置过程中出现的次生舆情及新问题进行及时商议,遵守相关法律法规对青少年网络意识形态主体的当事人、责任人提出对应保护措施和责任追究意见,并按程序移交相关部门。

三、网络意识形态预警保障制度构建

党的二十大报告提出要确立和坚持马克思主义在意识形态领域指导地位的根本制度,建设具有强大凝聚力和引领力的社会主义意识形态。要牢牢把握党对意识形态工作的领导权,全面落实意识形态工作责任制,巩固壮大奋进新时代的主流思想舆论,加强全媒体传播体系建设,塑造主流舆论新格局,

健全网络综合治理体系,构建网络意识形态预警保障制度。习近平总书记在网络安全问题上强调,"正能量是总要求,管得住是硬道理,用得好是真本事"。通过制度构建网络意识形态安全防护栅栏,是守护新时代网络意识形态安全的重要基石。

(一) 提高互联网信息安全管控能力

互联网信息安全管控对于维护网络社会中的主流意识形态安全具有十分重要的意义。我国需加快网络科技的创新与发展,为主流意识形态安全构建坚实的后盾。强化互联网信息安全管控的制度保障,构建网络防火墙,在制度、技术、流程上进行优化,确保主流意识形态的动员和宣传工作的顺利展开。首先,加大科技投入,培养网络通信技术人才,提高科技创新及自主研发能力,解决我国信息网络领域的落后问题,以此提升我国网络空间的技术监管水平。其次,运用发达的信息技术来防范西方意识形态,筛选与阻止国外有害信息的渗透。再次,充分利用先进的监控技术精准筛选、过滤网络空间的不良信息及有害言论。对网络安全信息追根溯源,自动屏蔽与删除不良信息,以此来创造良好的意识形态信息环境。最后,增强网络核心技术的自主研发,最大程度地减少对国外技术的依赖,提高电脑内存系统、设备操作系统以及电脑芯片等核心技术的创新能力。

(二) 健全意识形态安全领域法律法规

保障网络空间的和谐稳定,需要在制度上不断健全互联网法律法规体系,为主流意识形态的传播创造良好的社会环境。其一,完善互联网言论发表的相关法律法规,在充分保障广大网民言论自由的同时,明确规定网络言论的法律界限。其二,加大对传播虚假信息、网络谣言、煽动社会对立等行为的法律惩治力度,针对互联网中存在的虚假信息、色情信息、暴力信息以及反动言论进行坚决的打击。其三,健全守正创新制度,完善党管宣传、党管意识形态制度,确保意识形态领域始终坚持正确的政治方向、舆论导向、价值取向,建设具有强大凝聚力、引领力的网络主流意识形态。

(三) 落实平台经营者责任制

网络行为主体是多层次的,也包含平台经营者及各个模块的从业人员。因此,平台经营者应担负起相应的责任,对相关平台主体进行价值约束与监督，这也符合提升当代中国主流价值观网络话语权的要求。一方面，应当构建网络平台内容的责任机制，确保内容符合社会主义核心价值观，选取积极健康的内容，向群众传递主流价值信息，引领正确的主流意识形态，创造良好的网络氛围；另一方面，加强对网络平台言论的监管，推动用户在交往中形成主体间性，在评价他人行为的时候，力求互动交流的话题是积极健康的，避免出现语言暴力。同时，要求网络平台对于网络行为主体的行为所产生的结果进行有效的价值判断，在此基础上实行科学的惩处措施，以此营造积极健康的网络环境。除此之外，应当完善平台经营者的追责机制，推动平台企业与经营者落实监管的主体责任，从信息内容、审核成果以及监督举报等相关环节构建内容质量管控标准，加强网络平台信息安全保障建设，推动网络平台的安全监管工作，支持并制定责任考核、评估等标准规范。由于平台缺乏监督与管控而出现不良后果，对平台经营者可进行一定的罚款或限期整改甚至下架，以营造良好的主流意识形态的传播环境。

（四）加强社会、校园全方位意识形态保障

在社会与校园层面，应当构建网络意识形态的协同治理机制，以此实现服务、资源以及管理资源的提质增效。学校网络意识形态工作不仅涉及自身，也涉及宣传、网络、新闻、教育以及公安党政部门，同时也需要互联网企业、社会组织以及公民的个人参与，以此形成良好的网络意识形态建设合力。因此，需要构建学校网络意识形态内外部联动机制。一方面，构建学校与社会的协同治理机制，做好学校与地方政府、互联网企业、新闻媒体以及基层社区、社会团体的协同合作。其中，政府代表了国家的意志，主要进行顶层设计、制定意识形态治理政策以及组织实施、检验效果等。另一方面，学校应当积极采取措施，争取当地新闻宣传部门、网络信息办公室以及门户网站的支持与配合，做好网络意识形态及主流价值观的宣传工作，培养学生正确的网络信息观念。同时，共同打击网络违法犯罪活动，强化对学生网络行为的教育与引导，确保校园网络意识形态保障工作顺利实施。除此之外，还应当构建完善的舆论应急处理机制，强化组织领导，完善工作流程，重点提升网络舆情及网络意识形态突发问题的处置能力，为学校网络意识形态安全提供强有力的保障。

第六节　青少年网络意识形态的大数据智慧预警平台设计

青少年网络意识形态的大数据智慧预警平台按照"信息化主导、扁平化指挥、合成化作战、智慧化空间"的总体思路进行设计，建成一个"看得见，听得着，呼得到、查得清，控得住"的可视化指挥系统，实现全方位、多视角的网络意识形态的智能预警平台。

一、网络意识形态大数据智慧预警平台技术集成

当前，乌尔里希·贝克所指的"风险社会"已然到来，"风险社会"概念强调个人在工业社会中易受到来自外部的多重风险，而个体应对的局限性也更加显著。面对"风险社会"，网络意识形态的大数据智慧预警平台的设计应覆盖信息处理及反馈跟踪的各个环节，包含信息收集、情报预警、信息处理、识别追踪、安全防护、报告撰写、决策处理、后测反馈等，建设有效的网络安全体系，打造专群结合、以专为主的多元主体参与机制，以及以信息收集和分工子系统为支撑的综合信息管理系统。[1]

网络意识形态的大数据来源集成是维护国家安全信息的重要战略组成部分，它决定着国家意识形态安全的具体决策方向，是国家安全决策、行动支持和效果评估的基本前提和重要内容。[2] 其中关于全民大数据的智能感知、数据获取、序化分类组织、系统分析等应用方法成为当下大数据指导国家治理的基础科学问题。网络意识形态大数据集成同样也是国家安全在物质世界、信息空间和人类社会三重空间内所构成的基础研究对象。

在技术上，集成应用云计算、物联网、大数据技术、人机互动技术等工具达成数据的感知与获取，实现对信息特征的多维分析、动态关联、交互传达、准确性评估、深度挖掘等。国家意识形态大数据在全媒体平台达成大数据的集成化、网络化、协同化与模块化，[3] 能够为国家意识形态安全维护工作提供真实有效的数据支持，从而快速形成精准预警及决策解决方案。因此，

---

[1] 潘子阳. 新时代意识形态风险预警体系研究［J］. 领导科学论坛，2021（11）：113-120.
[2] 巴志超，刘学太，马亚雪，等. 国家安全大数据综合信息集成的战略思考与路径选择［J］. 情报学报，2021（11）：1139-1149.
[3] 巴志超，李纲，安璐，等. 国家安全大数据综合信息集成：应用架构与实现路径［J］. 中国软科学，2018（7）：9-20.

应根据网络意识形态数据特点，匹配分化意识形态预警平台的数据处理工作，提高在框架、流程、技术、存储多方面信息集成的流畅度和意识形态预警平台的可操作性。其中，国家网络意识形态的大数据处理需要无限存量系统，以应对不断增加的数据，从而认识这些数据的交织性、超维性、协同性等复杂特点。对此，网络意识形态的元数据处理应建立多元储存系统，尤其是对特定网络安全事件进行永久性元数据储存管理。在此基础上，将数据根据分类分发到不同业务系统中，限定数据安全周期，通过计算关联度进行有机整合构建分类数据沙盒，公共数据集市等，如图 8-5 所示。

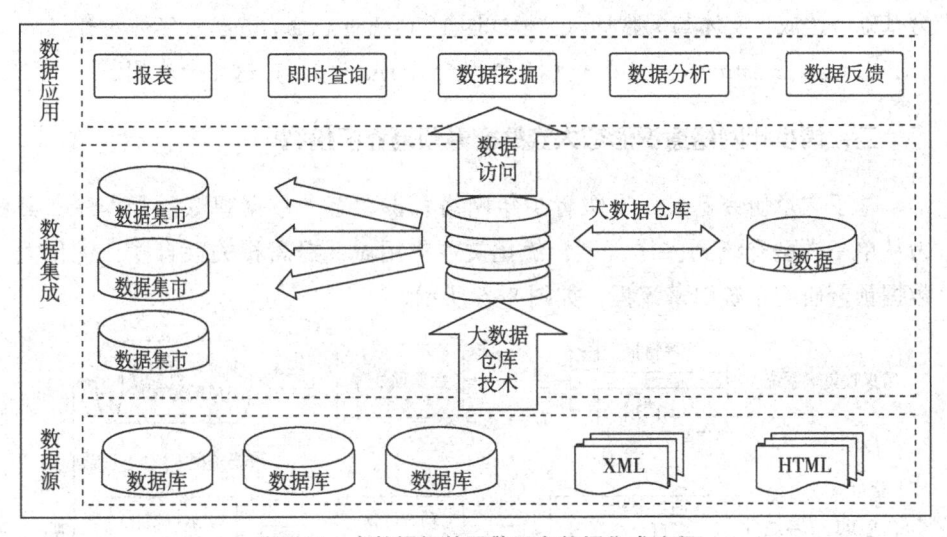

图 8-5　大数据智慧预警平台数据集成流程

数据集成的架构，主要分为三个部分：数据源、数据集成、数据应用。其中数据源中的智能存储在分类上可以通过不同标准进行多维划分，打破大数据系统封闭、孤立的状态。把自治数据源数据加载并存储到一个物理数据库（数据仓库）中，然后在其中对集成后的数据进行后续的操作和分析，建立公共区块链，将数据集中，尤其是对海量跨媒体意识形态数据进行智能编目、组织、描述。① 其中，对异构数据和关联关系进行存储，为克服舆情大数据的动态变化问题，可采用基于增量学习的非重复存储方式，实时存储舆情数据增量，基于内容匹配消除重复数据。

---

① 段峰峰，陈淼. 多元与智能：跨媒体网络舆情数据的分析与处理 [J]. 传媒观察，2020（1）：33-38.

同时，面对青少年网络意识形态大数据，应建立有针对性的数据集规划，构建基于保护青少年群体的大数据集成应用空间的应用理论和方法体系。搭建青少年网络意识形态预警系统，准确定位并区分青少年群体在社交平台上的言论及行为，根据关键词判定危险系数，其中需要大数据系统存储足够数量及一定质量的本土化案例。"长数据储存"是极具历史纵深性的海量数据汇总，互联网在我国发展近三十年来，通过对过去数据进行深入挖掘寻找内在变化规律，关注"变量""常量"背后的影响因素，由此建立模型应用在同类型事件处理过程中，根据规律结合长数据应对现实意识形态安全问题。在数据集合基础上达成：实体与关联抽取、模式匹配（schema matching）、实体对齐（record linkage or entity resolution）和实体融合（data fusion）这4个步骤。[①]

二、青少年网络意识形态大数据智慧预警程序模型

基于本章研究基础，升级青少年网络意识形态大数据智慧预警程序，努力从单一模型升级到多样模型，优化文本作用域，提高相关融合度，优化大数据预警研判系统引擎流程，如图8-6所示。

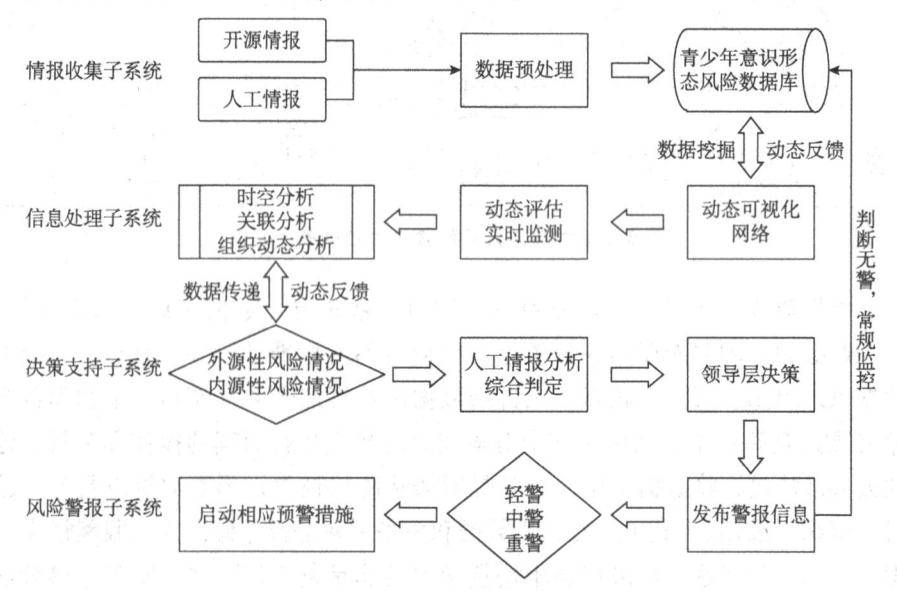

图8-6 青少年网络意识形态大数据风险预警程序模型[②]

[①] 杜小勇，陈跃国，范举，等. 数据整理：大数据治理的关键技术 [J]. 大数据，2019（3）：13-22.

[②] 潘子阳. 新时代意识形态风险预警体系研究 [J]. 领导科学论坛，2021（11）：113-120.

首先强化信息处理系统（ICS），信息处理系统包含两部分，信息预处理和信息加工系统（IHS），其中最重要的是统一系统处理中枢与众多子系统动态信息数据。在国家意识形态风险指标体系下，通过大数据、云计算、人工智能、智慧城市等技术逐渐统一防护体系，搭建通达各部门的动态信息收集子系统，扩充"云储存""云计算"等跨媒介风险信息数据库，对信息数据进一步梳理，按照时间、地点、领域等进行分门别类的处理；其次是对信息数据进行甄别，删除错漏信息；最后是信息的转化，通过对上述信息的梳理和甄别，在系统内对信息进行动态传递和及时反馈。

面对具有内外源风险的议题，增加相关议题热度智能消减的感知系统，对有目的的网络话题热度转移现象与其他关联话题进行模型建构，在种群生长模型中搭建单个网络话题的增长模型，结合各个系数采用 logistic 模型寻找热度消减过程规律。在对外对内的防火墙电子建筑上，加大对电子病毒的入侵检测，提高上网行为的识别精准度，针对青少年建立网站防火墙，面对网络攻击时以最新攻击特征及时发布警示条例，拒绝相关的服务系统和具有持续性的威胁防御系统，全面构建网络意识形态安全的防护屏障，从多个角度回应网络意识形态的安全防护需求。

在风险警报方面，将先进的自然语言处理技术与实际算法技术相结合，探索整体高精度、全面定制化的超企业级情感分析框架路径。在确认风险标准上，将意识形态风险要素细化分解为若干要素，根据各个要素相关关系构造递阶层次结构，不断循环检验其逻辑。但是，网络风险产生于人自身的认知，而认知差异生来存在，也就是说意识形态风险的警源、警兆和警情在指标的具体权重上存在一定的差异性，并且意识形态风险信息与网络情感紧密结合，存在因变动产生的虚警、误警等意识形态安全警报情况。如面对网络事件中的舆情反转现象，在不确定信源的网络传播下会导致预警资源的消耗，影响网络事件的预防、处置和恢复工作，因此，对网络意识形态风险评估应建立相应预警标准，并且对青少年网络意识形态安全指标进行相应调整，以降低风险可能带来的负面影响，及时研判风险发生的概率和破坏性，为决策者提供科学、可靠、实用的政策建议。[1]

在此基础上，可进一步形成青少年网络意识形态大数据智慧预警程序框架。该框架由前台（可视化预警）、中台（数据与计算）以及后台（智能与

---

[1] 潘子阳. 新时代意识形态风险预警体系研究 [J]. 领导科学论坛，2021（11）：113-120.

底层）三个部分组成，通过前台、中台、后台能力的打通与联系，形成程序雏形，如图8-7所示。

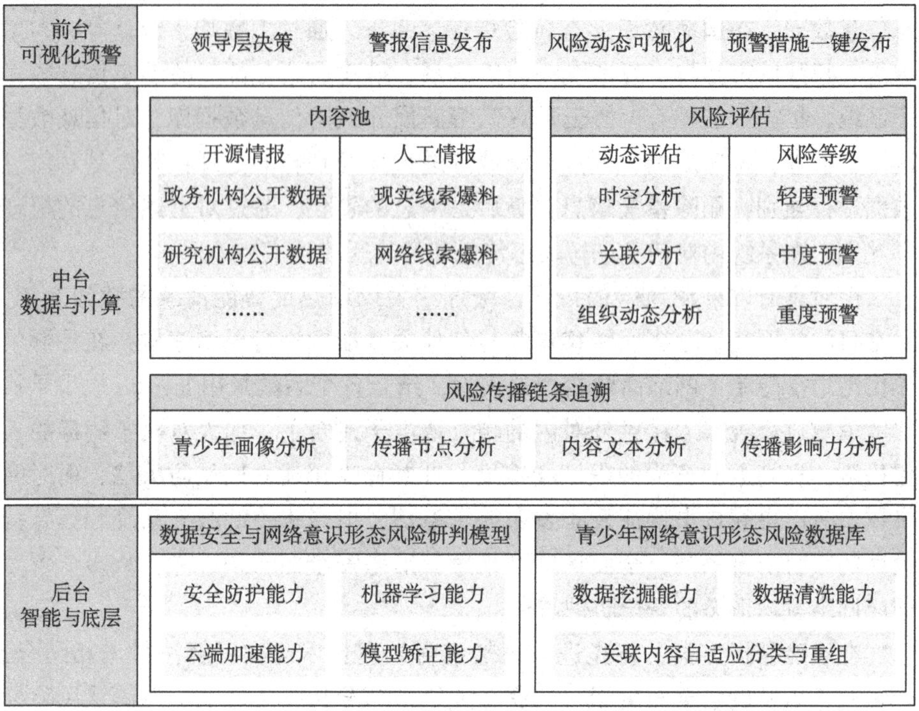

前台 可视化预警	领导层决策	警报信息发布	风险动态可视化	预警措施一键发布
中台 数据与计算	**内容池**		**风险评估**	
	开源情报	人工情报	动态评估	风险等级
	政务机构公开数据	现实线索爆料	时空分析	轻度预警
	研究机构公开数据	网络线索爆料	关联分析	中度预警
	……	……	组织动态分析	重度预警
	风险传播链条追溯			
	青少年画像分析	传播节点分析	内容文本分析	传播影响力分析
后台 智能与底层	**数据安全与网络意识形态风险研判模型**		**青少年网络意识形态风险数据库**	
	安全防护能力	机器学习能力	数据挖掘能力	数据清洗能力
	云端加速能力	模型矫正能力	关联内容自适应分类与重组	

图 8-7　青少年网络意识形态大数据风险预警程序框架

第九章

大数据时代我国青少年网络意识形态的引导机制

2017年5月17日"世界电信和信息社会日"探讨的主题是"大数据产生的巨大影响"——这一天,联合国与联合国儿童基金会共同探讨了大数据与青年参与发展之间的关系。2017年以来,大数据技术日新月异,其覆盖面和影响面也越来越广,对作为"数字原住民"一代的青少年身心的影响也更加深入,因此在大数据时代对青少年网络意识形态进行良好的引导就成为越来越重要、越来越迫切的任务。大数据时代的青少年网络意识形态引导既需要遵循互联网意识形态传播引导的一般规律,同时也需要关注大数据特征,形成决策科学化的循数而导、多元合作的应对机制,多平台引导的决策机制和个性化的、精准定位的智能引导机制。

第一节 "循数而导"的大数据思维引导机制

大数据时代引导青少年网络意识形态的正向发展,首先需要引导者自身接受、理解、感知和遵循大数据的思维机制,只有在接受时代科技的发展变革、理解大数据思维的建构规律、感知大数据对社会文化的潜在影响的基础上,遵循应用大数据的规律,才能够更好地帮助决策者和管理者实现"循数而导"。

一、循数而思

(一) 具有"数据思维"

"数据思维"是基于计算机科学、数学、统计学和现实生活中智能技术的实际应用所形成的，与数据科学紧密关联的思维模式。根据学者的研究，数据思维通常具有以下特点：数据思维认为，现实生活所遇到的问题，其解决方案不应仅基于数据和算法，还需要结合问题本身所处领域的知识或者规律；数据思维始终关注数据是否还有需要改进的地方以及目前所收集的数据是否能够很好地反映现实情况；数据思维将数据视为一种有联系、有规律的内容，而非仅仅是存储在适当数据结构中的数字；数据思维可以帮助数据处理者通过可视化和统计等方法寻找数据中的规律模式与不规则现象；具有数据思维的人能够意识到任何问题都会受到数据偏差和方差的影响，能够认识到数据不是万能的，现实生活中常常会出现意料之外的情况，因此要根据数据的实际情况改进数据模型，这种通过迭代监测和数据收集来完善数据结构的过程是一个持续的过程。[①]

形成"数据思维"是做到循数而思的第一步，在此基础上才能够自觉且合理地收集、分析、解读和处理所收集的数据信息。互联网时代青少年网络意识形态体现在网络使用行为中，通过互联网收集的信息相当冗杂，因此如何合理地应用数据思维、采用合适的大数据筛选方式来解读和探究青少年网络意识形态现状，并根据其行为特征和行为背后的心理特征来制定合理的引导规划，是应用数据思维所要解决的问题。

面对冗杂的海量信息，形成定量思维，在其中总结、归纳和探究描述性信息是必要的。数据本身是一种计算机语言，计算机将收集的信息以数字的形式体现出来，由于计算机的瞬时数据处理量极大、数据储藏内容极为丰富，因此在处理数据时常常采用穷举法，直接收集和存储海量数据。但对于接受和解读数据的人脑而言，直接解读海量信息是不现实的且不经济的方式，因此处理大数据时代的信息就需要一个"翻译"的过程，即数据分析。托马斯·达文波特指出，数据分析一般包括"使用大量数据、统计和定量分析、解释和预测模型以及基于事实的管理来推动决策过程与实现价值增生"，[②] 也就是将收集和统计的数据通过定量分析和解释的方式生成有价值的模型，从而发挥这些数据在政策制定中的辅助作用。

除了定量思维，数据思维还包括"相关思维"和"实验思维"。相关思

---

① MIKE K, RAGONIS N, ROSENBERG-KIMA R B, et al. Computational thinking in the era of data science [J]. Communications of the ACM, 2022 (8): 33-35.
② 托马斯·达文波特, 金镇浩. 成为数据分析师: 6步练就数据思维 [M]. 盛杨燕, 译. 杭州: 浙江人民出版社, 2018.

维指的是思考数据背后所指代的事物之间的内在关联性的思维模式,即找到数据与数据之间合理的联系。在《大数据时代》中,迈尔·舍恩伯格指出大数据时代事物之间的关系往往"不是因果关系,而是相关关系",① 其所谓的相关关系是量化两个数据值之间存在的关联。有强联系的两个数据值可以是正相关,也可以是负相关,但一个数据值发生变化时,另一个数据值也会随之发生规律的变化;相反,如果处于弱联系,其中一个数据值变动时,另一个会没有规律地发生变化。在网络意识形态数据分析过程中,要重点关注数据之间的关系,形成"场景—信息—人"的认知结构,从而更好地认识、理解以及引导青少年网络意识形态。实验思维则是指在大数据时代,可以通过收集一段时间内某一区域、某一人群一组或多组数据,进行对比分析验证猜测,或为问题与建议提供有力的支持。在青少年网络意识形态的具体行为数据中,哪些是青少年网络意识形态形成的原因,哪些是意识形态的表现,哪些是意识形态导致的后果,哪些是引导前后意识形态的变化,在实验思维的指导下可以明确收集到以上有效数据信息,并进一步设计可控实验调整引导方式手段。

(二) 提高数据集合判断力

"循数而思"的第二步是在数据思维的基础上,完成不同类型和不同层级数据的组合与判断。对青少年网络意识形态研究而言,如果将整个研究调查的过程数据、环境数据、社会行为数据、物理实体数据单独对待,实际上都无法展现出问题与现象的全部,因此需要通过有效集合数据来综合研判,筛选出有价值的数据,用于分析现象和解决问题。

就青少年网络意识形态的相关数据而言,并非存在于互联网世界的在线行为才是值得关注、收集、分析和讨论的数据。在《数字化的青年》中,喀薇丽·萨布拉玛妮安特别提示:"如果青少年用户也参与了建构在线环境,那么就可以认为他们的在线世界和离线世界是彼此联系的。"对青少年网络用户而言,在线的数字世界与离线的物理世界之间的界限模糊,但关联则是紧密的,他们会将现实世界中遇到的问题和烦恼在数字世界中消化和处理,或者采用在线行为宣泄情绪,同时也会将数字世界中的内容带到现实生活中去。《数字化的青年》中将青年的"发展任务"总结为"性的发展、自我认同、

---

① 维克托·迈尔-舍恩伯格,肯尼斯·库克耶. 大数据时代:生活、工作与思维的大变革 [M]. 盛杨燕,周涛,译. 杭州:浙江人民出版社,2013.

亲密感和人际关系等",并指出青少年不仅在发展任务上体现出线上线下世界的紧密联系,在"行为、交往的对象和维持的关系""性别问题"以及"问题行为"等方面都有着紧密的关联。① 因此,采用数据集合的方式时,不仅需要收集青少年互联网使用行为中的"过程数据",还需要兼顾青少年个体所处的地理区域、家庭、收入、学校等可能对青少年身心成长和行为思想产生影响的环境数据,分析青少年在互联网世界之外的人际关系、学业、日常行为、家庭关系等社会行为数据,甚至包括青少年的体重、身高、性别等物理实体数据。这些内容若不进行整合分析,就只是一些冰冷的数据,但若在研究中将这些数据进行集合,就能够通过不同层面数据的比对分析来发现其中的联系甚至是规律。

(三) 确保数据的公信力

运用数据思维完成不同类型和不同层级数据的组合与判断,其首要前提是确保数据的公信力,即数据的可信度。马尔科姆·奇泽姆指出:"数据可信度是指数据提供者或数据源的诚信度在多大程度上可以信赖,以确保数据真正代表的是数据应该代表的内容,并且无意歪曲数据应该代表的内容。"② 提高数据可信度是所有研究开展的基础,但这却是较为困难的。根据数据仓库研究所等机构的调查,随着各地区数据安全法的颁布,许多跨国企业机构正在为遵守当地法规而构建数据和分析生态系统。③

数据可信度是评估数据质量的重要方面,而其主要鉴定标准就是数据的来源。数据来源是否明确、是否可以通过追溯查验的方式确定数据的可靠性,如果数据的出处是可靠的(譬如政府工作报告,有名誉的研究院或机构、田野调查的一手资料等),则通常认为数据是具有公信力的;反之,来自不知名小机构或自媒体的数据则往往存在公信力不足的问题。只有依靠强大的数据管理和数据治理系统才能获得可靠的数据,保持数据公信力不仅需要确保来源合法、明晰以及可靠,还需要确保数据经过清理、合理化和归因之后仍然保持可靠,不受到算法、新数据或数据源调整的影响。

---

① 喀薇丽·萨布拉玛妮安,大卫·斯迈赫. 数字化的青年 [M]. 雷赞,马晓辉,张国华,等译. 广州:世界图书出版广东有限公司,2014.
② CHISHOLM M. Managing Reference Data in Enterprise Databases [M]. Morgan Kaufmann, 2001.
③ GARTNER. 2022年企业需要关注的十二项数据和分析趋势 [EB/OL]. (2022-05-11) [2022-10-02]. https://www.gartner.com/cn/information-technology/articles/12-data-and-analytics-trends-to-keep-on-your-radar-cn.

二、循数而为

(一) 量化分析大数据

在大数据时代,数据已经不仅仅是一种运算的底层方式,更是延伸到社会发展方方面面的脉络,成为一种背景式的存在。基于大数据的支持而形成的"更具有自我意识和独立性"的社会被称为"大社会"或"大网络社会",这种社会结构与传统的社会形态不同,不再是自上而下的纵向结构,而是不断地发生水平化的转变;社会中的每一个公民都能够比较容易地获得信息,政府与公民之间的关系也趋向于互动化。[1]

西班牙社会学家曼努埃尔·卡斯特尔斯在其三部曲《信息时代》中指出,21世纪的信息网络与信息技术将社会经济文化与所有重要的物质基础结合起来,并形成了一个全新的"网络社会"。[2] 大数据正是信息网络发展的一项重要技术,在大数据技术的帮助下,网络社会向着大社会发展。在这样的背景下,作为"数字原住民"的青少年一代,其网络意识形态及行为不仅会对网络社会产生影响,还能够通过反馈到线下生活实践的方式影响社会文化的风气、社会的发展乃至变革。

由于大社会的数字化特征,社会中每个个体的言行都变得公开透明,通过收集数据,每一个人的行为都可以被量化,数据开始成为一种可以记录、保存和分析的财产,不同行业基于自身利益对这些数据进行分析,生产相关文化产品或物质产品,以期获得商业上的成功。平台作为数据的垄断者,极大地影响着政府对相关数据的使用和开发。在这种情况下,管理者如何重拾宏观调控的管理功能、如何重新获得意识形态传播与引导上的主导地位,必须依靠大数据算法的帮助。

必须意识到,青少年在社会文化、社会形态乃至社会经济中都起着承上启下的作用,青少年的未来就是社会发展的趋势。一方面,在互联网扁平化的文化结构的影响下,作为"数字原住民"的青少年可能更容易接受平等、互动的交流模式;另一方面,对互联网时代大数据了解较为深入的青少年,也可能对自身的数据隐私、数据信息等有更高的敏锐度,因此在获取和分析数据时要充分考虑青少年的数据安全。

---

[1] FRISSEN V. Big society, big data. The radicalisation of the network society [J]. 2011.
[2] CASTELLS M. The information age [J]. Media Studies: A Reader, 2010 (7): 152.

（二）综合线上线下一体化数据

互联网信息技术与大数据算法相结合，为青少年网络意识形态引导工作提供了数据化决策的可能和线上线下一体化相结合的方式。青少年网络意识形态具体表现在网络使用行为中，通过大数据分析这些行为，可以形成量化的个体数据包。例如在网络浏览的过程中，使用者所打开的网站类型、内容、形式，鼠标点击与停顿的频次、位置等，都可以被数据化，这些数据体现了不同青年网络用户网络使用的倾向性、方法与态度。而在线下，许多数据收集方法虽然不像网络数据那样可以直接爬取筛选，但也可以通过相对传统的数据收集方法与互联网结合，从而更快速地整理和分类数据。青少年在网络世界之外的行为倾向、爱好、性格特征以及其他的个性化特征，这些数据信息既具有一定的个体差异，又存在较多的群体规律，因此需要将其总结起来，完成数据一体化。

数据一体化首先被应用于企业发展，企业在发展过程中实现线上线下数据一体化能够实现数据的多项同步、提高效率和减少浪费。但在当下的数据统计与数据处理过程中，如何完成线上线下数据一体化，如何保障这两种数据具有同样的主体、符合同一种处理标准，仍然是数据一体化所面临的问题。但是总体来看，线上线下数据一体化的确能够帮助管理者和决策者将青少年网络用户的群体信息和个体特征与线上的行为结合起来，方便对青少年网络用户的不同行为数据进行评分权重的安排，从而从多角度、多方面探讨青少年网络意识形态引导方式。

三、循数而治

（一）优化数据统计、数据整理和数据分析方法

在互联网时代，大数据和社会治理的结合带来了具有丰富逻辑内涵的"循数治理"，[1]但基于前面的探讨可以发现，"循数而治"的前提是确保数据的完整度（数据的缺失会造成数据分析出现问题，同时也会影响数据相关性的分析），以及数据的公信力。根据 CNNIC 第 51 次《中国互联网络发展状况统计报告》，截至 2022 年 12 月，我国网民规模为 10.67 亿人，互联网普及率

---

[1] 南旭光. 大数据时代高等教育"循数治理"解析及实现路径 [J]. 中国电化教育，2016 (8)：20-26.

达75.6%，这意味着中国尚有四分之一以上的人没有接入互联网。没有接入互联网的人群分布在城乡方面差异很大，尽管近年来我国基建不断强化农村地区互联网基础设施建设，但农村互联网普及率也刚刚达到58.8%。[1] 除城乡差距之外，经济发达城市与经济落后城市的互联网普及率也相差甚远，更有许多地区虽然已经在技术上接入了互联网，但使用者数量有限，使用的范围也比较狭窄。除此之外，部分经济落后地区基层人员网络素养不高、部分基层人员年龄偏大等，导致较落后地区的数据收集仍然采用比较传统的"手动收集"方式，以挨家挨户上门询问、记录来完成，这样既难保证数据的覆盖率，又很难保证其严谨性。

面对这样的现状，除不断推进农村互联网基础建设、提高基层工作人员的信息技术能力之外，还需要从实际情况出发，明确数据的范围，根据数据技术发展实际状况优化数据统计、数据整理和数据分析方法。对于互联网应用比较广泛的地区，可以采用大数据与互联网信息相结合的方式，推进数据的收集、储存和处理。但对于互联网应用不够广泛或基层工作人员网络素养有限的地区，可以采用新旧办法交替的方式，对用传统方法收集的数据进行数字化转换，帮助这些地区接入互联网大数据平台，以保障数据覆盖面的完整度，同时也为这些区域提供查询过往数据信息的服务。

（二）完善不同地区、不同圈层群体的具体引导方式

青少年网络意识形态引导工作是整体的、宏观的，但执行起来却需要具体到不同的群体。通过大数据对不同类型群体的社会文化背景、心理状态、行为习惯以及互联网使用习惯进行统计，有助于优化不同地区、不同时间空间、不同群体的引导方式。

从年龄层面来看，青少年包括未成年群体与青年群体，这两个群体因成长背景不同，故在心理年龄、关注的内容和网络使用习惯等方面都存在较大的差异。根据共青团中央维护青少年权益部和中国互联网络信息中心（CNNIC）发布的《2021年全国未成年人互联网使用情况研究报告》，96.8%的未成年人是互联网用户，对于未成年互联网用户而言，"数字鸿沟、网络成瘾和网络伤害"是数字时代最严重的问题；[2] 而对于青年群体的互联网用户而言，互

---

[1] 中国互联网络信息中心. 第51次中国互联网络发展状况统计报告［R］. 2022：8.
[2] 张国胜，方紫意. 从负能到赋能：数字时代未成年人的网络治理逻辑［J］. 学术探索，2022（7）：79-87.

联网使用则更多地影响到人际交往、①生活模式、②自我身份认同、③劳动工作④等层面。

从地理层面来看，中国地域幅员辽阔，南方与北方的语言系统、不同地区的语言习惯存在较大差异，因此对网络语言进行收集和分析的时候需要考虑这种情况。语言习惯实际上与使用者的文化心理有关，互联网时代的网络文本能够通过使用者语言应用习惯反映其人文环境差异。⑤

从文化层面来看，中国仍有部分相对落后的区域存在严重迷信的行为，而基于互联网暗流滋生的"新型迷信"等问题也挑战着意识形态引导工作。迷信问题本身与意识形态紧密相关，迷信所产生的"知识/权利"社会文化背景"同参与者的知识资源、信仰及论辩策略有关"⑥。互联网平台所传播的信息能够承载大量的话语，这些话语内容与文化导向能够作用于生活中，日常生活中的文化习惯与认知也会反映在互联网的使用中。因此，需要面对不同地区、不同群体圈层进行针对性引导，而不是一概而论。

第二节 以合纵联动为主的多元矩阵应对机制

大数据时代的青少年网络意识引导应当结合技术发展的时代环境，通过"合纵联动"为主的舆情应对机制，将被动的舆情监测转变为基于数据的主动预测，将传统意义上相对静态的舆情引导转变为动态多元的舆情引导。⑦这一举措的落实既有赖于基于大数据技术的青少年网络意识形态纵向引导结构模式，即通过理念、机制、路径、载体和内容的创新自上而下地引领青少年网络用户意识形态的发展，又有赖于基于大数据技术的青少年网络意识形态横

---

① 林建鹏. 互联网使用、现实社交与青年健康：基于CGSS混合截面数据的实证研究[J]. 北京青年研究，2022（3）：45-57.

② 李弋，王俊鸿. 新时代互联网背景下青年生活方式嬗变探究[J]. 北京青年研究，2022（3）：38-44.

③ 孟威. "技术—关系"视阈下的互联网青年圈层亚文化[J]. 当代传播，2022（4）：11-17.

④ 韩军辉. 互联网使用能否缓解青年工作贫困？：基于CGSS2017的实证研究[J]. 中国青年研究，2022（11）：70-78.

⑤ 李永帅，黄桢炜，谭旭运，等. 互联网数据中的文化差异与文化变迁[J]. 心理科学进展，2017（6）：1045-1057.

⑥ 王圣杰. 知识、权力与身份："科玄论战"中的反迷信历史[J]. 自然辩证法研究，2022（8）：92-97.

⑦ 王占西. 新时代网络舆情大数据的使用与管理机制[J]. 魅力中国，2021（16）：95.

向联合引导结构模式，即通过综合领域相近的管理主体形成发展合力，将网络社会安全保护、心理教育工作，家庭社区健康氛围，心理调查形成横向调研与纵向追踪的结合。然后，基于大数据分析形成青少年网络意识形态的"点、面、块"融合引导结构模式。

一、基于大数据的青少年网络意识形态纵向引导结构模式

（一）理念创新

网络时代的纵向舆情引导与传统的自上而下的纵向引导有一定区别：网络时代的舆情存在热点事件多发且热度不断攀升、网络话语与社会思潮此起彼伏、网络信息管理与法律对接速度滞后于网络舆情管理等问题。[①] 除此之外，作为"数字原住民"的青少年心理状态和表现形式与传统社会文化背景下的青少年也有显著不同，互联网较强的互动性也造就了青少年网络用户主动参与信息传播的使用习惯；互联网信息安全甄别困难与网络舆论信息的复杂多样又导致青少年网络意识形态难以监管、难以统一。但从另一方面来看，互联网时代的大数据信息又为青少年网络用户的用户形象特征的复刻提供了技术基础：互联网社交平台是基于 Web 2.0 的 Internet 应用程序，它以用户生成内容（UGC）作为支持其运行和丰富其内容的主要部分，同时通过将用户的个人资料与其他个人或团体的资料结合起来促进发展。[②] 因此，总体而言，对于网络时代的青少年网络意识引导需要站在时代背景和用户需求的角度，在大数据的帮助下创新理念，形成符合青少年网络用户需求、能够得到青少年网络用户理解和支持的引导模式。

（二）机制创新

大数据时代的青少年网络意识形态引导需要创新引导机制，即从较为单向的舆论引导或者多渠道分别引导转为多元协同的舆论引导机制。[③] 协同管理如同巴赫金所说的"多声部"，需要将多重要素和谐有序地组织起来。互联网

[①] 戴维民，刘轶. 我国网络舆情信息工作现状及对策思考 [J]. 图书情报工作，2014 (1)：24-29.

[②] OBAR J A, WILDMAN S S. Social media definition and the governance challenge-an introduction to the special issue [J]. Telecommunications policy, 2015 (9): 745-750.

[③] 张贝. 国家治理现代化视域下的舆论引导协同机制创新 [J]. 山东师范大学学报（社会科学版），2021 (3)：108-117.

时代的网络平台是新时代最重要的新闻舆论工作领地,想要创新青少年网络意识形态的引导机制,就要在坚持党的领导的基础上,发挥主流媒体的舆论导向作用,同时遵循意识形态引导的客观规律和动态规律。在大数据时代,基于客观现实的社会文化、青少年用户的网络使用习惯等,都可以通过数据的形式被收集和统计起来,通过合理的总结和归纳,就能够比较清晰地看到其背后的规律脉络,并且面对不断变化的意识形态规律以动态发展的策略不断丰富引导机制,以此实现机制创新。

（三）路径创新

大数据时代,青少年网络意识形态引导在路径上的创新,主要是指纵向引导结构路径的多元化发展。意识形态的建构是由主流观念、传统文化、社区环境、家庭氛围、个人经历等多重因素共同作用的,这些因素作用于个体的过程中,彼此之间并不是对立的,即使在相对矛盾的主体之间,也存在协调和调和的可能。意识形态的引导实际上是一种共识的建立,后现代主义令一切宏大的东西都烟消云散了,价值的多元化和信息的碎片化在客观上难以形成共识,但通过多方面的引导,仍然可以聚沙成塔地建构起意识形态引导的全新路径。总体而言,新时代的网络意识形态引导需要正视网络平台多元性、互动性的特征,给予青少年网络用户更多的参与渠道,将政府主导、多元协作、多渠道参与和社会力量整合在一起,形成大数据时代的网络舆论引导的创新路径,如不断扩宽新媒体主流意识形态传播渠道,及时占领意识形态高地以应对更为智能化的数字世界意识形态危机。

（四）载体创新

大数据时代的青少年网络意识形态引导需要创新载体、与时俱进。数字时代的互联网信息载体高度多样化,互联网影响下的移动手机端、电脑等多种媒介形成了互联网时代去官方化、去中心化的载体特征。[1]乔纳森指出因为技术更新太快,所以没有任何一种形态的数字技术媒介载体能够长期获得用户的关注,"唯一能把断裂无序的消费产品和服务持久地连接起来的因素,是人的时间和行为越来越紧密地被整合到电子交换的参数中"[2]。在互联网上,

---

[1] 马陈静. 后真相时代网络意识形态话语分析[J]. 青年记者,2020(14):29-30.
[2] 乔纳森·克拉里. 24/7:晚期资本主义与睡眠的终结[M]. 许多,沈河西,译. 南京:南京大学出版社,2021.

青少年网络用户习惯以弹幕交流、短视频追剧、表情包交流等多种互动模式完成社会文化传播，因此需要创新意识形态的媒介载体，真正以一种社会文化形态的方式参与青少年网络生活的交流活动，形成正确积极的价值观的渗透、感召，避免传统载体模式偏重灌输和说教的价值观呈现效果。把握媒介发展机遇，创新意识形态传播载体，创立意识形态主流交流平台及表达方式，扩大其影响力。

（五）内容创新

大数据时代的青少年网络意识形态引导不仅需要理念、机制、路径和载体的创新，还需要强调传播内容的创新。互联网时代的意识形态传播需要以对象为中心，考虑内容的触达率和传播力，这类携带意识形态内容的传播文本在互联网时代应该有一定的创新特征。在传统的主流意识形态传播过程中，一般都沿袭宏大叙事的话语模式：议题严肃、态度庄重、气势恢宏、表达严谨、语言规范，但网络传播的去中心化、个性化和自主化的特点创造出了从宏大叙事转向个体观照的内容取向。因此，青少年网络用户所习惯的交流方式与阅读方式需要主流意识形态改革话语模式，消解肃然感，增添柔和度，以适应新的社会心理和表达习惯，提高传播内容的触达率。

二、基于大数据的青少年网络意识形态横向联合引导结构模式

（一）网络社会的全面保护

基于大数据的青少年网络意识形态横向联合引导，是指社会各个层面相互之间形成的横向联结模式，而互联网意识形态的引导首先有赖于网络社会的全面保护。全国青联主席汪鸿雁指出，在习近平总书记网络强国战略思想的指导下，需要从抓阵地建设、抓主题教育、抓内容供给、抓权益维护四个层面来保护网络社会的安全，为青少年网络用户的成长和发展营造良好的网络氛围。[1]

但也必须认识到，网络社会与现实社会有所不同。以数据作为依托的网络社会是可以无限延伸的，随着元宇宙技术、人工智能技术以及其他高新技术的更新迭代，网络社会的范围越来越广、层次越来越深、结构越来越复杂，

---

[1] 中国信息安全编辑部. 保护未成年人网络安全来自主管部门的声音 [J]. 中国信息安全, 2019（10）：58-59.

这些都给网络社会的全面保护造成了困难。因此，网络社会的全面保护从总体上来看是"宜疏不宜堵"，在基于大数据探寻的青少年网络用户的行为规律的前提下，以立法为基础、以引导为主要推手、以防治为助力，通过开辟网络未成年监管模式、打造青少年网络文化产品体系、建设健全网络青少年求助渠道等方式，力争在网络社会打造针对青少年身心健康与文化审美品位的全面保护体系。

（二）心理教育工作的全方位深入

心理学认为，青少年时期是道德、社会、身体、认知和情感五个关键领域快速发展的时期，是人在成长过程中身心发展的一个极为关键的阶段，因此加强青少年的心理教育和心理干预十分重要。

青少年用户的网上活动与青少年本身的心理特征有明显的联系。青少年处于认知发展的过程中，从少年至青年，逐渐形成抽象思维能力、想象力和复杂推理能力，这一过程中青少年容易产生较强的好奇心，且不容易对事件的后果形成合理的危险预判。根据美国儿童与青少年精神学会的解释，青少年易冲动、容易产生误解情绪和社交问题、容易发生肢体冲突、倾向于冒险或做出危险选择。[①] 在这种情况下，青少年在互联网上的行为也容易冲动、情绪化，甚至做出危害自身或他人安全的行为，如在疫情期间网络授课活动中，不少青少年"爆破"网课，甚至导致教师死亡的悲剧，这些行为都与青少年心理状况不成熟有一定的关系。与认知发展类似，青少年的情感发展也同样处在逐渐完善的过程，因此青少年网络用户容易被具有较强感官刺激性的视听内容——如血腥、暴力、色情等内容所吸引并受到错误的引导。另外，青少年仍处于道德发展的过程中，对于道德和法律之间的关系仍处于认知模糊的状态。同时，青少年在身体和心理成长过程中都属于强烈需求自我身份认同感的状态，因此青少年很容易受到网络世界中亚文化圈层的影响，互联网又恰好是亚文化传播发展的主要阵地。虽然亚文化圈层本身并不一定会直接给青少年网络用户带来心理上的负面影响，但亚文化圈层信息茧房现象、文化圈层碰撞冲突现象等仍须引起青少年心理引导者的关注。

---

① Teen Brain: Behavior, Problem Solving, and Decision Making [EB/OL]. https://www.aacap.org/aacap/families_and_youth/facts_for_families/fff-guide/the-teen-brain-behavior-problem-solving-and-decision-making-095.aspx.

(三) 家庭社区的健康网格化管理

对青少年的健康成长而言，家庭与社区的影响是最为直接、也是最为持久的。美国心理治疗师维琴尼亚·萨提亚提出了冰山理论，[1] 认为人显示在外界的行为方式只不过是冰山露出水面的很小一部分，而真正内在的原因在水面之下，需要深层挖掘。内在原因中，家庭占很大的比例，一个人总是和其经历有难以割断的联系，而原生家庭是最早同一个人发生联系的场所。对青少年而言，家庭往往在其成长过程中为其建立了规则意识、道德观念、情绪能力等基础意识形态，因此，在青少年网络意识形态引导的过程中，需要从家庭出发，形成和谐、健康的家庭氛围和家庭关系，从而对青少年的成长产生潜移默化的影响。

与家庭一样，青少年所在的社区同样也会对其发展形成较大影响。"积极的青年发展"（PYD）的研究以及发展科学、心理学、社会学、教育、公共卫生和其他领域的交叉学科共同研究发现，社区是研究和衡量青年发展及其相关影响因素的重要社会背景。勒纳等人的《青少年心理学手册：青少年发展的个体基础》在积极心理学、积极目的和心理健康领域对青年的个体发展情况进行了探究，并指出社区合作项目、社区发展计划和社会舆论导向等是"积极的青年发展"的影响因素。[2] 在中国城乡发展中，留守儿童由于缺乏父母直接的引导和影响，社区文化对其身心健康发展的影响更为重要。通过营造积极良好的社区文化、打造文明社区、开展社区精神文明活动等方式，能够从整体生活氛围方面为青少年网络意识形态的引导形成良好的基础。从社区出发对青少年群体进行网格化管理的思路目前较少，但随着智慧城市建设的发展，这个路径具有一定发展前景。

(四) 合力开展青少年心理调查研究

对青少年网络意识形态的引导需要知己知彼，因此，需要了解青少年网络用户的实际心理状态，深入了解青少年网络用户关注什么、为什么关注这些内容、通过哪些渠道关注这些内容。目前在中国互联网络信息中心的引领

---

[1] BANMEN J. Virginia Satir's family therapy model. [J]. Individual Psychology the Journal of Adlerian Theory Research, 1986 (4): 480-492.

[2] RM LERNER, L STEINBERG. Handbook of adolescent psychology, volume 1: Individual bases of adolescent development [M]. John Wiley & Sons, 2009.

下，每个周期的互联网发展研究报告已成为常规性调查研究，同时，在与中国共青团的合作下也形成了定期对青少年群体、未成年群体的科学调查研究，但仍需从人口学调查研究深入人类学、心理学、社会学等更为具体的研究领域中。

2021年"中国儿童青少年精神障碍流行病学调查"结果显示，全国儿童青少年精神障碍流行率为17.5%；10月15日，教育部对全国政协《关于进一步落实青少年抑郁症防治措施的提案》进行了答复，明确将抑郁症筛查纳入学生健康体检内容，建立学生心理健康档案，评估学生心理健康状况，对测评结果异常的学生给予重点关注。① 随着我国健康事业的科学发展，心理健康不断被人们重视，因此大数据引导青少年网络意识形态更应深入关注个体的心理健康问题，这需要多个学科研究的合力。

在大数据时代，开展青少年心理调查研究可以从社会性的"横向调研"与个体性的"纵向追踪调研"共同出发，从横向做到扩大调研覆盖面，重点关注偏远地区、农村区域的青少年心理状况调查，全面了解当下的青少年心理状况；纵向做到持续关注个体心理健康成长的过程，建立个人心理档案，了解青少年心理健康发展的重要节点和变化过程，为青少年网络意识形态引导提供有的放矢的基础。

三、基于大数据的青少年网络意识形态的"点、面、块"融合引导结构模式

（一）以人为本对节点化的个人进行引导

在大数据时代，人类社会由传统的以物理空间、人类社会为主的二元社会逐步进入由物理空间—人类社会—网络虚拟空间所构成的三元社会，这将会对政府、公众、社会组织、企业各个行动主体的行为方式产生影响，改变各行动主体之间的互动方式。通过"数据—知识—决策"形成的公共决策理性是应用大数据来帮助社会管理的理性模式，② 但在通过大数据形成具有较为普适性的公共管理决策的同时，也需要对数据中呈现出的偏差行为予以追踪，形成个性化的引导方案。数据时代的公共管理问题需要特别关注具体的人，避免仅仅从数据出发来理解社会现象、将人简化成数字，而是要通过数字分

---

① 秦伟利. 青少年心理健康调查："我emo了"流行，是叛逆还是病了[EB/OL].（2021-12-05）[2022-10-02]. https://baijiahao.baidu.com/s?id=1718261608033029594&wfr=spider&for=pc.
② 张红春，杨涛. 以大数据俘获理性："数据—知识—决策"框架下的公共决策理性增长逻辑[J]. 甘肃行政学院学报，2022（1）：57-68，126.

析来了解人，将以人为本的理念深入贯彻到青少年网络意识形态引导过程中。

在青少年网络意识形态的引导结构建立中，关注个人特征、对节点化的个人进行引导正是"点"的构成部分。青少年之间存在相互影响的关系，对于具有社会文化特殊性的青少年（亚文化圈层具有影响力的大V）、存在行为特殊性的青少年（有过过激行为、霸凌经历或被霸凌经历的人群）、存在特殊心理状况的青少年（性别认知、自我认知存在一定差异的人群）以及存在特殊家庭情况的青少年，需要关注到其行为和意识形态的个体差异，并对个人思想上的节点予以精准的而非泛泛之谈的引导，提高青少年网络意识形态引导的精准度。

（二）线性引导青少年网络社会关系圈层

由于社会文化、时代和技术多方面的影响，移动数字化时代崛起的青年，尤其是1995年以后出生的"Z世代"青年，在文化消费上具有个性化、去中心化、圈层化的亚文化特征。[①] 现代社会的工业文明以低廉的价格将文化扁平化、批量化，在消费社会的大背景下，同质化的商业产品在满足物质需求的前提下造成了消费者个性化的缺失。青少年的心理成长阶段正处于需要寻找个性特征的年龄层，为了弥补自身缺失的异质性，青少年通过亚文化的方式来摆脱主流社会文化语境，从而获得自我的个性化预设。为了凸显与主流文化的差异性，逃离者势必需要通过寻求另一种文化符号的定义，来完成自我构建。亚文化粉丝群体通过个性化的方式来完成游离于主流商业文化之外的一种"圈地自萌"的圈层设立，通过创造亚文化词汇等方式完成圈层相对的闭合。总体来看，圈层文化与网络时代信息去中心化的特征和大数据时代精准推送造就的信息茧房现象，以及青少年对自我身份认同的高度需求之间均有紧密的联系，圈层文化能够形成对青少年网络用户的强烈吸引力。

对青少年网络意识形态引导而言，针对网络社会关系圈层适时关注和引导，由点及面进行线性垂直引导正是基于意识形态"面"向连接的引导方法：对于一个文化圈层的影响，能够直接垂直辐射到这一圈层中大量关注者，对认同这一文化圈层的青少年网络用户形成较为普遍的影响力。而对于一些存在较大问题的圈层，例如互联网暗网中流动的黄赌毒暴力倾向圈层，则需要通过立法、执法的方式进行严肃处理、定点打击，避免负面

---

① 丁合蓉，董子涵．Z世代青年亚文化消费表征与动因探析［J］．中国报业，2021（16）：110-111．

影响的扩大化。

(三) 区域合纵引导意识形态

对青少年网络意识形态由点及面地关注引导，最终需要形成立体的"块"，也就是区域性的治理。首先明确责任主体，进一步加强和改进意识形态工作，中国共产党牢牢掌握意识形态工作的领导权和话语权，根据分级管理，谁主办谁负责，把青少年网络意识形态工作作为党的建设的重要内容，协同其他部门引导青少年网络意识形态。尤其是网络监管部门应发挥重要作用，牢牢把握对其他意识形态引导主体的领导权，联合网络平台进行立体化管理。2020年12月23日，百款游戏开启人脸识别功能，限制未成年人网络游戏活动的时间、付款等经济行为；2021年8月30日，国家新闻出版署下发了《关于进一步严格管理切实防止未成年人沉迷网络游戏的通知》，针对严格落实网络游戏用户账号实名注册和登录、限制网络游戏企业向未成年人提供服务时长等方面做出了规定。对于短视频平台，政协常委提出的《关于完善短视频平台防沉迷机制的提案》目前已经在多个短视频平台投入使用，抖音在后台设置了"未成年人保护工具"，设置后会启动限制未成年人观看时间的时间锁。这些区域性的治理能够通过客观限制的方式影响青少年互联网用户的使用习惯与方式，引导其网络意识形态的正向发展。

第三节 以数据驱动为主的多平台联动决策机制

在青少年网络意识形态引导的决策机制方面，需要充分运用大数据技术，以数据分析作为基础驱动、结合多平台进行联动，完成大数据时代的公共管理、社会文化管理的智慧决策。对此，需要注意以下三点：

一、青少年网络意识形态引导的数据安全

(一) 严格控制数据接入安全

数据接入安全是指"在数据接入过程中，采用数据公共服务和数据读取访问控制技术保障数据接入安全"[①]。在大数据时代，使用大数据技术协助公

[①] 范渊. 网络安全运营服务能力指南 [M]. 北京：电子工业出版社，2022.

共管理已成为大势所趋，智慧管理、智慧决策少不了大数据分析作为管理决策和执行的基础与参考。在青少年网络意识形态引导的决策方面，大数据同样能够提高社会文化公共管理效率、增强意识形态管理准确性和提高意识形态引导与传播个性化。但与此同时，必须意识到大数据时代的数据安全风险问题为公共管理智慧决策带来的潜在风险。

大数据既具有影响公共管理政策倾向、帮助公共管理政策落实、协助公共管理的监管监控和提高公共管理的行政效率等诸多优势，同时也存在着诸多问题与风险。尤其对青少年，甚至是作为非民事责任行为能力人的未成年人而言，很多数据收集行为可能存在相关的法律与伦理问题；即使是在合理、合法、公开、公正的情况下收集数据，也可能会在某些情况下引发难以预测的风险。与传统的信息收集、分析和处理方法不同，大数据更复杂且非公开，算法的不可解释导致即使是设计师也不能够完全解释数据黑箱等技术性问题，因此完全依赖大数据显然是不可取的。更重要的是，需要保障这些与青少年网络使用行为、习惯有关的大量数据既不被别有用心者窃取用于非法活动，也不能向资本妥协，使之成为消费社会掌握个人信息要素的缺口。在大数据时代，收集青少年网络意识形态相关的数据信息，需要更多考虑隐私与自由之间的平衡、安全与效率之间的平衡，通过设立升级防护手段的方法，确保数据伦理与数据安全问题的妥善解决。

(二) 加强个人隐私信息保护

大数据时代的个人隐私信息保护已成为让人忧心的问题。虽然青少年作为"数字原住民"，在某些情况下对于个人隐私信息的保护存在一定的认知，但更多的时候由于互联网信息收集、信息窃取的隐秘性，青少年在法律意识、经济意识不够，情感能力与心理健康发展处于波动期的状态下，很容易因为多种原因被骗取个人隐私信息，造成当下甚至是未来的大量损失。从法律层面来看，未成年人的行为受到监护人的保护、教育和负责，但在互联网的大环境下，一方面监护人本身可能缺乏大数据时代个人隐私保护的意识或能力，另一方面监护人负责未成年人的网络个人信息保护在技术上是难以落实的。研究显示，目前国际上通行的"家长同意"或者"监护人同意"机制实际上很难发挥应有的作用，青少年网络个人信息的保护责任需要通过建立"在不同的场景下通过设计来保护隐私"的规则来予以完善。[①] 在目前应用的 App 中，用户隐私信息设置已经成为比较普遍的、甚至是强制性的设定，但这些设定对用户而言有时候比较隐蔽、烦琐，有些青少年对于个人隐私信息的设定也缺乏认知或者关注。在这种情况下，可以通过账号权限分级的方式，对青少年使用的账号信息进行定期筛查和遴选（例如采用注册身份信息上的生日等），设定青少年网络个人隐私信息的强制保护策略。

（三）注重数据的准确性与保密性

在青少年网络用户的数据收集、分析和处理的过程中，需要高度重视数据的准确性、保密性和稳定性。数据的准确性可以采用"数据粒度"的方式予以衡量，数据粒度只是数据的细化和综合程度，数据粒度的划分维度可以是时间维度（划分到年、月、日的数据信息采集时间），也可以是空间维度（划分到区、县、街道、网格片区的信息采集区域等），数据粒度越细、数据的准确度就越高，同时对数据库的储存能力和处理能力要求就越高。[②]

对于数据的保密性问题，需要通过明确制度与法律法规，结合技术辅助，保障青少年网络用户隐私数据的保密性。一方面，尤其要避免信息收集和信息处理渠道受到资本商业主体的影响，造成截留、滥用或盗取数据，要确保相关数据的收集及专项专用。另一方面，也需要警惕由于公民行为数据信息的大量收集导致公权力逐步扩张，并成为一种"法秩序构成"之外的"治理技术"。[③] 不过，也不能因噎废食，因为尽管个人信息的隐私价值不容否定，但"收集与处理个人信息的社会价值也不能不受到重视"。[④]

二、青少年网络意识形态引导的决策主体

（一）坚决维护党的核心领导地位

我国国民意识形态引导的决策主体是中国共产党，意识形态安全的引导与保护应当在党中央的指导下进行。在青少年网络意识形态的引导方面，需

[①] 王苑. 中国未成年人网络个人信息保护的立法进路：对"监护人或家长同意"机制的反思[J]. 西安交通大学学报（社会科学版），2019（6）：133-139.

[②] 张伟. 智能风控：评分卡建模原理、方法与风控策略构建[M]. 北京：机械工业出版社，2022.

[③] 吉奥乔·阿甘本. 例外状态[M]. 薛熙平，译. 西安：西北大学出版社，2015.

[④] 吕耀怀，等. 数字化生存的道德空间：信息伦理学的理论与实践[M]. 北京：中国人民大学出版社，2018.

要认真贯彻落实党中央和上级党组织关于意识形态工作的决策部署及指示精神，坚决维护党中央的权威，在思想上政治上行动上同党中央保持高度一致。

2022年8月19日，中宣部举行的新闻发布会中指出，掌控网络意识形态主导权，就是守护国家的主权和政权。中国网信系统把网络意识形态工作作为意识形态工作的重中之重，加强党对网络意识形态工作的全面领导，切实增强履职尽责的责任感使命感紧迫感，严格落实网络意识形态工作责任制，有力维护意识形态安全和政治安全。新闻发布负责人表示，在网络意识形态的引导方面，将会通过制定与实施《党委（党组）网络意识形态工作责任制实施细则》《党委（党组）网络安全工作责任制实施办法》的方式来压实责任，确保网络意识形态阵地不动摇、不虚无、不混乱，在党的核心领导之下将各组织各部门的多头管理转变为统一方向、统一目的的协同治理。

在拥护党的核心领导地位的基础上，各级党组织必须把做好意识形态工作作为重大政治任务（第一负责人统筹工作），加强理论武装。习近平总书记指出，随着互联网时代的技术发展与普及，互联网逐渐成为意识形态斗争的主要阵地。[①] 青少年网络用户既是互联网时代成长起来的一代"数字原住民"，受互联网环境的意识形态影响极大、极为深远，同时也是国家未来建设与发展的主力、国家社会文化与思想意识形态乃至社会舆论的中坚力量。正因如此，相关部门需要通过认真贯彻落实党的指导精神，对青少年网络用户进行主流意识形态的洗礼与引导。

（二）各部门定期研判意识形态领域情况

青少年网络意识形态引导工作需要坚持与时俱进的精神，通过大数据的帮助，定期研究与判断意识形态领域的风向与情况，做到知己知彼，才能够百战不殆。在互联网时代，意识形态的渗透与发展与传统媒介时代有所不同，舆论与意识形态的传播和发展既可能来势汹汹、令人猝不及防，也可能暗流涌动、危机四伏。因此，相关部门组织需要加强对意识形态工作的统一领导，加强对意识形态阵地的管理、领导及组织，对意识形态领域重大问题的处置需要与意识形态领域状况相匹配，避免无的放矢。对于意识形态工作有关部门应做好知识分子的团结引导服务工作，通过团结有机力量加强意识形态和宣传思想系统队伍建设。在实际的青少年网络意识形态引导活动中，需要壮

---

① 中共中央党校. 习近平新时代中国特色社会主义思想基本问题 [M]. 北京：人民出版社，中共中央党校出版社，2020：268.

大主流舆论，采用积极向上的思想舆论引导青少年网络用户，将文化宣传与对青少年的教育、改造、发展结合起来。在数字时代，各个部门网络意识形态的引导需要适应移动互联网端的信息传播与接受需求，以文字、声音、图像、视频等多元传播符对用户受众进行高效率的信息传播。[①]

三、青少年网络意识形态引导的决策流程

（一）定期综合分析网络共享的青少年意识形态信息

青少年网络意识形态的引导流程，首先要从正确完善的数据分析出发，关注青少年网络用户的语言、行为等在主流与非主流意识形态领域的变化，具体到思想理论、新闻舆论、社会舆情、思想道德、网络舆情、个人价值观等方面，尤其注重青少年心理建设。大数据时代的数据分析可以帮助公共管理决策的生成，而公共管理决策的数据获取既可以是来自普查、调研等非商业数据收集，也可以来源于较大的商业机构，譬如抖音、快手、淘宝等这些比较成熟的网络平台或者移动 App 都拥有较为完善的用户数据库。商业机构收集的用户数据可能覆盖面不够完善，但数据信息有效性和及时性基本可以值得信赖，通过这些数据，决策机构能够了解到青少年网络用户在非主流意识形态平台上日常的网络关注点与使用习惯，对青少年网络用户的意识形态与行为习惯引导提供辅助。

（二）面对重大事件及时间节点进行前瞻性引导

大数据的强劲赋能为达成精准治理目标提供了历史性机遇。[②] 大数据时代的网络意识形态安全治理需要高度注重时效性，在互联网时代，多元意识形态的暗流随处涌动，意识形态的传播与反馈也往往呈现多发性、突发性甚至是爆发性的特征，一旦等到某种舆情传播、发酵之后，往往难以处理和控制。除此之外，舆情危机事件对青少年网络用户造成的意识形态残留影响的长尾效应也不得不引起重视。为了跟上互联网时代的舆论传播速度，需要通过大数据分析完成潜在意识形态危机的技术精准防患，通过技术追踪责任主体、技术防治谣言传播、技术宣传主流意识形态三管齐下的方法，注重引导的时

[①] 吴果中，聂素丽. 论新媒体语境下红色文化传播网络的建构 [J]. 湖南行政学院学报，2015 (3)：31-34.

[②] 郭超. 大数据时代网络意识形态安全精准治理的三重向度 [J]. 重庆邮电大学学报（社会科学版），2021 (5)：99-105.

效性，避免延误最佳引导时机。如每年的两会期间、学生寒暑假期间，或者特殊国家事件期间以及国际赛事期间，要能够精准把握我国网络意识形态发展趋势，拥有较为精确的预判以及相应的预备引导方案。

(三) 自上而下与自下而上能动结合引导

青少年网络意识形态引导的决策需要紧密围绕在党中央的主流意识形态周围，无论是从思想层面、行政层面还是媒体层面，都需要通过自上而下的方式完成意识形态的引导。但互联网时代的网络意识形态传递不是单向而是双向的，不是传达而是互动的，主流意识形态认同除了外在的引导之外，还需要青少年群体自发的、内在的认同和接受，因此鼓励和引导青少年围绕关键话题互动，鼓励青少年对热点新闻、时事新闻进行关注和自我表达，同时注重相关的舆论引导和民情体察，这种自下而上的、带有互动性的信息互动方法不仅能够由于亲民、接地气而吸引更多的用户，而且具有很高的民生服务和舆论传播的实用价值。互联网时代的大数据信息既发挥着自下而上的信息咨询收集与传播的作用，也发挥着自上而下的新闻信息普及发布与交流的作用。为了完成这种自上而下的意识形态引导与自下而上的信息互动，网络安全管理部门需要推动相关信息的透明公开，定期公开报告意识形态引导工作进展，接受舆论监督，通过新闻发布会、融媒体政务等形式进行政务信息公开。

互联网时代的意识形态引导需要符合新时代网络用户，尤其是青少年网络用户的精神文明需求，采用青少年网络用户容易接受、乐于接受的形式与内容进行推广和引导，则可以起到事半功倍的效果。但哪些形式和内容是受青少年网络用户真正关注和喜爱的，不能仅通过简单的猜测，或者根据"经验"来完成，尤其是互联网时代的热点平台、热点形式与内容随时都在发生变化。因此，相关组织部门需要充分运用大数据技术的帮助，收集和参考社会各领域、校园、家庭提供的反馈信息与意见建议，为民众提供便捷的意见反馈渠道，并根据网络用户，尤其是青少年网络用户的实际反馈来复盘、修改以及制定具有针对性的引导策略，不断向上级下级意识形态工作小组反馈更新信息，综合决策治理路径，并最终将这些信息与生成的引导决策分发至各平台、各团体意识形态小组，完成青少年网络意识形态引导的最后一步。

第四节 以精准定位为主的智能引领机制

"大数据开启了一次重大的时代转型。"以大数据为核心的人工智能作为具有革命性意义的综合技术创新，能够为青少年网络意识形态引导提供自动化、智能化、精准化的支持，从而保障青少年网络意识形态引导在效度、精度和温度上实现整体跃升。

一、利用大数据及时把握青少年新闻舆论意识形态

利用大数据把握青少年网络意识形态引导重要节点，需要高度关注区域舆情与网络舆情，尤其是与青少年群体切身利益相关的内容。大数据时代的网络舆情具有"传播速度更快、监测难度更大、冲击力更强"的特征。[①] 2019年1月25日，习近平总书记在主持中共中央政治局第十二次集体学习时强调，"全媒体不断发展，出现了全程媒体、全息媒体、全员媒体、全效媒体，信息无处不在、无所不及、无人不用，导致舆论生态、媒体格局、传播方式发生深刻变化，新闻舆论工作面临新的挑战"。互联网时代网络信息具有"上传"和"下载"并行的交互性，这导致新闻信息的发布者不再受到职业或专业性的限制，任何人都可以通过网络账号发布信息，这虽然增强了信息传播的及时性，但同时也大幅度降低了网络新闻信息的真实性与严肃性。对网络用户，尤其是青少年网络用户而言，分辨哪些信息具有真实可信的特征是相对困难的，而且在新闻信息的发布中，越具有思辨性、复杂性的深度报道越不容易引起舆情反响，相反，具有情绪煽动性、结论简单化的信息反而容易引起大量的舆情回应。习近平总书记所说的新闻舆论工作受到全新的挑战，不仅是指这种舆论的导向具有随意性和复杂性，而且也是因为互联网时代的信息传播与裂变速度极快，一旦形成负向舆论的风潮，就非常难以引导。青少年网络用户被裹挟在这样的舆论风潮中，很难形成独立思辨的思想，尤其是与青少年自身利益相关的舆论信息，更容易在青少年网络用户中形成较大的影响。因此，互联网安全管理部门需要利用大数据建立全网舆情监管系统，关注青少年群体的新闻舆情，根据不同舆情类型走势分析对比介入，在舆情发展萌芽期、发展期、高潮期、衰退期及时进行判别，对于青少年应对舆情

---

① 芦珊. 网络舆情监测与研判[M]. 北京：人民邮电出版社，2021.

可能产生的意识形态与情绪行为等进行合理科学的风险评估,健全舆论风险应对机制,全面、重点治理不良信息的"擦边球""蹭热点"行为。

二、利用大数据实现网络意识形态引导工作的精准化

互联网时代的大数据能够完成个性化的"精准定位",即通过结合电信通信设备定位信息与软件数据共享达成状态判定的方式,准确抓取青少年群体中用户个体的相关信息,并智能制定与推送相关的引导信息。大数据时代的信息抓取一方面需要收集个人填写的信息,例如网络用户实名制及未成年人人脸识别信息共享;另一方面是利用算法对平台用户进行画像,并结合其他互联网平台共享的大数据进行运算,勾勒出用户的网络使用习惯,例如通过青少年网络用户关注的平台、观看的习惯与关注点等信息进行侧写,形成青少年网络路径模式判定分析、话语模式分析等。事实上,互联网时代海量的新闻信息必然导致青少年用户的"选择性"观看,而这些网络用户的每一次选择又会在互联网上留下"足迹",并成为自身"画像"构建的基础。大数据能够通过这种"画像"的方式,精准地找到网络意识形态引导的青少年群体所关注的内容与容易接受的方式,通过数据的辅助制定精细化、个性化的主流意识形态信息推送,从而完成意识形态的引导工作。

三、利用大数据达成青少年网络意识形态议题价值增值

大数据时代的青少年网络意识形态的引导,可以通过数据分析的方式寻找青少年在网络平台具体关注的内容与形式,为主流意识形态的传播赋能增值。大数据对青少年网络用户行为与关注点的侧写能够形成不同的用户画像,并反过来为主流意识形态文化内容的编写者与创作者提供参考信息。在大数据时代,网络宣传部门需要做好"把关人"的工作,根据青少年网络用户的不同年龄、地区、身份、家庭背景、个人爱好、人际网络进行合理推送实现主流意识形态内容价值增值。

当下,采用大数据对青少年网络意识形态议题传播增值的方法已经初步获得了一些成效。在互联网上,信息传播通常以"话题"的形式在媒体上引发用户或受众的广泛关注、讨论,通过大数据定位青少年网络用户关注的话题,采用大数据计算+信息筛选的方式进行话题推广,能够迅速获得青少年用户的关注,吸引其观看、传播甚至参与制作或互动。在信息爆炸时代,信息内容进入常态化和精细化发展阶段,具有实质性的、有意义的内容受到越来

越来越多的关注。当下主流意识形态开始搭载青少年网络用户经常使用的 App、青少年网络用户关注的话题，例如抖音人民日报官方账号不断通过内容创新的方法，定期推送积极健康的关键意见领袖的优质传播内容，能够适时引导激发青少年网络用户对其优质内容的兴趣。如将传统文化元素与"网红"元素相结合，例如故宫博物院、河南电视台的中国风"网红"现象，虚拟偶像洛天依的中国风造型等，能够促进青少年网络用户更加关注中国传统文化、增强民族文化认同感，还有将主旋律内容以电影、电视剧等方式呈现出来，并通过话题方式进行互联网媒体宣传，这种模式在《觉醒年代》《山海情》等主旋律剧集的传播上都收到了较好的效果。另外，互联网宣传部门也与知乎、BiliBili 视频网站等青少年网络用户聚集的网络平台合作，推送《后浪》宣传片、《那年那兔那些事儿》动画片等，力图通过话语年轻化的方式打入青少年网络用户的话语传播圈层，形成个人定制化意识形态引导策略。

结　语

　　青少年群体是中华民族伟大复兴的生力军,是国家和民族的希望,是德智体美劳全面发展的社会主义建设者和接班人,肩负着建设中国特色社会主义的时代使命。意识形态具有鲜明的阶级性,是国家与人民凝心聚力的思想基石。党的十八大以来,习近平总书记多次强调要防范化解意识形态领域风险,维护和巩固好马克思主义意识形态主导地位,这是巩固党的执政基础的基本思想保障,是确保国家总体安全的现实需要。

　　在计算机、互联网、人工智能等技术的建构下我们迎来大数据时代,需要意识到,科技的兴起必然改变叙述历史的方式。随着大数据技术在网络社会的广泛应用,借助大数据量化一切的目标已逐步实现,网络社会逐渐进入高度依赖数据和算法的阶段,形成"大数据网络空间"。与此对应,意识形态的数据化同样依赖于数据算法与个体的意向协同,网络社会作为意识形态和社会思潮的传播载体和场域,为青少年的意识形态传播带来了相应的机遇与挑战。

　　青少年网络意识形态的传播与大数据技术之间的关系不仅仅是工具性载体助推主流意识形态的正向引导,更是达成科学技术的意识形态性与多种意识形态的共同塑造与建构。当前,网络空间已经形成了诸多形态的社会思潮,其中对纷繁复杂的社会思潮争论十分激烈,这些社会思潮背后具有各自意识形态关联,存在群体政治倾向的分野。面对复杂多变的网络社会思潮,引导青少年网络意识形态要求能够提升主流意识形态的传播能力,尤其是在算法引导与规避算法主导的双重传播方式中构建积极有效的引导路径,建构基于传播者与受众能动性的个性化传播,以巩固主流意识形态在青少年网络意识形态中的核心地位。因此,应建立大数据时代青少年网络主流意识形态引导机制,通过大数据算法维护以强化主流意识形态对网络社会的整合力与领导权。

综上所述,本书旨在精准引导大数据时代青少年网络意识形态,提高青少年对主流意识形态的认同,其研究重点聚焦以下问题:

在理论层面上,探析网络意识形态的理论渊源,总结马克思、恩格斯意识形态理论的历史流变特征,深入阐释马克思主义中国化的意识形态理论内涵,以此明晰马克思主义意识形态理论对我国青少年网络意识形态引导工作的指导意义,明晰技术权力、文化权力、政治话语权等理论的现实应用价值。

在时代背景上,从网络意识形态传播的大数据技术背景出发阐释网络社会的崛起过程,从新空间、新平台、新社会中明确网络带来的新的社会关系和新的意识形态取向,深入分析网络社会权力的分化现状。

在传播现状上,聚焦青少年群体网络意识形态的具体传播形式与特点,包括媒介形象的呈现、跨媒介符号互动形式及关注内容,从而剖析青少年群体网络意识形态的安全风险。透析大数据时代青少年群体的跨媒体互动传播机制,对青少年传播热点话题进行内容与话语分析,从而探析青少年网络意识形态的认知风险、情感风险、行为风险等跨媒体传播风险。

在青少年网络意识形态偏差层面上,分析青少年网络意识形态偏差类型及行为表征,通过定性和定量相结合的研究方法探索青少年网络意识形态偏差要素及矫正策略,结合大数据时代背景,对青少年网络意识形态偏差矫正理论进行创新阐释。

在青少年主流意识形态引导机制上,通过调查研究法,阐释影响青少年网络意识形态引导的关键要素为:网络舆论、惩处机制、意见领袖,据此更为精准地提高网络意识形态引导工作的有效性与针对性。研究发现,青少年网络意识形态价值排序与社会主义核心价值观的排序存在不完全对等的情况。

在网络社会的本土化语境及其意识形态形塑特征上,探析主流意识形态的育人功能策略。从青少年的社会价值观、网络思维、自我空间呈现及文化特征等方面透析青少年群体的本土化网络关系互动链接行为。剖析青少年话语表达与网络意识形态表达在社会功能和情感意义上的功能趋同效应,进而探索青少年主流意识形态认同的建构路径。

在大数据预警体系的建构上,分析利用大数据技术重塑青少年网络意识形态氛围,全面构建主流意识形态传播技术体系,通过顶层设计将大数据技术与智能算法直接应用到青少年网络意识形态的识别追踪过程中，提高大数据智能情感分析及深度学习能力，研发与运用大数据技术，联合网络化监管平台，建立针对青少年网络意识形态的大数据智慧预警平台，进而把握主流意识形态传播的技术主动权。

在青少年网络意识形态引导机制上，先分析大数据技术的核心优势，遵循"循数而导""循数而为""循数而治"的大数据思维，然后，建立合纵联合网格化的大数据多元矩阵应对机制，进而达成大数据引导青少年网络意识形态的理念创新、机制创新、路径创新、载体创新、内容创新，从而寻求以人为本、圈层为面、区域块联合治理的"点、面、块"引导结构模式。

研究发现，青少年网络意识形态本质上是一种社会心态的反映，是一种具体的个体思想实践。随着互联网技术的飞速发展，面对"百年未有之大变局"，各种风险集中显露在网络世界中，意识形态领域风险尤为值得关注。习近平总书记指出："必须把意识形态工作的领导权、管理权、话语权牢牢掌握在手中。"大数据时代，网络已经成为意识形态斗争的主阵地、主战场、最前沿，能否牢牢掌握网络意识形态话语权，事关旗帜和道路，事关国家安全稳定，事关民族凝聚力和向心力。显而易见，引导青少年网络意识形态，首先需要我们明确中国特色社会主义是科学社会主义理论的中国化时代化发展，是适应中国社会和时代发展的理论体系。也就是说，中国特色社会主义主流意识形态就是大数据时代引导青少年网络意识形态的源坐标与价值旨归。只有坚持马克思主义在意识形态领域的指导地位，强化社会主义主流意识形态，才能牢牢掌握网络意识形态话语权，才能确保网络舆论可管可控，才能推动互联网这个"最大变量"释放"最大正能量"，才能建设具有强大凝聚力和引领力的社会主义意识形态，才能全面提升大数据时代青少年网络意识形态的引导效能。

值得注意的是，青少年网络意识形态面临的风险及其治理是极为复杂的现实问题，具有极强不稳定性和个体主观性。诚然，本书是在大数据思维指导下对我国青少年网络意识形态引导工作的新探索，但囿于诸多因素，研究亦有其不能及之处。

首先，体现青少年网络意识形态的"原始数据"的收集与挖掘尚不充分。大数据时代，研究青少年网络意识形态一定程度上受制于社会"公开数据"的数量和质量。2010年，欧美国家宣布启动数据开放计划，特别是2012年以来，以美、英、日、澳为首的国家政府高度重视大数据产业发展，密集出台了多项专门政策予以支持。在此背景下，欧美国家的大数据研究机构能够低门槛地获取优质的数据集以供政策研究；也正是在此数据开放的环境中，欧美国家人工智能、数据科学等领域技术发展迅速。在媒介研究领域，随着推特、脸书等社交媒体平台的数据开放，欧美传播学院系展开了大量社交媒体相关的计算研究。相较而言，我国平台数据长期以来被视为各社交媒体平台的私有财产，国内学者在开展相关研究时只能采用数据爬虫的形式获得研究数据，比如数据库中的用户日志等，青少年网络意识形态研究的关键数据往往难以获取，由此导致青少年网络意识形态的"一手数据"的广度和深度有限。未来研究可以在一手数据方面继续深耕，让青少年网络意识形态研究与青少年网络意识形态自身的距离更趋一致。

其次，大数据时代青少年网络主流意识形态的认同度差异研究尚不精深。本书虽然在大数据时代青少年网络主流意识形态的认同度方面作了一定的创新性探索，但在不同青年群体和少年群体网络主流意识形态认同的差异性方面尚存继续深挖的研究空间，未来研究可在此基础上建构更加精准、全面、系统的具有中国特色的青少年网络意识形态分析体系，为大数据时代青少年网络主流意识形态的引导效能研究提供更具说服力的研究框架。

意识形态工作是为国家立心、为民族立魂的工作。大数据时代，无论是理论研究层面还是实践应用层面，对青少年网络意识形态的治理与引导都需驰之不息。唯有如此，才能更好地塑造主流舆论新格局，提升我国主流意识形态的凝聚力和引领力，坚定维护我国意识形态安全以应对世界之变。

参考文献

一、著作类

[1] 西格蒙德·弗洛伊德. 精神分析引论 [M]. 高觉敷, 译. 北京：商务印书馆, 2009.

[2] 卡尔·曼海姆. 意识形态与乌托邦 [M]. 黎鸣, 译. 北京：商务印书馆, 2000.

[3] 马克斯·霍克海默, 西奥多·阿多诺. 启蒙辩证法：哲学断片 [M]. 渠敬东, 曹卫东, 译. 上海：上海人民出版社, 2006.

[4] 简·梵·迪克. 网络社会：新媒体的社会层面 [M]. 2版. 蔡静, 译. 北京：清华大学出版社, 2014.

[5] 罗伯特·洛根. 理解新媒介：延伸麦克卢汉 [M]. 何道宽, 译. 上海：复旦大学出版社, 2016.

[6] 喀薇丽·萨布拉玛妮安, 大卫·斯迈赫. 数字化的青年：媒体在发展中的作用 [M]. 雷雳, 马晓辉, 张国华, 等译. 北京：世界图书出版公司, 2014.

[7] 赫伯特·马尔库塞. 单向度的人：发达工业社会意识形态研究 [M]. 刘继, 译. 上海：上海译文出版社, 2008.

[8] 曼纽尔·卡斯特. 网络社会的崛起 [M]. 夏铸九, 王志弘, 等译. 北京：社会科学文献出版社, 2006.

[9] 阿尔文·托夫勒. 第三次浪潮 [M]. 黄明坚, 译. 北京：中信出版社, 2006.

[10] 阿尔文·托夫勒. 权力的转移 [M]. 吴迎春, 傅凌, 译. 北京：中信出版社, 2006.

[11] 安德鲁·芬伯格. 技术批判理论 [M]. 韩连庆, 曹观法, 译. 北京：北京大学出版社, 2005.

[12] 奥托·纽曼, 理查德·德·佐萨. 信息时代的美国梦 [M]. 凯万, 等译. 北京：

社会科学文献出版社，2002.

[13] 爱德华·赫尔曼，罗伯特·麦克切斯尼. 全球媒体：全球资本主义的新传教士[M]. 甄春亮，等译. 天津：天津人民出版社，2001.

[14] 亨利·詹金斯. 融合文化：新媒体和旧媒体的冲突地带[M]. 杜永明，译. 北京：商务印书馆，2012.

[15] 凯斯·桑斯坦. 网络共和国：网络社会中的民主问题[M]. 黄维明，译. 上海：上海人民出版社，2003.

[16] 克利福德·格尔茨. 文化的解释[M]. 韩莉，译. 南京：译林出版社，1999.

[17] 利昂·P. 巴拉达特. 意识形态：起源和影响[M]. 张慧芝，张露璐，译. 北京：世界图书出版公司，2010.

[18] 迈克尔·海姆. 从界面到网络空间：虚拟实在的形而上学[M]. 金吾伦，刘钢，译. 上海：上海科技教育出版社，2000.

[19] 曼纽尔·卡斯特. 认同的力量[M]. 2版. 曹荣湘，译. 北京：社会科学文献出版社，2006.

[20] 尼尔·波兹曼. 娱乐至死[M]. 章艳，译. 桂林：广西师范大学出版社，2011.

[21] 尼古拉·尼葛洛庞帝. 数字化生存[M]. 胡泳，范海燕，译. 北京：电子工业出版社，2017.

[22] 帕维卡·谢尔顿. 社交媒体：原理与应用[M]. 张振维，译. 上海：复旦大学出版社，2018.

[23] 乔纳森·克拉里. 24/7：晚期资本主义与睡眠的终结[M]. 许多，沈清，译. 北京：中信出版社，2015.

[24] 塞缪尔·亨廷顿. 变化社会中的政治秩序[M]. 王冠华，刘为，等译. 北京：生活·读书·新知三联书店，1989.

[25] 托马斯·达文波特，金镇浩. 成为数据分析师：6步练就数据思维[M]. 盛杨燕，译. 杭州：浙江人民出版社，2018.

[26] 约翰·杜海姆·彼得斯. 奇云：媒介即存有[M]. 邓建国，译. 上海：复旦大学出版社，2020.

[27] 弗雷德里克·詹姆逊. 文化转向[M]. 胡亚敏，等译. 北京：中国社会科学出版社，2000.

[28] 安东尼·吉登斯. 现代性的后果[M] 田禾，译，黄平，校. 南京：译林出版社，2011.

[29] 维克托·迈尔-舍恩伯格，肯尼斯·库克耶. 大数据时代：生活、工作与思维的大变革[M]. 盛杨燕，周涛，译. 杭州：浙江人民出版社，2013.

[30]《马列著作选读·科学社会主义》编辑组. 马列著作选读·科学社会主义[M]. 北京：人民出版社. 1988.

[31] 爱德华·W. 萨义德. 东方学 [M]. 王宇根, 译. 北京：生活·读书·新知三联书店, 1999.

[32] 陈卫星. 传播的观念 [M]. 北京：人民出版社, 2008.

[33] 邓小平. 邓小平文选：第 2 卷 [M]. 2 版. 北京：人民出版社, 1994.

[34] 胡锦涛. 胡锦涛文选：第 2 卷 [M]. 北京：人民出版社, 2016.

[35] 黄少华. 网络社会学的基本议题 [M]. 杭州：浙江大学出版社, 2013.

[36] 季广茂. 意识形态 [M]. 桂林：广西师范大学出版社, 2005.

[37] 中共中央政策研究室. 江泽民论社会主义精神文明建设 [M]. 北京：中央文献出版社, 1999.

[38] 李智. 全球化时代的国际思潮 [M]. 北京：新华出版社, 2003.

[39] 列宁全集：第 6 卷 [M]. 2 版. 北京：人民出版社, 1986.

[40] 列宁选集：第 1 卷 [M]. 3 版. 北京：人民出版社, 1995.

[41] 马克思恩格斯文集：第 10 卷 [M]. 2 版. 北京：人民出版社, 2009.

[42] 马克思恩格斯文集：第 1 卷 [M]. 2 版. 北京：人民出版社, 2009.

[43] 马克思恩格斯文集：第 2 卷 [M]. 2 版. 北京：人民出版社, 2009.

[44] 马克思恩格斯文集：第 3 卷 [M]. 2 版. 北京：人民出版社, 2009.

[45] 马克思恩格斯文集：第 4 卷 [M]. 2 版. 北京：人民出版社, 2009.

[46] 马克思恩格斯文集：第 5 卷 [M]. 2 版. 北京：人民出版社, 2009.

[47] 马克思恩格斯文集：第 8 卷 [M]. 2 版. 北京：人民出版社, 2009.

[48] 马克思恩格斯文集：第 9 卷 [M]. 2 版. 北京：人民出版社, 2009.

[49] 马克思恩格斯选集：第 1 卷 [M]. 2 版. 北京：人民出版社, 1995.

[50] 马克思恩格斯选集：第 2 卷 [M]. 2 版. 北京：人民出版社, 1995.

[51] 马克思. 资本论：第 1 卷 [M]. 北京：人民出版社, 2004.

[52] 毛泽东选集：第 2 卷 [M]. 北京：人民出版社, 1991.

[53] 毛泽东选集：第 7 卷 [M]. 北京：人民出版社, 1991.

[54] 梅荣政, 张晓红. 论新自由主义思潮 [M]. 北京：高等教育出版社, 2004.

[55] 莫日达. 中国古代统计思想史 [M]. 北京：中国统计出版社, 2004.

[56] 彭兰. 新媒体用户研究：节点化、媒介化、赛博格化的人 [M]. 北京：中国人民大学出版社, 2020.

[57] 约翰·斯道雷. 文化理论与大众文化导论：第 5 版 [M]. 常江, 译. 北京：北京大学出版社, 2010.

[58] 唐胜宏, 官建文, 许丹丹. 中国移动互联网发展报告（2013）[M]. 北京：社会科学文献出版社, 2013.

[59] 涂子沛. 大数据：正在到来的数据革命 [M]. 桂林：广西师范大学出版社,

2015.

[60] 习近平. 习近平谈治国理政［M］. 北京：外文出版社，2014.

[61] 杨立英，曾盛聪. 全球化、网络化境遇与社会主义意识形态建设研究［M］. 北京：人民出版社，2006.

[62] 尹树广，王国有，车玉玲，等. 20世纪的文化批判：西方马克思主义深层解读［M］. 北京：中央编译出版社，2003.

[63] 俞吾金. 意识形态论［M］. 北京：人民出版社，2009.

[64] 赵毅衡. 哲学符号学：意义世界的形成［M］. 成都：四川大学出版社，2017.

[65] 中共中央文献研究室. 十六大以来重要文献选编（下）［M］. 北京：中央文献出版社，2008.

[66] 中共中央文献研究室. 十六大以来重要文献选编（中）［M］. 北京：中央文献出版社，2006.

[67] 中共中央文献研究室. 十七大以来重要文献选编（上）［M］. 北京：中央文献出版社，2009.

[68] 中共中央文献研究室. 习近平关于青少年和共青团工作论述摘编［M］. 北京：中央文献出版社，2017.

[69] 中共中央宣传部. 习近平总书记系列重要讲话读本［M］. 北京：学习出版社，2014.

[70] 中共中央宣传部. 习近平总书记系列重要讲话读本［M］. 北京：学习出版社，人民出版社，2016.

[71] AMOR D. The e-business（r）evolution：living and working in an interconnected world［M］. NJ：Prentice Hall PTR，1999.

[72] MACDONALD H. The Diversity Delusion：how race and gender pandering corrupt the university and undermine our culture［M］. New York：St. Martin's Press，2018.

[73] LAKOFF G，JOHNSON M. Metaphors we live by［M］. Chicago and London：University of Chicago Press，2008.

[74] SARIKAKIS K，THUSSU D K. Ideologies of the internet［M］. New York：Hampton Press，2004.

[75] CASTELLS M. The information age［M］. New York：New York University Press，2010.

[76] JOINSON A N，PAINE C B. Self-disclosure，privacy and the Internet［M］. Oxford：Oxford University Press，2007.

二、论文类

[1] 巴志超，李纲，安璐，等. 国家安全大数据综合信息集成：应用架构与实现路径

［J］．中国软科学，2018（7）．

［2］巴志超，刘学太，马亚雪，等．国家安全大数据综合信息集成的战略思考与路径选择［J］．情报学报，2021（11）．

［3］蔡林森，彭超，陈思远，等．基于多样化特征卷积神经网络的情感分析［J］．计算机工程，2019（4）．

［4］蔡骐，黄瑶瑛．SNS浪潮中的真实虚拟的文化［J］．国际新闻界，2011（7）．

［5］常江，杨惠涵．基于数字平台的信息失范与治理：全球趋势与中国经验［J］．中国出版，2022（12）．

［6］陈国猛．未成年人网络犯罪的结构分析与预防策略［J］．中国刑事法杂志，2017（2）．

［7］陈娟．社交媒体自我形象的建构与传播：以手机自拍的图像话语表达为例［J］．当代传播，2016（4）．

［8］陈力双．移动社交环境下的信息真实与传播伦理：从齐鲁晚报被造谣事件谈起［J］．青年记者，2021（14）．

［9］陈亮，郭彧，卫甜甜，等．当代宗教的网络传播与青少年的数字化生存［J］．青年学报，2017（4）．

［10］陈龙，李超．网络社会的"新部落"：后亚文化圈层研究［J］．传媒观察，2021（6）．

［11］陈思奇．在校大学生的宗教信仰问题探析［J］．新西部，2017（21）．

［12］陈晓伟，董烁．嬗变、冲突与重构：新媒体视域下的网络舆论［J］．中国编辑，2021（5）．

［13］陈新宇．网络青年亚文化对主流意识形态的功效、挑战及对策［J］．大连海事大学学报（社会科学版），2022（2）．

［14］陈志刚，岳倩．深度学习网络模型在文本情感分类任务中的应用研究综述［J］．图书情报研究，2022（1）．

［15］陈志良．虚拟：人类中介系统的革命［J］．中国人民大学学报，2000（4）．

［16］戴维民，刘轶．我国网络舆情信息工作现状及对策思考［J］．图书情报工作，2014（1）．

［17］党西民．国家战略下的地方大数据规划比较研究［J］．特区经济，2016（7）．

［18］丁合蓉，董子涵．Z世代青年亚文化消费表征与动因探析［J］．中国报业，2021（16）．

［19］杜昌顺，黄磊．分段卷积神经网络在文本情感分析中的应用［J］．计算机工程与科学，2017（1）．

［20］杜娟．新冠肺炎疫情防控中，大数据在发挥什么作用？［J］．大数据时代，2020（2）．

［21］杜小勇，陈跃国，范举，等. 数据整理：大数据治理的关键技术［J］. 大数据，2019（3）.

［22］段峰峰，陈淼. 多元与智能：跨媒体网络舆情数据的分析与处理［J］. 传媒观察，2020（1）.

［23］方世南，徐雪闪. 网络意识形态安全中意见领袖作用研究［J］. 南京师大学报（社会科学版），2019（1）.

［24］费梅苹. 发挥未成年人保护体系中的社会工作作用［J］. 中国社会工作，2021（19）.

［25］费艳颖，汪杨梦笛. 习近平关于网络空间治理重要论述：生成语境、科学思维及时代价值［J］. 思想教育研究，2022（9）.

［26］冯慧. 高校意识形态建设面临的挑战及应对［J］. 红旗文稿，2014（12）.

［27］高艺，王金礼. "科技作为意识形态"命题的媒介技术哲学反思［J］. 新闻春秋，2019（3）.

［28］耿浩，樊荣. 青少年网络意识形态安全教育的现实挑战和路径探索［J］. 中学政治教学参考，2021（11）.

［29］龚劲. 网络媒体传播社会主义核心价值观探索［J］. 中国报业，2022（12）.

［30］顾理平. 大数据时代公民隐私数据的收集与处置［J］. 中州学刊，2017（9）.

［31］郭超. 大数据时代网络意识形态安全精准治理的三重向度［J］. 重庆邮电大学学报（社会科学版），2021（5）.

［32］郭亮，王永贵. 网络流行语对主流意识形态话语的四维消解论析［J］. 南京社会科学，2019（12）.

［33］韩军辉. 互联网使用能否缓解青年工作贫困？：基于CGSS2017的实证研究［J］. 中国青年研究，2022（11）.

［34］韩霜静，尼扎吉·喀迪尔. 新时代加强青少年党史学习教育研究［J］. 教育观察，2021（23）.

［35］韩文乾. 习近平马克思主义学习观的五重维度［J］. 思想教育研究，2020（10）.

［36］韩汶轩. 坚持马克思主义在意识形态领域指导地位根本制度的三重逻辑［J］. 河北经贸大学学报（综合版），2022（3）.

［37］韩影，张爱军. 大数据与网络意识形态治理［J］. 理论与改革，2019（1）.

［38］何畏. 试论主导意识形态与主流意识形态的区别［J］. 中共南京市委党校学报，2007（1）.

［39］洪杰文，陈嵘伟. 意识激发与规则想象：用户抵抗算法的战术依归和实践路径［J］. 新闻传播与研究，2022（8）.

［40］胡芳. 深刻把握新时代社会主义意识形态的科学内涵［J］. 马克思主义研究，

2020（7）.

[41] 胡剑. 微传播时代主流意识形态风险防范制度构建［J］. 大连理工大学学报（社会科学版），2021（3）.

[42] 胡树祥，谢玉进. 大数据时代的网络思想政治教育［J］. 思想教育研究，2013（6）.

[43] 黄冬霞，吴满意. 近年来国内学界网络意识形态问题研究状况述评［J］. 天府新论，2015（5）.

[44] 黄冬霞，吴满意. 网络意识形态内涵的新界定［J］. 社会科学研究，2016（5）.

[45] 黄光顺. 国际传播背后的道德冲突剖析［J］. 国际传播，2022（5）.

[46] 黄小毅. 自媒体视域下大学生主流意识形态认同行为偏差问题研究［J］. 西部学刊，2022（18）.

[47] 黄应全. 特里·伊格尔顿的意识形态观［J］. 北京行政学院学报，2004（4）.

[48] 黄炜，黄建桥，李岳峰. 网络恐怖事件预警指标体系研究［J］. 情报杂志，2017，36（4）.

[49] 江青. 大数据时代：计量是城市大数据应用的重要基础［J］. 中国计量，2017（9）.

[50] 蒋军锋，屈霞. 个体行为与自我控制：一个理论综述［J］. 经济研究，2016（9）.

[51] 雷雳，李冬梅. 青少年网上偏差行为的研究［J］. 中国信息技术教育，2008（10）.

[52] 李丹，周同，刘俊升，等. 新时代青少年价值观及其与社会、学校和心理适应的关系：三个地域比较［J］. 心理科学，2018（6）.

[53] 李冬梅，雷雳，邹泓. 青少年网上偏差行为的特点与研究展望［J］. 中国临床心理学杂志，2008（1）.

[54] 李戈，王俊鸿. 新时代互联网背景下青年生活方式嬗变探究［J］. 北京青年研究，2022（3）.

[55] 李金昌. 大数据与统计新思维［J］. 统计研究，2014（1）.

[56] 李娟，王含阳. 西方宪政理论意识形态性的辩证批判［J］. 马克思主义理论学科研究，2021（9）.

[57] 李丽. 新时代网络意识形态话语权生成机理研究［J］. 思想政治教育研究，2022（4）.

[58] 李伦. "楚门效应"：数据巨机器的"意识形态"：数据主义与基于权利的数据伦理［J］. 探索与争鸣，2018（5）.

[59] 李品仙，方新普. 社会转型期我国体育利益格局转变与分化研究［J］. 安徽理工大学学报（社会科学版），2010（4）.

[60] 李天丽，陈志勇. 网络新媒体对青少年思想政治教育话语权的解构与重塑［J］. 新教师，2018（12）.

[61] 李艳艳. 如何看待当前网络意识形态安全的形势［J］. 红旗文稿，2015（14）.

[62] 李永帅, 黄桢炜, 谭旭运, 等. 互联网数据中的文化差异与文化变迁 [J]. 心理科学进展, 2017 (6).

[63] 李中良. 从"抽象性"到"生成性": 刑罚威慑理论的认知视野转向 [J]. 山东社会科学, 2021 (12).

[64] 李紫娟, 辛向阳. 网络意识形态风险的生成机理与系统应对: 一个整体性分析框架 [J]. 中共杭州市委党校学报, 2020 (5).

[65] 梁修德. 网络暴力游戏对青少年意识形态的负化 [J]. 安徽理工大学学报 (社会科学版), 2016 (4).

[66] 林建鹏. 互联网使用、现实社交与青年健康: 基于 CGSS 混合截面数据的实证研究 [J]. 北京青年研究, 2022 (3).

[67] 凌新文. 新形势下加强大学生民族精神的培育研究 [J]. 高教学刊, 2020 (26).

[68] 刘金丽. 消费主义产生的原因解析 [J]. 山东青年政治学院学报, 2015 (1).

[69] 刘郦. 技术与权力: 对马克思技术观的两种解读 [J]. 自然辩证法研究, 2008 (2).

[70] 刘时勇, 刘雨. 大学生网上过激行为与人格及自我控制力相关分析 [J]. 长江大学学报 (社会科学版), 2014 (12).

[71] 刘亚斌. 历史有机的生产论: 葛兰西的意识形态观 [J]. 廊坊师范学院学报 (社会科学版), 2013 (4).

[72] 刘燕. 中国特色社会主义思想理论认知及认同机理研究 [J]. 侨园, 2019 (9).

[73] 刘忠厚. 信息网络时代社会主义意识形态建设新探 [J]. 理论学刊, 2009 (2).

[74] 卢卫. "数据观之夜"致辞: 让大数据更加靓丽动人 [J]. 互联网天地, 2016 (6).

[75] 罗丽琳, 蒲清平, 黄燕. 大数据提升网络主流意识形态引领力研究 [J]. 重庆大学学报 (社会科学版), 2022 (5).

[76] 罗文华, 张耀文. 基于贝叶斯网络的电信网络诈骗受害人特征分析 [J]. 信息网络安全, 2021 (12).

[77] 吕鹏, 张原. 青少年"饭圈文化"的社会学视角解读 [J]. 中国青年研究, 2019 (5).

[78] 马陈静. 后真相时代网络意识形态话语分析 [J]. 青年记者, 2020 (14).

[79] 孟威. "技术—关系"视阈下的互联网青年圈层亚文化 [J]. 当代传播, 2022 (4).

[80] 苗雪. 政治符号论域下构建大学生政治认同路径研究 [J]. 济源职业技术学院学报, 2020 (3).

[81] 莫纪宏, 诸悦. 论完善我国意识形态安全的法治保障 [J]. 甘肃社会科学, 2021 (6).

[82] 缪锦春, 易华勇. 5G 时代网络舆论治理面临的挑战与应对理路: 基于意识形态

安全视角［J］．江南大学学报（人文社会科学版），2022（1）．

［83］倪颖，廖志诚．总体国家安全观视域下高校网络意识形态工作的挑战及对策［J］．武夷学院学报，2022，41（7）．

［84］欧阳英，程晓萱．在知识、意识形态与政治之间：关于曼海姆知识社会学的深层次剖析［J］．武汉大学学报（人文科学版），2009（1）．

［85］潘丽娟，吴红梅．工作场所偏差行为：概念、测量、前因与后效［J］．中国人事科学，2022（2）．

［86］潘子阳．新时代意识形态风险预警体系研究［J］．领导科学论坛，2021（11）．

［87］彭兰．表情包：密码、标签与面具［J］．西安交通大学学报（社会科学版），2019（1）．

［88］彭兰．网络的圈子化：关系、文化、技术维度下的类聚与群分［J］．编辑之友，2019（11）．

［89］彭涛．新时代青少年网络意识形态面临的挑战与应对策略［J］．学苑教育，2020（22）．

［90］皮坤乾．宪法保障新时代社会主义意识形态建设之理性审视［J］．浙江工商大学学报，2021（4）．

［91］平章起，魏晓冉．网络青年亚文化的社会冲突、传播及治理［J］．中国青年研究，2018（11）．

［92］齐卫平．"新时代"内涵的多维解读［J］．中国井冈山干部学院学报，2019（1）．

［93］冉聃．赛博空间、离身性与具身性［J］．哲学动态，2013（6）．

［94］任鹏，丁欣烨．文化消费主义思潮对当代青年学生价值观念的消极影响及其应对［J］．思想教育研究，2018（4）．

［95］申小翠．"意识形态"概念的历史流变［J］．中国社会科学院研究生院学报，2006（4）．

［96］师欣楠．沉思媒介："万物皆媒"的源始［J］．现代传播（中国传媒大学学报），2021（12）．

［97］史文祺，穆佳滢．伪装与展演：青年"精致"利己主义审思与探幽［J］．理论导刊，2021（3）．

［98］孙百亮．西方意识形态渗透的隐蔽性与中国高校思想政治教育创新［J］．学术论坛，2009（7）．

［99］孙晓萌，张颖．从文化霸权视角探析中国的文化选择［J］．现代传播（中国传媒大学学报），2016（12）．

［100］谭江林，贺小亚．泛娱乐主义在网络传播中的特点、危害及其应对［J］．领导科学论坛，2019（9）．

［101］汤一介．评亨廷顿的《文明的冲突?》［J］．哲学研究，1994（3）．

[102] 唐冰寒. 网络暴力对青少年越轨行为的影响：以风险社会理论为考察视角［J］. 中国青年研究, 2015（4）.

[103] 陶利江. 青少年参与网络热点事件的动因、方式及其引领路径［J］. 青少年学刊, 2019（5）.

[104] 陶文昭. 探索网络意识形态的有效治理方式［J］. 前线, 2014（1）.

[105] 田丰, 郭冉, 黄永亮, 等. 青少年网络风险影响因素调查分析［J］. 中国人民公安大学学报（社会科学版）, 2018（5）.

[106] 田丽, 方诗敏. 从敌视到鼓励：欧盟未成年人网络使用研究范式转移［J］. 信息安全与通信保密, 2021（9）.

[107] 王达品, 丁贞栋. 加强高校意识形态工作的思考［J］. 思想教育研究, 2014（12）.

[108] 王凤才. 科学技术作为意识形态：哈贝马斯科技意识形态论［J］. 山东科技大学学报（科学版）, 2004（4）.

[109] 王钢. 网上意识形态斗争的特点、面临挑战及对策［J］. 西安政治学院学报, 2015（5）.

[110] 王静. 数字公民伦理：网络暴力治理的新路径［J］. 华东政法大学学报, 2022（4）.

[111] 王军. 新媒体语境下重大主题仪式化传播的实现路径及其文化图景：以爱国主题为例［J］. 山东社会科学, 2020（6）.

[112] 王圣杰. 知识、权力与身份："科玄论战"中的反迷信历史［J］. 自然辩证法研究, 2022（8）.

[113] 王水雄, 王沫. 从单位社会到网络社会：个体权利的视角［J］. 学习与探索, 2021（10）.

[114] 王锁明. 加强主流意识形态建设　巩固马克思主义指导地位［J］. 唯实, 2014（1）.

[115] 王天楠. 碎片化网络舆情下主流意识形态话语权探析［J］. 中共天津市委党校学报, 2020（1）.

[116] 王文佳. 泛娱乐主义思潮对大学生价值观塑造的影响及应对策略［J］. 开封文化艺术职业学院学报, 2020（4）.

[117] 王昕, 姜茜. 文化安全视阈下网络剧发展隐患再审视［J］. 石家庄学院学报, 2022（5）.

[118] 王艺轩. 综艺流行语"梗"文化传播模式探析［J］. 传媒论坛, 2021（5）.

[119] 王英, 浦姝悦. 美国大学图书馆的网络可获取性分析及对我国的启示：以Coursera大学合作伙伴为例［J］. 图书馆, 2019（4）.

[120] 王永贵. 把握我国主流意识形态建设方略的三个维度：学习习近平意识形态建

设系列重要讲话精神［J］．马克思主义理论学科研究，2015（1）．

［121］王永贵．扎实推进高校意识形态建设的着力点［J］．思想理论教育，2015（4）．

［122］王苑．中国未成年人网络个人信息保护的立法进路：对"监护人或家长同意"机制的反思［J］．西安交通大学学报（社会科学版），2019（6）．

［123］王忠诚．创新自我效能：理论生成、测量及影响研究综述［J］．科技广场，2016（6）．

［124］吴东风．意识形态安全视角下的网络意见领袖作用研究［J］．赤峰学院学报（汉文哲学社会科学版），2021（4）．

［125］吴果中，聂素丽．论新媒体语境下红色文化传播网络的建构［J］．湖南行政学院学报，2015（3）．

［126］吴志远．从"趣缘迷群"到"爱豆政治"：青少年网络民族主义的行动逻辑［J］．当代青年研究，2019（2）．

［127］夏自军．我国青少年网络主流意识形态认知认同探究：基于美国"网络自由"渗透战略的研究视角［J］．当代青年研究，2016（2）．

［128］谢康．网络意识形态安全事件预警指标体系［J］．电脑知识与技术，2020（9）．

［129］谢棋君．论高校反邪教治理：必然逻辑、实践困境及其化解理路：一个理解意识形态风险防控的视角［J］．武汉公安干部学院学报，2021（2）．

［130］徐国民，胡秋玲．新时代意识形态风险防控能力提升路径探析［J］．思想理论教育，2020（10）．

［131］徐敬宏，黄惠，游鑫洋．微博作为性别议题公共领域的理想与现实：基于"男性气质"微博话题的计算机辅助内容分析［J］．国际新闻界，2021（5）．

［132］许爱凤．社会主义核心价值体系教育客体分析［J］．湖北师范学院学报（哲学社会科学版），2011（4）．

［133］许博洋，周由，LENNON CHANG．青少年网络越轨行为的发生过程及原理：基于自我控制理论和差别交往理论的视角［J］．中国青年社会科学，2021（3）．

［134］许科龙波，郭明飞．智能传播时代网络舆论场意识形态的"失智"与反思［J］．石河子大学学报（哲学社会科学版），2022（4）．

［135］许一飞，崔剑峰．网络和平演变：意识形态安全的严峻考验及应对策略［J］．理论探讨，2015（3）．

［136］严兵，陈成．必要的重返：彼得斯与跨文化传播的新视界［J］．浙江社会科学，2021（3）．

［137］颜嘉．信息消费：扩大内需的有效途径［J］．学习与实践，2007（7）．

［138］晏齐宏，张志安．大数据背景下意识形态研究的方法论、机遇与路径［J］．新闻界，2018（11）．

［139］燕道成，胡奥．青少年网络意识形态的时代语境、重要特征与建设路径［J］．

青少年学刊，2022（4）．

[140] 燕道成，黄果．网络暴力游戏涵化青少年的传播心理动因［J］．中国青年研究，2013（1）．

[141] 燕道成，张佳明．论融媒体时代青少年网络意识形态的引导［J］．中国新闻传播研究，2019（6）．

[142] 杨慧民，陈锦萍．网络意见领袖建构网络意识形态的逻辑理路及其应用［J］．理论导刊，2022（4）．

[143] 杨建锋．基于价值排序的当代大学生核心价值逻辑秩序建构［J］．遵义师范学院学报，2017（3）．

[144] 杨军，黄兆琼．我国消费主义思潮的表现、实质与克服［J］．思想教育研究，2022（2）．

[145] 杨立青．新媒体时代的网络谣言传播与控制探析：由桑斯坦《谣言》展开的分析［J］．新闻记者，2014（11）．

[146] 杨谦，张婷婷．新自由主义思潮的网络政治隐喻及应对［J］．马克思主义理论学科研究，2020（1）．

[147] 杨生平，刘世衡．国外学者意识形态理论研究综述［J］．贵州大学学报（社会科学版），2011（1）．

[148] 杨生平．意识形态及其诸形式：詹明信意识形态理论述评［J］．哲学动态，2011（2）．

[149] 杨文华，李韫伟，李鹏昊．网络生态环境下马克思主义意识形态的结构演替及文化转向［J］．中共天津市委党校学报，2015（5）．

[150] 杨文华．意识形态领导权面临的网络挑战［J］．理论导刊，2011（3）．

[151] 杨文惠．大数据背景下传统媒体与新媒体融合路径探析［J］．传媒论坛，2021（3）．

[152] 杨希．网络意识形态的后真相症候及其应对策略［J］．西华大学学报（哲学社会科学版），2022（5）．

[153] 叶政．网络化境遇下增强社会主义意识形态吸引力和凝聚力探析［J］．中共银川市委党校学报，2008（4）．

[154] 易宗平．"统联网"：媒介视野下的信息社会走向［J］．东南传播，2022（8）．

[155] 殷文贵．文化消费主义的存在样态及其意识形态批判［J］．思想理论教育，2019（10）．

[156] 尹宝才，王文通，王立春．深度学习研究综述［J］．北京工业大学学报，2015（1）．

[157] 于春洋，于春江．当代中国主流意识形态：理解、界定及追问［J］．广西社会主义学院学报，2010（1）．

[158] 喻国明，马慧. 互联网时代的新权力范式："关系赋权"："连接一切"场景下的社会关系的重组与权力格局的变迁 [J]. 国际新闻界, 2016 (10).

[159] 袁其波. 互联网时代我国意识形态面临的挑战与对策 [J]. 社会科学论坛（学术研究卷）, 2008 (10).

[160] 岳雪侠, 宁锦. 网络意识形态争议特征与安全机制构建 [J]. 人民论坛, 2016 (12).

[161] 张贝. 国家治理现代化视域下的舆论引导协同机制创新 [J]. 山东师范大学学报（社会科学版）, 2021 (3).

[162] 张冬, 郭娜娜. 新时代中国特色社会主义法治意识形态的根本属性和构建路径 [J]. 南通大学学报（社会科学版）, 2022 (3).

[163] 张国清. 丹尼尔·贝尔和西方意识形态的终结 [J]. 江海学刊, 2001 (2).

[164] 张国胜, 方紫意. 从负能到赋能：数字时代未成年人的网络治理逻辑 [J]. 学术探索, 2022 (7).

[165] 张海. 基于扎根理论的网络用户信息茧房形成机制的质性研究 [J]. 情报杂志, 2021, 40 (3).

[166] 张红春, 杨涛. 以大数据俘获理性："数据—知识—决策"框架下的公共决策理性增长逻辑 [J]. 甘肃行政学院学报, 2022 (1).

[167] 张洪云, 姜茂盛. 大数据的前世今生 [J]. 城市管理与科技, 2013 (5).

[168] 张骥, 方晓强. 论网络文化对我国社会主义意识形态建设的影响 [J]. 求实, 2009 (2).

[169] 张洁钰, 廖小琴. 融媒体时代青年主流意识形态认同形塑：逻辑、方法与机制 [J]. 北方民族大学学报, 2022 (5).

[170] 张宽裕, 丁振国. 论网络意识形态及其特征 [J]. 学校党建与思想教育（上半月）, 2008 (2).

[171] 张敏, 王志刚. 大数据时代高校主流意识形态安全的维护 [J]. 理论观察, 2016 (7).

[172] 张敏, 夏宇, 刘晓彤. 科技引文行为的影响因素及内在作用机理分析：以情感反应、认知反应和社会影响为研究视角 [J]. 图书馆, 2017 (5).

[173] 张楠. 新形势下大数据与意识形态治理探析 [J]. 经贸实践, 2017 (22).

[174] 张廷. 新自由主义思潮传播的新动向及其有效引导研究 [J]. 思想理论教育导刊, 2020 (1).

[175] 张彦, 王长和. 论改革开放以来中国发展理念价值排序的演进依据 [J]. 浙江社会科学, 2018 (7).

[176] 张玉清, 董颖, 柳彩云, 等. 深度学习应用于网络空间安全的现状、趋势与展望 [J]. 计算机研究与发展, 2018, 55 (6).

[177] 赵婉琦，李晗. 国家和社会共同在场：公共卫生事件下社会动员机制研究 [J]. 中国卫生法制，2022，30（1）.

[178] 赵志勋. 短视频提升传统媒体传播力路径建构 [J]. 中国出版，2020（24）.

[179] 郑洁. 试论"90 后"大学生价值观中知行矛盾问题 [J]. 太原城市职业技术学院学报，2010（12）.

[180] 郑也夫. 走向杀熟之路：对一种反传统历史过程的社会学分析 [J]. 学术界，2001（1）.

[181] 郑中玉. 沟通媒介与社会发展：时空分离的双向纬度：以互联网的再地方化效应为例 [J]. 黑龙江社会科学，2008（1）.

[182] 中国信息安全编辑部. 保护未成年人网络安全　来自主管部门的声音 [J]. 中国信息安全，2019（10）.

[183] 周锦丽. 新时代加强高校网络意识形态阵地管理的长效机制探究 [J]. 理论观察，2021（9）.

[184] 周世佳. 大数据思维初探：提出、特征及意义 [J]. 中共山西省直机关党校学报，2014（5）.

[185] 周书环. 媒介接触风险和网络素养对青少年网络欺凌状况的影响研究 [J]. 新闻记者，2020（3）.

[186] 周玉荣，李才华. 网络意识形态传播及其治理研究 [J]. 哈尔滨学院学报，2022（9）.

[187] 朱梅芳. 基于信息控制与获取平衡理论的信息资源开放获取对策研究综述 [J]. 图书馆学刊，2010（1）.

[188] 朱田园. 当代审美文化圈层固化现象研究 [J]. 文学教育（上），2021（1）.

[189] 郝慧慧. 邓小平精神文明建设思想研究 [D]. 长春：中共吉林省委党校，2011.

[190] 胡凯. 海量异构数据搜索的研究与实现 [D]. 北京：北京邮电大学，2013.

[191] 黄柏芝. 再社会化视野下我国专门矫治教育的制度完善 [D]. 广州：华南理工大学，2021.

[192] 李德芳. 社会主义核心价值观融入高校学生教育的实现机制研究 [D]. 济南：山东建筑大学，2019.

[193] 李立新. 网络语言研究 [D]. 西安：陕西师范大学，2007.

[194] 罗程浩. 网络时代的意识形态研究 [D]. 北京：北京邮电大学，2012.

[195] 米华全. 新时代高校网络意识形态建设研究 [D]. 成都：电子科技大学，2020.

[196] 苗国厚. 中国网络意识形态治理研究 [D]. 成都：电子科技大学，2017.

[197] 宋红岩. 微媒介与人的数字化生存方式重构 [D]. 哈尔滨：哈尔滨师范大学，

2020.

［198］ 王爱玲. 中国网络媒介的主流意识形态建设研究［D］. 大连：大连理工大学，2012.

［199］ 王颖. 当代青少年宗教信仰现象研究［D］. 西安：西北大学，2010.

［200］ 吴镇聪. 大数据时代大学生思想政治教育个性化研究［D］. 福州：福建师范大学，2017.

［201］ 谢继华. 大数据视阈下高校网络思想政治教育创新研究［D］. 成都：电子科技大学，2018.

［202］ 张锐. "载体"还是"本体"？：互联网意识形态属性研究［D］. 北京：中共中央党校，2019.

［203］ 张志辉. 网络条件下意识形态建设研究［D］. 天津：南开大学，2010.

［204］ 赵兴伟. 当代中国意识形态安全问题研究［D］. 沈阳：辽宁大学，2012.

［205］ BERRYMAN K, HARRINGTON L, LAYTON-RODIN D, et al. Electronic commerce：three emerging strategies［J］. The McKinsey quarterly，1998，1（1）：152-159.

［206］ BOYD D M, ELLISON N B. Social network sites：definition, history, and scholarship［J］. Journal of computer-mediated communication，2007，13（1）.

［207］ CORREA T, HINSLEY A W, DE ZUNIGA H G. Who interacts on the web？：the intersection of users' personality and social media use［J］. Computers in human behavior，2010（2）.

［208］ Data miners：tech secrets from Obama's re-election geek squad［J］. TIME，2012（11）.

［209］ DENEGRI-KNOTT J, TAYLOR J. The labeling game：a conceptual exploration of deviance on the internet［J］. Social science computer review，2005（1）.

［210］ HAN B. Social media burnout：definition, measurement instrument, and why we care［J］. Journal of computer information systems，2018，58（2）.

［211］ KOBAYASHI H, TAGUCHI T. Virtual idol hatsune miku：case study of new production/consumption phenomena generated by network effects in Japan's online environment［J］. Markets, globalization & development review，2019，5（4）.

［212］ MERLI P. Creating the cultures of the future：cultural strategy, policy and institutions in Gramsci［J］. International journal of cultural policy，2013，19（3）.

［213］ OBAR J A, WILDMAN S S. Social media definition and the governance challenge-an introduction to the special issue［J］. Telecommunications policy，2015，39（9）.

［214］ SJØVOLL V, GROTHEN G, FRERS L. Abandoned ideas and the energies of failure［J］. Emotion, space and society，2020，14（6）.

[215] ZAGORSKI N. Using many social media platforms linked with depression, anxiety risk [J]. Psychiatric news, 2017, 52 (2).

三、报纸及报告类

[1] 樊林. 增强互联网思维　做好高校思政工作 [N]. 山西日报, 2019-05-23.

[2] 黄珊. "五个着力"占领新的舆论场 [N]. 中国新闻出版广电报, 2019-02-20.

[3] 慎海雄. 习近平视察解放军报　洞悉传媒发展大势 [N]. 人民日报, 2015-12-25.

[4] 汪勇, 谭天. 新媒体环境下理论宣传要努力贴近青年 [N]. 贵州日报, 2019-01-29.

[5] 新浪微博数据中心. 微博2020用户发展报告 [R/OL]. (2021-03-12) [2022-10-02]. https://data.weibo.com/report/reportDetail?id=456.

[6] 习近平: 在庆祝改革开放40周年大会上的讲话 [N]. 人民日报, 2018-12-19.

[7] 习近平在全国宣传思想工作会议上的讲话 [N]. 人民日报, 2013-08-20.

[8] 习近平: 在网络安全和信息化工作座谈会上的讲话 [N]. 人民日报, 2016-04-26.

[9] 中国社会科学院新闻与传播研究所, 中国社会科学院大学新闻传播学院, 社会科学文献出版社. 青少年蓝皮书: 中国未成年人互联网运用报告 (2022) [R/OL]. (2022-11-22) [2022-12-02]. https://qnzz.youth.cn/qckc/202312/P020231223672191910610.pdf.

[10] 中国互联网络信息中心. 第51次中国互联网络发展状况统计报告 [R]. 2022.

[11] 中国互联网络信息中心. 2021年全国未成年人互联网使用情况研究报告 [R]. 2022.

四、网站类

[1] 艾媒咨询. 互联网行业数据分析: 2021中国45.8%大学生日均使用手机时长为3~6小时 [EB/OL]. (2021-10-20) [2022-10-02]. https://www.iimedia.cn/c1061/81551.html.

[2] 何塞. 《2022抖音未成年人保护数据报告》发布, 97%未成年人充值24小时内退款 [EB/OL]. (2022-05-30) [2022-10-02]. https://www.cnii.com.cn/rmydb/202205/t20220530_384490.html.

[3] 张文. 抖音官方公布, 抖音日活跃用户破6亿 [EB/OL]. (2020-09-15) [2022-10-02]. https://new.qq.com/rain/a/20200915A064BA00.

[4] 高山, 国园, 赵栋. 主力军要上主战场——牢牢把握网上舆论斗争主导权 [EB/

OL]．（2017-03-23）[2022-10-02]．http：//www.qstheory.cn/dukan/hqwg/2017-03/23/c_1120677979.html，2017-03-23/2022-10-02．

[5] 新华网．习近平：坚持正确方向创新方法手段 提高新闻舆论传播力引导力[EB/OL]．（2016-02-19）[2022-10-02]．http：//www.xinhuanet.com//politics/2016-02/19/c_1118102868.html，2016-02-19/2022-10-02．

[6] 马兴瑞．加快数字化发展[EB/OL]．（2021-01-16）[2022-02-05]．https：//www.ebrun.com/20210118/419321.shtml，2021-01-16/2022-02-05．

[7] 微信私域运营实战指南：2020年全年微信的月活跃用户数已超过12.25亿[EB/OL]．（2021-05-20）[2021-12-25]．https：//baijiahao.baidu.com/s?id=1700245065033035423&wfr=spider&for=pc，2021-05-20/2021-12-25．

[8] 周庆安．着力提高党的新闻舆论传播力引导力影响力公信力[EB/OL]．（2016-02-19）[2022-10-02]．人民网-中国共产党新闻网．http：//dangjian.people.com.cn/n1/2023/1024/c416126-29743627.html．

[9] 新华社．习近平谈新时代坚持和发展中国特色社会主义的基本方略[EB/OL]．（2017-10-18）[2022-10-02]．http：//www.xinhuanet.com//politics/2017/10/18/c_1121820368.html，2017-10-18/2022-10-02．

[10] 新华社．中共中央关于制定国民经济和社会发展第十四个五年规划和二〇三五年远景目标的建议[EB/OL]．（2020-11-03）[2022-10-02]．http：www.gov.cn/zhengce/2020-11/03/content_5556991.html．

[11] 移动互联网系统与应用安全国家工程实验室，北京智游网安科技有限公司．全国移动App风险监测评估报告（2021年3季度版）[EB/OL]．（2021-10-23）[2022-10-02]．https：//www.sohu.com/a/497293573_255316．

[12] 易观智库．中国在线音频内容消费市场分析2022[EB/OL]．（2022-01-24）[2022-10-02]．https：//www.analysys.cn/article/detail/20020363．

[13] 中华人民共和国教育部．教育部关于实施全国中小学教师信息技术应用能力提升工程2.0的意见[EB/OL]．（2019-03-20）[2022-10-02]．http：//www.moe.gov.cn/srcsite/A10/s7034/201904/t20190402_376493.html．

[14] 周波．"互联网思维"给我们工作的几点启示[EB/OL]．（2014-09-11）[2022-10-02]．http//theory.people.com.cn/n/2014/0911/c40531-25644052.html．

附 录

青少年网络意识形态引导调查问卷（全国）

您好！我现在正在做一个青少年在线互动情况的调查问卷，希望了解您在在线互动过程中的动机、时机和方式等，您的看法对我们至关重要，希望得到您的支持，我们会对您的信息保密只限调查使用，不会用于商业用途，谢谢！

第一部分：基本信息

1. 您的性别（ ）［单选题］ *
   ○ A. 男
   ○ B. 女

2. 您所在的教育阶段、学历（ ）［单选题］ *
   ○ A. 初中
   ○ B. 高中
   ○ C. 大学
   ○ D. 研究生阶段（包含博士生）
   ○ E. 非教育阶段

3. 您的年龄 ［填空题］ *

   _____

4. 您的户籍（ ）［单选题］ *
   ○ A. 农村
   ○ B. 城市

5. 您每月的收入（包括奖金、零花钱补贴）［填空题］ *

   _____

第二部分：在线互动现状

6. 请问您最近三个月以来，平均每次连续上网时间？[单选题]
   - A. 0—1 小时
   - B. 1—2 小时
   - C. 2—3 小时
   - D. 3—4 小时
   - E. 4 小时及以上

7. 请问您最喜欢在什么类型的平台进行线上互动？[单选题]
   - A. 社交平台（微博/微信/问答平台）
   - B. 网络游戏平台
   - C. 音视频平台
   - D. 网络学习平台

8. 请问您经常在以下哪个内容形式进行线上互动？[单选题]
   - A. 新闻/娱乐八卦评论区
   - B. 个人原创文字内容
   - C. 回答他人问题时
   - D. 音视频类

第三部分：在线互动动机

9. 我进行线上互动是因为网络社会带给我很大的归属感 [单选题]
   非常不同意　　○1　○2　○3　○4　○5　　非常同意

10. 我进行线上互动是因为通过网络我可以得到别人的肯定。[单选题]
    非常不同意　　○1　○2　○3　○4　○5　　非常同意

11. 我进行线上互动是因为可以比现实生活中得到更多的成就感。[单选题]
    非常不同意　　○1　○2　○3　○4　○5　　非常同意

12. 我进行线上互动是为了减轻生活中的压力。[单选题]
    非常不同意　　○1　○2　○3　○4　○5　　非常同意

13. 我进行线上互动是为了获得更多的友谊。[单选题]
    非常不同意　　○1　○2　○3　○4　○5　　非常同意

14. 我进行线上互动是为了及时更新我的知识储备。[单选题]
    非常不同意　　○1　○2　○3　○4　○5　　非常同意

15. 我进行线上互动常常是为了学习新的技术或知识。[单选题]
    非常不同意　　○1　○2　○3　○4　○5　　非常同意

16. 我进行线上互动是为了寻找各类生活信息，如交通信息。[单选题]
    非常不同意　　○1　○2　○3　○4　○5　　非常同意

17. 网络互动加深了我与朋友间的互动交流。[单选题]
    非常不同意   ○1   ○2   ○3   ○4   ○5   非常同意

18. 网络互动对我的学习有积极的作用。[单选题]
    非常不同意   ○1   ○2   ○3   ○4   ○5   非常同意

19. 网络互动开拓了我的视野，丰富了我的知识。[单选题]
    非常不同意   ○1   ○2   ○3   ○4   ○5   非常同意

20. 网络互动有利于我的心理健康，如提升个人成就感。[单选题]
    非常不同意   ○1   ○2   ○3   ○4   ○5   非常同意

21. 网络互动是我生活中不可或缺的一部分。[单选题]
    非常不同意   ○1   ○2   ○3   ○4   ○5   非常同意

22. 我只有在有需要的时候才会去线上互动。[单选题]
    非常不同意   ○1   ○2   ○3   ○4   ○5   非常同意

23. 我很享受线上互动所带来的乐趣。[单选题]
    非常不同意   ○1   ○2   ○3   ○4   ○5   非常同意

24. 在进行网络互动时，我感觉到很愉快。[单选题]
    非常不同意   ○1   ○2   ○3   ○4   ○5   非常同意

25. 我愿意在网络互动时分享我的快乐与烦恼。[单选题]
    非常不同意   ○1   ○2   ○3   ○4   ○5   非常同意

26. 我更愿意参与涉及社会利益与个人利益相关的话题中。[单选题]
    非常不同意   ○1   ○2   ○3   ○4   ○5   非常同意

第四部分：传播内容

27. 在网络上浏览新闻。[单选题]
    从不   ○1   ○2   ○3   ○4   ○5   经常

28. 通过网络下载或阅读一些学习资料，进行信息查询。[单选题]
    从不   ○1   ○2   ○3   ○4   ○5   经常

29. 浏览有趣、搞笑的文字、图片或者短视频、音频内容。[单选题]
    从不   ○1   ○2   ○3   ○4   ○5   经常

30. 使用社交软件如QQ、微信进行聊天。[单选题]
    从不   ○1   ○2   ○3   ○4   ○5   经常

31. 向朋友分享自己感兴趣的内容。[单选题]
    从不   ○1   ○2   ○3   ○4   ○5   经常

32. 收发电子邮件。[单选题]
    从不   ○1   ○2   ○3   ○4   ○5   经常

33. 参加虚拟社区活动，如追星、社区讨论。[单选题]

从不　　○1　　○2　　○3　　○4　　○5　　经常

34. 玩各类网络游戏。[单选题]
　　从不　　○1　　○2　　○3　　○4　　○5　　经常

35. 网上购物。[单选题]
　　从不　　○1　　○2　　○3　　○4　　○5　　经常

36. 通过在网络分享音乐。[单选题]
　　从不　　○1　　○2　　○3　　○4　　○5　　经常

37. 上网完成学习或工作任务/下载工具软件。[单选题]
　　从不　　○1　　○2　　○3　　○4　　○5　　经常

第五部分：网络偏差行为

38. 我曾在网络上跟人产生对骂等行为。[单选题]
　　非常不符合　　○1　　○2　　○3　　○4　　○5　　非常符合

39. 我曾参加过对他人的网络暴力。[单选题]
　　非常不符合　　○1　　○2　　○3　　○4　　○5　　非常符合

40. 我曾参与分享过网络谣言。[单选题]
　　非常不符合　　○1　　○2　　○3　　○4　　○5　　非常符合

41. 我曾参与过网络不良行为，如黄、赌等活动。[单选题]
　　非常不符合　　○1　　○2　　○3　　○4　　○5　　非常符合

42. 我曾遇到过网络诈骗。[单选题]
　　非常不符合　　○1　　○2　　○3　　○4　　○5　　非常符合

43. 我拥有自己的社交软件小号。[单选题]
　　非常不符合　　○1　　○2　　○3　　○4　　○5　　非常符合

44. 我很难控制在网络上产生的情绪行为。[单选题]
　　非常不符合　　○1　　○2　　○3　　○4　　○5　　非常符合

45. 我赞同喜欢的网红、明星、名人发表的看法。[单选题]
　　非常不符合　　○1　　○2　　○3　　○4　　○5　　非常符合

46. 我认为网络事件中的舆论观点会影响到我的看法。[单选题]
　　非常不符合　　○1　　○2　　○3　　○4　　○5　　非常符合

47. 我认为社交网络中朋友的观点比父母、老师更能影响到我。[单选题]
　　非常不符合　　○1　　○2　　○3　　○4　　○5　　非常符合

48. 我曾因为进行网络互动没有准时睡觉。[单选题]
　　非常不符合　　○1　　○2　　○3　　○4　　○5　　非常符合

49. 我曾因为进行网络互动没有按时进食。[单选题]
　　非常不符合　　○1　　○2　　○3　　○4　　○5　　非常符合

50. 我曾因为网络互动没有按时完成学习任务。[单选题]
    非常不符合   ○1   ○2   ○3   ○4   ○5   非常符合

51. 我曾因为网络互动错过了集体活动。[单选题]
    非常不符合   ○1   ○2   ○3   ○4   ○5   非常符合

52. 我曾因为网络互动错过了与家人交流的机会。[单选题]
    非常不符合   ○1   ○2   ○3   ○4   ○5   非常符合

53. 您在网络社会中有以下感受吗？[多选题] *
    □我得到了很多生活上的便利
    □我得到了有趣的资讯
    □我获得了知识
    □我的道德品质得到了培养
    □我感到心灵得到放松
    □我得到了很多关注
    □我被动接收了很多信息
    □我收获了短暂的快乐
    □我感到空虚
    □我感到疲劳
    □我感到痛苦
    □其他

第六部分：社会文化观念

54. 我认为实现人生理想最重要的因素是个人努力。[单选题]
    非常不符合   ○1   ○2   ○3   ○4   ○5   非常符合

55. 总体来说，我对自己感到满意。[单选题]
    非常不符合   ○1   ○2   ○3   ○4   ○5   非常符合

56. 比起演艺明星我更崇拜科学家、教育家、体育运动员等。[单选题]
    非常不符合   ○1   ○2   ○3   ○4   ○5   非常符合

57. 我一直秉承勤俭节约的消费观念。[单选题]
    非常不符合   ○1   ○2   ○3   ○4   ○5   非常符合

58. 我认为学校开展主流思想道德修养方面的课程是有必要的。[单选题]
    非常不符合   ○1   ○2   ○3   ○4   ○5   非常符合

59. 我对自己今后的从学和从业方向有具体的规划。[单选题]
    非常不符合   ○1   ○2   ○3   ○4   ○5   非常符合

60. 我上学的目的是实现自己的人生价值。[单选题]
    非常不符合   ○1   ○2   ○3   ○4   ○5   非常符合

61. 为了集体利益，可以放弃或者牺牲个人利益。[单选题]
    非常不符合　　○1　　○2　　○3　　○4　　○5　　非常符合

62. 我对中华文化具有自信。[单选题]
    非常不符合　　○1　　○2　　○3　　○4　　○5　　非常符合

63. 我认为星座文化和玄学八卦都是迷信，不会影响到我的人生观、价值观。[单选题]
    非常不符合　　○1　　○2　　○3　　○4　　○5　　非常符合

64. 我有着自己非常喜欢的小众文化。[单选题]
    非常不符合　　○1　　○2　　○3　　○4　　○5　　非常符合

65. 我对自己的婚恋爱情充满自信。[单选题]
    非常不符合　　○1　　○2　　○3　　○4　　○5　　非常符合

66. 我不支持当下男女对立舆论现象。[单选题]
    非常不符合　　○1　　○2　　○3　　○4　　○5　　非常符合

67. 我有着自己的价值观。[单选题]
    非常不符合　　○1　　○2　　○3　　○4　　○5　　非常符合

第七部分：红色教育引导方式

68. 我认为学校的主流红色教育工作大多是面子工程。[单选题]
    非常不符合　　○1　　○2　　○3　　○4　　○5　　非常符合

69. 我认为老师们个人的思想观念对学生具有较大影响。[单选题]
    非常不符合　　○1　　○2　　○3　　○4　　○5　　非常符合

70. 我认为主流红色教育引导应该注重保护个人隐私。[单选题]
    非常不符合　　○1　　○2　　○3　　○4　　○5　　非常符合

71. 我愿意接受优质偶像、名人的主流红色教育引导。[单选题]
    非常不符合　　○1　　○2　　○3　　○4　　○5　　非常符合

72. 我愿意接受温和、无强制性的主流红色教育。[单选题]
    非常不符合　　○1　　○2　　○3　　○4　　○5　　非常符合

73. 我愿意接受合理的大数据正能量内容推送（如短视频）。[单选题]
    非常不符合　　○1　　○2　　○3　　○4　　○5　　非常符合

74. 我愿意接受合理健康的公益心理咨询。[单选题]
    非常不符合　　○1　　○2　　○3　　○4　　○5　　非常符合

75. 我愿意尝试具有科技感、富有创意的理想信念教育（如 AI/AR/H5 互动）[单选题]
    非常不符合　　○1　　○2　　○3　　○4　　○5　　非常符合

76. 您更愿意接受哪种风格的理想信念教育引导？[多选题]
    □严肃宣教

□活泼互动型

□专业知识传播型

□其他

□不受影响

77. 您更愿意接受哪种理想信念引导主体的内容？［多选题］

　　□官方媒体

　　□主流媒体

　　□民间媒体机构

　　□不受影响都可以

　　□其他

78. 您更希望下列哪些人员成为理想信念的教育者？［多选题］

　　□社会名人

　　□教师

　　□学校领导

　　□学生干部

　　□同伴

　　□其他

79. 您更倾向于采取哪种方法接受理想信念教育？［多选题］

　　□讲授

　　□讨论交流

　　□个人反思

　　□案例分析

　　□其他

80. 您对我国针对青少年群体的理想信念教育工作有什么建议、意见和要求。［问答题］